WOLFGANG BAUERNFEIND

W0178118

TESLAS GIGAFACTORY

FLUCH ODER SEGEN?

Mit Fotografien von Albrecht Köhler

mitteldeutscher verlag

Umschlagfoto: © Scharfsinn – shutterstock.com

Bibliografische Information der Deutschen Nationalbibliothek
Die Deutsche Nationalbibliothek verzeichnet diese Publikation in der
Deutschen Nationalbibliografie; detaillierte bibliografische Daten sind
im Internet über http://dnb.dnb.de abrufbar.

Alle Rechte vorbehalten.
Das Werk ist urheberrechtlich geschützt. Jede Verwertung außerhalb
der Freigrenzen des Urheberrechts ist ohne Zustimmung des Verlages
unzulässig und strafbar. Das gilt insbesondere für Vervielfältigungen,
Übersetzungen, Mikroverfilmungen und die Einspeicherung und Ver-
arbeitung in elektronischen Systemen.

1. Auflage
© 2022 mdv Mitteldeutscher Verlag GmbH, Halle (Saale)
www.mitteldeutscherverlag.de

Gesamtherstellung: Mitteldeutscher Verlag, Halle (Saale)

ISBN 978-3-96311-568-4

Printed in the EU

»Ein Konflikt erzeugt Energie.
Die Schwierigkeit liegt darin,
diese Energie in konstruktive Bahnen zu lenken.«

Johan Galtung, Friedensforscher

Inhalt

11

Ein Lottogewinn für Grünheide

Grünheide im November. Die Kiefernwälder stehen stumm und dicht gedrängt nebeneinander, wie eine schwarze Wand, ab und zu rauscht der Wind durch die Bäume, die Seen blinken hellblau bis blau oder grün. Ruhe liegt über der Ortschaft, ab und zu rumpelt ein Lastwagen vorbei, eine Gemeinde bereitet sich vor auf den Winterschlaf, so scheint es, aber es ist nur die Ruhe vor dem Sturm. Ein Mann aus Amerika ist hier plötzlich allgegenwärtig, Elon Musk, der Elektroautohersteller, der Raketenbauer, der Pionier, der Visionär aus dem fernen Kalifornien. Was hat er hier zu suchen, in Grünheide, im Südosten Berlins, im Speckgürtel einer Großstadt, der hier in einer verwunschenen Landschaft liegt? Ich lese Zeitungsartikel, Wasserstandsmeldungen über eine Nachricht, die schnell zum Ereignis wird. Zunächst kommt die Sensation beiläufig daher. *Tagesschau.de* berichtet am 14. November 2019: »Tesla sucht Standort für Gigafactory«. Am 13. November 2019, also einen Tag vorher, weiß *Zeit-Online* schon, wo er liegt. Eine Journalistin meldet sich mit einer Reportage in Grünheide. Da stehen Leute bei der Bäckerei Jauernig zusammen, ein alteingesessenes Familienunternehmen, und raunen sich zu: »Wenn das wirklich stimmt, das wäre schon toll für die Infrastruktur hier.« Das würde den Menschen hier sicher guttun, hier sei ja sonst nicht mehr viel. Bisher habe sich gerade in der Autobranche alles im Westen abgespielt, zitiert *Zeit-Online* einen kaffeetrinkenden Bürger. »Aber jetzt sind wir endlich dran.« Sein Optimismus ist nicht unbegründet. Am Vortag ist der Wundermann Elon Musk leibhaftig in Berlin bei der Verleihung des Goldenen Lenkrades im Axel-Springer-Haus erschienen und hat aus diesem Anlass auch einen Preis für das Modell 3 von Tesla bekommen. Jetzt verkündet er, dass er im Umland von Berlin eine Fabrik bauen will. Rund 1 Milliarde Euro soll sie kosten. Die Katze ist aus dem Sack, eine Absichtserklärung, die das Land Brandenburg in monatelangen Geheimverhandlungen mit dem Autohersteller vorbereitet hatte. Glücklich sei der Ministerpräsident Dietmar Woidke, glücklich, dass sich Elon Musk für den Standort Brandenburg entschieden habe. Es waren ja noch andere Bewerber im Gespräch, wie z. B. das Saarland. Die Pläne, die nun bald in aller Munde sind, versprechen viel: Tausende neue Arbeitsplätze, von 7.000 ist erst einmal die Rede, später von 12.000, Verbesserung der Infrastruktur, Neubau von Wohnungen, Schulen. Ausbau der Verkehrswege, die nicht nur der Gemeinde Grünheide zugutekommen. Summa summarum bedeute das eine Aufwertung der gesamten Region.

Und in dem Bericht von *Zeit-Online* wird noch einmal der Ministerpräsident zitiert: »Das erste Mal gelingt es, hier bei uns in Brandenburg zu zeigen, dass Klimaschutz und die Schaffung von Wohlstand und Arbeitsplätzen Hand in Hand gehen können.«

Als Rückrudern kann man nicht bezeichnen, was dann passiert. Beim Kreistag Oder-Spree ist eher Vorsicht und Abwarten angesagt. Laut *rbb-Inforadio* vom 5. Dezember 2019 warnt der Brandenburger Wirtschaftsminister Jörg Steinbach, der den Deal mit Elon Musk federführend ausgeheckt hat, vor allzu großen Erwartungen, das Genehmigungsverfahren sei noch nicht abgeschlossen, vorerst ginge es um vorzeitige Genehmigungen. Einen Nachholbedarf sieht er auch beim Landesentwicklungsplan. Dieser sähe Bauflächen für neue Siedlungen bisher nur in direkter Nachbarschaft von Regio- und S-Bahn-Trassen vor. Auch der Landrat des Landkreises Oder-Spree zeigt sich als Skeptiker. »Wenn wir die Verkehrsinfrastruktur und auch die soziale

Infrastruktur den neuen Bedarfen anpassen, werden wir sicherlich Jahre brauchen«, sagt er in der Radiosendung. Tesla habe es in der Hand, durch die Qualität der Unterlagen für die vorzeitigen Genehmigungen schnell voranzukommen. Bedenkenträgerei der Administration? Musk lässt sich nicht beirren. In den Unterlagen von Tesla zur Umweltverträglichkeitsprüfung heißt es: »Toller Ort zum Leben, große Anzahl gut ausgebildeter Arbeitskräfte, Verfügbarkeit erneuerbarer Energie, Güterbahnhof direkt am Standort mit Anbindung ans DB-Gleisnetz, Autobahnverbindung an A10.« Unter der Überschrift »Tesla und Umwelt« steht wie eines der zehn Gebote: »Die Umwelt ist der Grund, warum Tesla existiert.« Die »Mission of Tesla«. Was um Gottes willen, ist gegen diese Mission zu sagen?

Der Lottogewinn macht Sorgen

Inzwischen ist der Kaufvertrag von Tesla mit der Landesregierung Brandenburg unterschrieben und notariell beglaubigt, 43,4 Millionen Euro für 300 Hektar Land. Ist seine Mission also in »trockenen Tüchern«? Nachdenklichere Töne sind zu hören, die wie eine Euphorie-Bremse wirken, wenigstens auf einige Gemüter vor Ort. Im *Spiegel* vom 8. Februar 2020 berichtet Julia Köppe unter der Überschrift »Großprojekt in Brandenburg. Die Angst vor Teslas Gigafabrik«. Ich lese: »Kritiker monieren die Rodung großer Waldflächen, Anwohner fürchten um ihr Trinkwasser.« Noch steht der Forst neben der Bundesautobahn 10. Ende Januar kommt es zu Protesten. 200 Menschen halten Schilder hoch: »Keine ›Großfabrik im Wald‹«, »Geheim verhandeln, Umwelt verschandeln«. Von »Geheim verhandeln«

kann aber jetzt nicht mehr die Rede sein, Mitarbeiter von Tesla geben Auskunft.

Elon Musk reagiert aus der Ferne auf die Besorgnisse der Bürger. »Was wird mit dem Wald?«, »Wie steht es um den Wasserverbrauch der zukünftigen Fabrik?« sind häufig gestellte Fragen. Musks bündige Antwort verrät Ortskenntnis seiner Mitarbeiter: »Sounds like we need to clear up a few things, Tesla won't use this much net water on an daily base. It's possible a rare peak usage case, but not an everyday event.« Auch: »This is not a natural forest – it was planned for use as cardboard and only a small part will be used for GF 4. Elon Musk, January 25, 2020.« Beschwichtigungen: Nur in Spitzenzeiten der Produktion würden 372.000 Liter pro Stunde erreicht, die Trinkwasserversorgung wäre dadurch nicht gefährdet, und der Wald, ja, der Wald sei ein Industriewald, angepflanzt, um Rohstoff für die Produktion von Pappe und Kartons zu gewinnen. Also weshalb die ganze Aufregung, meint man, ihn sagen zu hören. Das schreibt er aber nicht. Im Folgemonat werden die ersten 90 Hektar Wald gerodet, um Platz für die Baufläche zu schaffen, das können auch ortsfremde Demonstranten nicht verhindern, die auf Bäume klettern, um die Rodungsbagger zu stoppen. Heute ist man ja nicht mehr mit der Säge unterwegs. Inzwischen ist auch der Antrag für den Wasserverbrauch nachgebessert, 1,4 Millionen Kubikmeter Wasser pro Jahr würden gebraucht werden statt der von der Firma einmal veranschlagten Menge von 3,3 Millionen Kubikmeter Wasser.

Beruhigt das die Gemüter?

Zu einem Info-Abend der Gemeinde Grünheide in der Aula der »Docemus«-Schulen Ende Januar ist auch der Wirtschaftsminister von Brandenburg Jörg Steinbach angereist. Fast alle 400 Plätze sind besetzt, die Stimmung ist aufgeheizt. Vor dem Minister sitzen die Bürger dicht gedrängt und es kommt gleich zu Protesten. Zwei Frauen melden sich zu Wort. Man fühle sich nicht informiert, von Geheimverhandlungen ist die Rede und dass das Leben nicht mehr lebenswert sei, wenn die Fabrik käme. Der Reporter der *Märkischen Oderzeitung* notiert den Ausruf: »Mein Leben wird zerstört«. Im weiteren Verlauf des Abends lenken der Minister und der Bürgermeister die Diskussion in ruhigere Bahnen. Es wird deutlich, dass es bisher an Informationen über die Neuansiedlung des Autowerkes fehlt. Was ist mit den Verkehrsverbindungen, dem Gleisanschluss, den Straßen, was wird aus den Grundstückspreisen, woher sollen die Arbeiter bei einer Arbeitslosenquote von fünf Prozent in der Region kommen? Werden ausschließlich Arbeitskräfte aus Polen angeworben, ein Gerücht, dass die AfD ausstreut. Wo wird Tesla wieder aufforsten? Was wird mit den Brunnenanlagen für die Wasserversorgung, wenn jetzt schon die Wasserstände in den umliegenden Seen wegen der Trockenheit der letzten Jahre sinken? Gerät die ganze Infrastruktur der Region in Schieflage? Wie wird die Landesregierung die Gemeinde unterstützen, was wird mit dem gültigen Flächennutzungsplan? Bis zum 5. Februar lägen die Unterlagen der geplanten Fabrik aus, heißt es, bis zum 5. März könnten Einwände vorgebracht werden. Für den 18. März sei ein öffentliches Erörterungsverfahren in Erkner geplant, einer Nachbargemeinde von Grünheide. Diese Aussicht auf Mitsprache nehmen die Bürger aus dem Infoabend mit nach Hause. Doch am 18. März ist eine andere Zeit auch in Grünheide und Erkner angebrochen. Wegen Corona befindet sich auch diese Region Brandenburgs in einem Ausnahmezustand und die öffentliche Veranstaltung wird wegen Kontaktsperre abgesagt.

Wer ist Elon Musk?

Über Elon Musk möchte ich mehr erfahren, den Mann, der im grünen Idyll eine Gigafactory bauen will. Für die Landesregierung von Brandenburg, für den Senat von Berlin, für die Gemeindevertreter von Grünheide im Landkreis Oder-Spree ist Elon Musk eine Lichtgestalt, ein Heilsbringer, dieser Mann aus dem fernen Amerika, der auch als Innovator, Visionär, Wegbereiter der Elektromobilität, Eroberer des Weltraums, als risikofreudiger, kühner Geschäftsmann gefeiert wird, nicht nur in der Region, sondern weit darüber hinaus in Deutschland und in Europa. Elon Musk steht für Fortschritt, der der Umwelt, der Erde dient. Mit diesem, in seinen Autofabriken und Raketenwerkstätten wie Tesla und SpaceX, hart erarbeiteten Ruf wird er gerade von jungen Leuten bewundert, die ihm »huldigen«. Die ihn aber auch einfach als prächtigen Kerl sehen, wie die »Tesla Kids«, wie sie an ihrem Wohnort in Kagel, einem Ortsteil von Grünheide, genannt werden. Der 13-jährige Silas sagte in einem Interview mit der *Deutschen Welle* vom 24. November 2019: »Mich fasziniert, dass Elon Musk das herkömmliche System aufräumt. Doch er behält seine jugendliche Art. Er mag zwar der reiche erfolgreiche Businessman sein, dennoch kann er immer lustig und humorvoll mit den Dingen umgehen.« Die Verehrung dieses Mannes hat bei vielen fast schon religiöse Züge, fehlen nur die Hosianna-Chöre, die ihm zurufen: »Du bist der Retter der Menschheit.«

Ein Blick in die Zeitungen zeigt ein etwas nüchternes Bild, aber ein Bild mit Goldrahmen. Typisch dafür ist ein Bericht in der *Frankfurter Sonntagszeitung* vom 2. Februar 2020. Unter der Überschrift »Portrait« werden die Erfolgszahlen seiner Unternehmen gelistet. Erfolgreiche Raketenstarts, Höhenflug der

Tesla-Aktien, Respekt und Anerkennung bei den alteingesessenen Autobauern wie VW und Daimler. Musk-Spezifika werden aufgezählt: flache Hierarchien in seinen Betrieben, Fokus auf schnelle Problemlösungen, wenn welche auftauchen, ein allgegenwärtiger Chef, der von seinem Schreibtisch aus Kontrolle ausübt, den man aber auch am Band stehen sieht wie alle anderen. Ein Arbeitstier, das auch mal zwei Tage und länger durcharbeitet, bis eine Aufgabe erledigt ist. Ausdauer und Härte gegen sich selbst als Lebenshaltung. Das kommt in einem Song zum Ausdruck, den er selbst geschrieben hat: »Don't doubt ur vibe« – zweifle nicht an deiner Stimmung.

Als Ashlee Vance eine Biografie über Musk vorlegt, die dieser autorisiert hat, werden auch Einblicke in sein Privatleben möglich, wird erkennbar, wie er tickt. Musk gilt als schwierig, als selbstbezogen, ein Mann, der mit harten Bandagen kämpft, wenn ihm jemand in die Quere kommen will. Umso erstaunlicher ist, dass das Buch sich nicht in Lobhudelei erschöpft, sondern ein realistisches Bild seiner Persönlichkeit liefert. Aufgewachsen in Südafrika, unter schwierigen Bedingungen, seine Eltern lassen sich scheiden und das Scheidungskind zieht aus freien Stücken zu seinem Vater, der seinen Sohn hart angeht, weil das Leben ja hart sei. Eine Eigenart des Kindes, des Heranwachsenden wird deutlich: seine Leselust, sein Wissensdurst und die Fähigkeit abzuschalten, sich selbst in betriebsamer Umgebung auf das Buch zu konzentrieren, das er gerade verschlingt. Das sind vor allem Science-Fiction-Romane, aber neben Fachbüchern auch Literatur. Er will sich das bisher bekannte Wissen der Welt aneignen, er liest nicht, er frisst die Bücher in sich hinein. Und wenn die Bücher ihm ausgehen, kann es auch eine Enzyklopädie sein. Einen »Nerd« meint seine Umgebung vor sich zu haben, tatsächlich tut er sich schwer mit sozialen Kontakten, wird auch wegen seinen Eigenarten oft gehänselt. Nach dem Schulabschluss sucht er das Weite, geht nach Kanada, woher die Familie mütterlicherseits stammt. Schlägt sich mit vielen Jobs durch. Als seine Mutter, ein Bruder und eine Schwester nachkommen, wird das Leben für ihn erträglicher und geregelter. Er schreibt sich in der Universität in Queens ein, interessiert sich für Solarenergie, Elektroautos und Raketenkondensatoren und findet anders als in Südafrika auch Menschen, die seine Neigungen teilen. Diese Vorliebe für Zukunftstechnologie ist für ihn Teil eines Masterplans, den er konsequent verfolgt. Es geht ihm bei der Beschäftigung mit diesen Themen nicht um Moden, einen Spleen, um Trends. »Ich bin kein Investor«, zitiert ihn Ashlee Vance in seiner Biografie. »Ich entwickle gern Technologien, die ich für wichtig für die Zukunft und auf irgendeine Weise für nützlich halte.«

Zwei Jahre später wechselt er an die University of Pennsylvania, wo er einen Bachelor-Abschluss in Wirtschaftswissenschaften von der Wharton School und einen Bachelor-Abschluss in Physik vom College of Arts and Sciences erhält. 1995 zieht er nach Kalifornien, um dort zu promovieren, in Angewandter Physik und Materialwissenschaften bei der Stanford University, entscheidet sich jedoch für eine berufliche Laufbahn, anstatt sich einzuschreiben. Wenn Elon Musk etwas erreichen will, ist ihm kein Weg zu lang, geht er auch Umwege. Das zeigt sich nicht nur während seines Studiums, sondern auch bei einer Art Brautwerbung, als er seine erste Frau mit großer Hartnäckigkeit für sich gewinnt.

Das Programmieren hat er sich selbst beigebracht, das zahlt sich bei seinem ersten Start-up aus, als er ein Programm für Kleinanzeigen und Werbung im Internet entwickelt. Er nennt es

Zip2 und gewinnt sogenannte Wagniskapitalgeber und Programmierer aller Couleur, die einfach ihr Geschäft verstehen und jung genug sind, neue Wege zu gehen. Zip2 wird ein Dienstleister mit gutem Namen und vielen Kunden. Als eine Fusion mit einem anderen Dienstleister ansteht, widersetzt sich Musk, wird als Geschäftsführer entmachtet und lässt sich schließlich auszahlen, als sich mit dem PC-Hersteller Compaq ein potenter Käufer für Zip2 findet. Plötzlich ist er reich, sehr reich und hat Geld für Pläne, die er schon in der Zeit bei Zip2 entwickelt hatte. Er gründet die Online-Bank X.com. Er fusioniert mit Confinity im Jahr 2000, das ein Programm gleicher Zielsetzung mit Namen PayPal im Vorjahr eingeführt hat. Die Revolution, die Musk so nebenbei mit der Online-Bank realisiert hatte, widerspricht alten traditionellen Gepflogenheiten im Bankengeschäft, Kundenbetreuung sei eine persönliche Sache, ist das eherne Gesetz.

»Das machen wir über Internet«, sagt Musk als einer der Ersten und wirbt Banken für seine Idee. Die Sache wird zum grandiosen Erfolg, im Oktober 2002 wird PayPal für 1,5 Milliarden US-Dollar von einem anderen Unternehmen gekauft.

Reich? Kann man noch reich sagen zu einer Person namens Elon Musk, als er seine Anteile an der Kaufsumme kassiert und weiter vom steigenden Aktiengewinn profitiert? Musk macht eine Kehrtwende. Die Gemeinde ist in Silicon Valley in Startups erstarrt, die ihre Entrepreneurs, ihre Unternehmer, schnell durch Verkäufe zu Gewinn machen wollen, jetzt aber sind langfristige Strategien angesagt. Raumfahrt, Raketen, Besiedlung des Mars, als Zufluchtsort der Menschheit, wenn sie die Erde ruiniert, sich selbst ihrer Ressourcen beraubt hat, Harakiri sozusagen in langsamer Form begeht, das will er verhindern. Man muss erst einmal in den Weltraum kommen, also selbst Raketen bauen. »Ich will die Zukunft gewinnen, nicht nur für mich, nein, für die Menschheit«, wird Elon Musk zitiert. Er baut eine Fabrik für Raketen. Welche Wendung: keine smarten Internet-Programme mehr, bei denen man sich nicht die Hände schmutzig macht, in gekühlten Räumen sitzt, keine Schwitzattacken aushalten muss, nein, Dreck, Lärm, Staub ist jetzt Arbeitsalltag in den Werkhallen, in denen Raketen zusammengesetzt werden. Trotz Hilfe von computergesteuerten Gerätschaften, die Maschinen bestimmen den Rhythmus. Man kann sie anfassen, sie leben. Später wird es mehrere Versuche mit diesen Raketen auf einer Insel im Pazifik in Kwajalein geben, zwischen Guam und Hawaii gelegen, wo die Erde sich noch schneller um sich dreht, ein Beschleunigungsfaktor für Raketenstarts. Die ersten Versuche scheitern, auch der zweite, der dritte, erst beim vierten Start erreicht die Rakete den Orbit. Doch sein Vermögen ist im Jahr 2008 bis auf einen kläglichen Rest geschmolzen und doch ..., der Traum ist noch nicht ausgeträumt, Musk kämpft um seine Kinder SpaceX und Tesla. Wo neue Geldgeber auftreiben, die Alten ansprechen, eine neue Finanzierungsrunde organisieren? Die Geschichte mit dem Elektroauto lief ja so ähnlich. Musk baute das Labor dafür, finanzierte viele Versuche mit Getrieben, mit den Lithium-Ionen-Batterieblocks, mit einer Karosserie, die stromlinienförmig sein sollte, kümmerte sich selbst um das Design. Auch das war zunächst ein reines Zuschussgeschäft. Jetzt also ist er auch für Tesla rastlos unterwegs. Erst Heiligabend 2008, kurz vor dem Aus von Tesla, steht fest, er bekommt frisches Geld, um weiterzumachen, auch von seinem Bruder, von Cousins, sogar von Mitarbeitern von Tesla. Und SpaceX rettet nach einigen internen Querelen der Raumfahrtbehörde die endgültige Zusage der NASA, die Raketenfirma als Dienstleister für die Versorgung der Internationalen Raumstation zu engagieren. Der Vertrag ist 1,6 Milliarden Dollar wert. Noch eine Krise mit Tesla ist zu bewältigen, 2012, der Roadster ist fertig, kann endlich an die Kunden ausgeliefert werden, die ihn schon vorher bezahlt hatten. Aber dann bleibt die Kundschaft weg, kaum noch Bestellungen gehen ein, viele sind von der pannenreichen Entstehungsgeschichte dieses Autos abgeschreckt, auch nach der desaströsen Entwicklungsstrecke, in der alle Termine für die Auslieferung obsolet geworden waren. Auf wundersame Weise kommen Zuspruch und dann auch Bestellungen von unerwarteter Seite, weil die Mitarbeiter selbst Kundschaft akquiriert haben. Ab diesem Zeitpunkt steigt der Aktienkurs von Tesla und wird Daimler-, BMW- und VW-Aktien ein paar Jahre später hinter sich lassen. Diese Ergebnisse sind kein Wunder, sondern die Frucht von Selbstausbeutung der Belegschaften, die an Tesla, die an SpaceX, die an Musk glauben. Auch wenn er sich manchmal aufführt wie ein Despot, Leute fertig macht, die Fehler produziert haben, die nicht ausdauernd genug gearbeitet haben, bis das »Problem gelöst« ist. Da entstehen Albträume, und als endlich die Versagensängste überwunden sind, und der Erfolg sagt: »Ihr habt alles richtig gemacht, auf eurem Marathonlauf zur Rakete, zum Elektromobil«, da mag es doch für einige zu spät sein. Sie sind ausgebrannt, erschöpft, überarbeitet von dieser Erfolgsgeschichte, die noch ein drittes Kapitel hat. Musk steht nicht auf zwei Beinen, er steht auf drei Beinen. 2006 gründen Cousins von ihm, die Rives-Brüder, ein Unternehmen für Solarzellen, »SolarCity«. Musk ist Mitbegründer und Chairman und wird mit einem Drittel der Anteile größter

Aktionär des Unternehmens. Zunächst installiert die Firma Solarzellen, baut sie nicht selbst, mit dem Zukauf des Solarherstellers Silevo wird sie auch Produzent dieser Zukunftsenergiequelle. Mit diesen drei Standbeinen erprobt er Zusammenarbeit, die kostensenkend wirkt. Die Batteriepacks von Tesla werden von SolarCity an ihre Kunden weiterverkauft. SolarCity wiederum liefert Solarmodule für die Tesla-Ladestationen. Später wird Tesla SolarCity übernehmen und aus zwei Firmen eine machen. Tesla und SpaceX tauschen ihr Wissen über Materialien und Produktionstechniken aus. »Faszinierend ist«, schreibt Ashlee Vance in seinem Buch über Musk, »dass er immer noch bereit ist, alles zu verlieren. Er will nicht nur eine Gigafabrik bauen, sondern mehrere. Und er setzt ganz darauf, dass diese Fabriken schnell und reibungslos errichtet werden können [...]. Wir müssen alles tun, was wir können, um das Timing-Risiko zu minimieren.« Jetzt also landet Elon Musk mit seinen Plänen in Grünheide, genauer gesagt im Ortsteil Freienbrink. Nicht mit einer Rakete, nicht als Ufo, sondern mit seinem Management, Agenturen, Vertragsfirmen, die den Bau der Tesla-Fabrik für ihn vor Ort organisieren.

Fördermittel des Landes Brandenburg sind in Aussicht gestellt. Die vorzeitigen Genehmigungen für den Bau werden nach Paragraf 8 a des Bundes-Immissionsschutzgesetzes sukzessive erteilt werden, obwohl schon fleißig gebaut wird. Im Juli 2021 soll es so weit sein und die Tesla-Flagge auf dem Fabrikgelände im Ortsteil Freienbrink der Gemeinde Grünheide wehen. Man hat Elon Musk viel anvertraut und zugetraut. Hat er auch die Herzen der Bürger, ihre Seele vor Ort gewonnen? Das ist nicht so sicher im Sommer 2020.

Ein Fan zu Besuch

Für Emil Senkel ist die »Mission completed«, die Mission erfüllt, als ich ihn im Juni 2020 zum ersten Mal treffe. Er gehört zu den vielen tausend Fans von Elon Musk rund um den Erdball, die ihn wegen seiner Innovationen bewundern und weil er ein Macher sei, der die Zukunft der Welt neugestalten will. Vor Aufregung konnte er nicht schlafen, als er Mitte November 2019 von der Ankündigung seines Idols hörte, in Grünheide eine Gigafactory zu errichten, sagt er. Er ist schon seit zehn Jahren Fan, angefangen hat seine Leidenschaft für Tesla durch einen Freund, der ihm von diesem »supergeilen« Elektroauto berichtete. Jetzt protokolliert er, wie viele andere Tesla-Fans in der Region, die Fortschritte bei dem Bau der Fabrik. Angefangen von der Rodung des Waldes bis zu den ersten Maßnahmen auf der frei geräumten Fläche. Wenn man so will, ist er Dokumentarist und Zeitzeuge der Geburt von Tesla in Grünheide. Dass er später dort arbeiten will, ist für ihn ganz klar, und einen Tesla, Modell 3, wird er dann auch fahren, er sammelt schon dafür, eine Crowdfunding-Kampagne hat er bereits gestartet.

Jetzt sitzt er mir gegenüber in meiner Wohnung, Kaffee und Kekse liegen bereit, er ist von einem Kellerraum in Moabit gekommen, den er gerade zu einem Lokal ausbaut und nach seiner Oma »Oma Friedel« nennen will. Vorerst einmal, vielleicht fällt ihm noch ein Name ein, der mehr »trendy« ist. Vor mir also sitzt ein höflicher junger Mann. Seine schwarze Sportjacke mit dem silberfarbenen Tesla-T hängt an der Garderobe. Die hat ihm seine Tante aus den USA mitgebracht, wird er mir später erzählen, als er sie stolz vorzeigt.

Wo kommt er eigentlich her, will ich wissen. Ein bisschen sieht er aus wie ein Kung-Fu-Kämpfer, und das hat mich neugierig gemacht. Ja, sagt er, er hat asiatische Wurzeln, seine Großeltern kamen aus China, sie seien dann vor den Kommunisten nach Vietnam geflohen, und von dort nach Frankreich, wieder vertrieben durch den siegreichen roten Vietcong. »Da war meine Mutter acht Jahre alt«, beendet er diesen Teil seiner Familiengeschichte. »Der Vater kommt aus Berlin und die Eltern haben sich kennengelernt über einen Schüleraustausch«, erzählt er weiter. Emil Senkel, mit dem deutschen Vornamen des cleveren Straßenjungen »Emil«, den ihm seine Mutter gegeben hatte, weil sie »Emil und die Detektive« von Erich Kästner so liebte. Er wuchs in Frankreich auf und ist erst seit sieben Jahren in Berlin, wohin seine Familie umgezogen war. Er will nicht viel erzählen über sich und seinen Familienhintergrund, mehr über seinen Helden Elon Musk, dessen Biografie er in- und auswendig kennt. Da wird er redseliger. Ein Mann zieht sich mit dem eigenen Schopf aus dem Sumpf, du bist der Schmied deines eigenen Glückes, »the american dream«. Was Wunder, dass die Jungen die moderne Neuauflage des amerikanischen Heilsversprechens bewundern und ihr nacheifern wollen. Auch Emil Senkel erhofft sich die Erfüllung seines eigenen Traumes, als Praktikant bei Tesla in Grünheide anzufangen und später dort zum Team der kreativen Ingenieurcrew zu gehören. Einmal hat Musk seinen Tweet gelikt, na, das wäre ein Anfang.

Wir gehen auf @EmilSenkel. Er will mir die Ausbeute seiner Beobachtungen zeigen, die er bei seinen regelmäßigen Kontrollgängen auf dem zukünftigen Baugelände von Tesla mit der Kamera aufgezeichnet hat. »Gute Location, Autobahn, ganz nah bei der Stadt«, sagt er und meint den Standort Freienbrink. Er fuhr immer mit der Regionalbahn hinaus ins grüne Grünheide und die restlichen Kilometer mit einem Fahrrad. »Am Anfang war noch alles grün, nichts gesperrt [...]. Dann gab es Markierungspunkte für die Altlasten des Zweiten Weltkriegs«, berichtet er. »Dann hab' ich immer so reported auf Twitter, neue Funde [...]. Dann ging die Rodung los.« Auf den Bildern sind Stahlungetüme zu sehen, riesige Bagger, die die Bäume einfach aus dem Boden rupfen und zerkleinern und schreddern. Sie wirken wie Dinosaurier der Neuzeit. »Es ging superschnell, in drei Tagen war eine große Fläche gerodet.« Auch Videos, die er da draußen gemacht hat, führt er vor. »Das ist Gigafactory 4 [...] hier, hier [...] if, you are interested, you can take of my twitter.«

»Machen wir mal 'ne kleine Pause«, sage ich zu Emil nach dem Betrachten seiner Fotos und der Videogalerie. Was ist mit den Drohnen, will ich noch wissen, die andere Chronisten, wie Tobias Lindh, einer der aktivsten Tesla-Spotter, über das Geschehen auf dem Baugelände, fast täglich in den Himmel schicken. Ja, da seien viele unterwegs mit ihren Drohnen, ein regelrechtes Gedrängel über dem Baugelände, man müsse schon Abstand halten und die Drohne nicht aus dem Blick verlieren, sagt er. »Immer im Blickkontakt«, eine Auflage des Ordnungsamtes. Er will mir jetzt einmal im Internet vorführen, was eine Drohne so alles kann. Ein Prototyp, sieht aus wie ein überdimensionaler Drachen. Jetzt mal googeln. »Jetzt zeige ich mal, wie auch meine Drohne so fliegen könnte.« Ich höre Weltall-Musik, sehe das geflügelte Ungetüm, wie es sich in die Landschaft stürzt, Schluchten durchfliegt, ein Muster seines Modells, dass er nachbauen will mit eigenen Modifikationen. »Das ist jetzt in China, in der Nähe der großen Mauer«, über das gerade die Drohne fliegt. »Wie im Action-Film«, kommentiert er seine Vorführung, käme ihm das

vor, und er selbst, wird hier suggeriert, sei wie ein Vogel, der mit-
fliegt. Aufhebung von Zeit und Raumgefühl, die neue Welt. So
könnte es auch sein, wenn er in einem Tesla sitzt, denke ich. Die
herkömmlichen Orientierungsdaten stimmen nicht mehr, sitzt
man schon in einer Rakete, wenn man mit dem Auto fährt, wie
SpaceX auf dem Weg zu bisher nicht entdeckten Sternen, oder
fährt man einfach nur zum nächsten Bahnhof Fangschleuse in
Grünheide? »Ist echt cool«, sagt Emil noch. Er hat auch die Fabrik, die Musk in Grünheide plant, in 3D nachgebaut. Bei ihm
ist sie schon fertig und betriebsbereit. Zum Schluss höre ich von
ihm noch ein Glaubensbekenntnis: »Die Firma hat immer alles
selbst entwickelt. Die Autoindustrie ist schon hundert Jahre alt,
Tesla fängt komplett neu an und das Auto wird wieder neu erfunden. Und immer, wenn sie was Neues brauchen, entwickeln
sie das, das heißt, dass dein Auto mit der Zeit immer besser wird.
Echte Innovation statt Verbesserung.«

Juni 2020: Erkundungen vor Ort. Die Heimatstube

Natürlich hatte ich »Grünheide, Grünheide« von der gemaßre-
gelten und verfemten Dichterin der DDR Helga M. Novak gelesen, die Wolf Biermann für eine der größten Lyrikerinnen dieses
sonderbaren Staatsgebildes DDR hielt. »Grünheide, Grünheide«,
ihr Gedicht und der Ort, wo sie sich ja zu Hause gefühlt hat, zeit-
weilig wie andere: Gerhart Hauptmann, Kurt Weill, Lotte Lenja,
Georg Kaiser, der wilde, oft trunkene Ernst Rowohlt, auch mal
Bert Brecht, Robert Havemann und Wolf Biermann, weil er dort
zu einem wirklichen Freund in seiner von der Stasi bewachten

Einsamkeit kam, den er unterstützen wollte. Ich finde im Internet das Gedicht von Helga M. Novak, ihre Annäherung an Grünheide.

Von Grünheide nach Fangschleuse, zwei Kilometer, eine der letzten Stationen ihrer Fahrt von der Friedrichstraße in die »Heimat«, die sie braucht, diese Frau, widerständig, argwöhnisch und doch voller Sehnsucht nach ihrem Grünheide, vielleicht ein Versteck vor den Fängern ...

»links verbirgt sich der Wupatzsee / unter Entenfedern rechter Hand der Wacholder / wie ein betrunkener Zimmermann mit Pelerine / gleich falle ich auf die Knie / und bitte die Frau neben mir / bevor sie ganz verdunstet / alle Kleider mit mir zu tauschen / ... / ... / damit ich fürderhin mein Leben friste / wie in einem Nest wie Fangschleuse z. B. / unauffällig / wie der Schatten des Wacholders bei Nacht?«

Diese verletzte, verwundete, auch gehetzte Frau, hat sie einen Platz in der Heimatstube, wie all die anderen, die aus Grünheide einmal einen Ort gemacht hatten, wo sich Dichter, Verleger und Theaterleute wohl fühlten?

Da stehen also zwei Männer an diesem schönen Junimorgen zusammen vor dem Eingang der »Alten Schule«, die offiziell »Robert-Havemann-Clubhaus« heißt, die sie aber lieber »ihre Heimatstube« nennen, Lothar Runge und Bernd Obst, und warten neugierig auf den Besuch aus Berlin. Eine der ersten Stationen meiner Suche nach dem alten Grünheide soll ja der Heimatverein sein. Ich will den Dingen auf den Grund gehen, mein Buch soll kein Ufo sein, das einmal in Grünheide landet. Also, da stehen sie nun, der eine hoch gewachsen, der andere etwas kleiner, den Rücken durchgedrückt, zwei neugierig Ausschau haltende alte Männer, mal sehen, was der alte Mann aus Berlin will, mal sehen, was auf sie zukommt.

Jetzt sitzen wir uns an einem großen Holztisch gegenüber, inmitten von Ausstellungsstücken der Geschichte Grünheides, säuberlich geordnet nach Stichworten wie Brücken, Feuerwehr, Fischerei, Gaststätten, Schifffahrt, Alte Ansichten, Schulgeschichte, Fanfarenzug, Hundeschule, Boden und Wasser. Gerade die letztere Abteilung wird eine große Rolle spielen bei den Auseinandersetzungen um die Gigafactory. Das werde ich später erfahren, aber all die Schaukästen, Tafeln, Fotos werden auch noch eine Bedeutung haben, wenn sich Grünheide verändern muss, falls Tesla wirklich kommt.

So bin ich eingestimmt auf Unvermeidliches, aber was ist mit der Geschichte dieses Ortes, wird sich alles fügen? Grünheide hat Erfahrungen mit Menschenmassen, als Ausflugsziel für die Großstädter schon nach dem Ersten Weltkrieg und natürlich auch in der DDR-Zeit, werde ich aufgeklärt. Bis zu 20.000 Menschen kamen da hierher, machten es sich auf Campingplätzen gemütlich, hatten in Ferienheimen von Parteien und Betrieben gewohnt, Gaststätten hätte es ja damals wenig gegeben, ganz im Gegensatz zu den Zeiten schon um 1900, mit den Villen aus der Gründerzeit an den verschiedenen Seen. Der Bootsbau florierte, zwischen den Kriegen kamen 6.000 bis 8.000 Erholungssuchende über den Wasserweg, 31 Gaststätten luden ein zum Verweilen, es herrschte Hochbetrieb.

Aber es gab auch in Grünheide »Welten im Verborgenen«, Geheimnisse, von denen man nichts so Rechtes wusste, aber über die man munkelte. »Wir haben ja bei der Stasi-Unterlagenbehörde in Frankfurt (Oder) versucht, vieles herauszubekommen«, meint Lothar Runge. In dieser Gegend hätte es 28 Objekte der Staatssicherheit gegeben, ein Zentrales Lager in Freienbrink unter anderem. »Da hat der große Postraub stattgefunden.«

Ich bin verblüfft, »Postraub«, wie das? Pakete aus dem Westen seien hier eingesammelt worden, die wegen numerischer Übereinstimmung mehrerer Post-Leitzonen in Ost und West fehlgeleitet worden waren, sogenannte »Irrläufer«, die nun in Freienbrink geröntgt, aufgemacht und nach Warengruppen sortiert wurden. »Und dann gingen sie in die Shops der Staatssicherheit bzw. nach Wandlitz«, wie Lothar Runge weiß. »Oder zu Schalck-Golodkowski für seinen Handel mit dem Westen. Also retour, aber unter anderen Vorzeichen, die sich die Absender der Westpakete nicht hätten träumen lassen.« Es gab noch andere Atrozitäten, »wie eine kleine Bungalow Siedlung mit Garagen und so«, was Lother Runge weiter zu berichten weiß, da seien RAF-Terroristen ausgebildet worden. Natürlich ist auch von Robert Havemann die Rede, das sei ja offensichtlich gewesen, 90 Leute hätten ihn und seine Familie Tag und Nacht überwacht.

Zurück zu Elon Musk. Beide Männer fühlen sich nicht so richtig informiert. Viele Informationen seien nur über die Presse gegangen. Im Grunde sind sie für Tesla, der Ort müsse sich dann aber weiterentwickeln in allen Belangen, »man will ja auch etwas abhaben von dem ganzen Kuchen, man will ja nicht nur den Wald opfern, hat nur Dreck und Lärm und der Ort hat gar nichts davon«. Lothar Runge ist im Ortsbeirat und meint, »man müsse den Bürgermeister ein bisschen schubsen«. »Was haben wir denn für Träume und Wünsche?«, ist seine Frage an alle Bewohner Grünheides. Diskussion, Öffentlichkeit, das sei jetzt angebracht. Er ist auch in einem Bürgerbündnis und will sich für mehr Mitsprache einsetzen. Und noch etwas sagt er, nach der Wende habe die Zukunft Grünheides düster ausgesehen, sinkende Einwohnerzahlen, Abwanderung gerade von jungen Bürgern wie überall in der ehemaligen DDR in den Westen. »Charmante

Schnarchstadt«, hatte Lothar Runge den Zeitungen erzählt und dann sei eben das Angebot von Tesla gekommen. Nun mischt sich Bernd Obst ein, die Nachricht von Tesla, das habe er im Radio gehört, das sei ja ein Ding, habe er sich gesagt, der Bebauungsplan sei dann ja wohl damals nicht umsonst gemacht worden, als man BMW anlocken wollte, jetzt fände er zu seiner Bestimmung. Und er hoffe inbrünstig, wenn dann nach Arbeitskräften für das neue Werk gesucht werde, dass es zu einem sozialen Ausgleich komme zwischen einheimischen Bewerbern und Menschen aus dem grenznahen Polen. Denn das würde ja von den Gegnern kolportiert, eine Überfremdung der Gegend.

Und tatsächlich, Ängste dieser Art existieren, das hatte ich in der Zeitung gelesen, und sie gingen als Gerücht von Haus zu Haus. »Die Polen kommen.« Nicht nur mit diesen Protestlern haben beide Männer nichts zu tun. Das habe man ja gesehen bei der Rodung des Waldes, viele seien gar nicht von hier, seien zum Teil aus Bayern gekommen, die AfD mische da mit, und jetzt gibt Lothar Runge eine Anekdote zum Besten: »Es gab zwei Demos, einmal die Fürsprecher und einmal die Gegner. Ich war bei den Fürsprechern und da kam einer an: ›Wo kann man denn hier einen Kaffee trinken?‹ Sag ich: ›Sie sind nicht von hier?‹ – ›Nee, ich bin aus Berlin.‹ Sag ich: ›Haben wir Sie denn jetzt gebeten, dass Sie uns verteidigen, hier?‹ – ›Nee, ich bin gegen Kapitalismus‹.«

Meine Gesprächspartner kommen von hier, daran lassen sie keinen Zweifel, mit den »Berufsnörglern«, wie sie die Demonstranten auch nennen, haben sie nichts am Hut. Ich interessiere mich für ihre Lebensgeschichten. Was macht einen Grünheider aus? Dass er nicht aus Grünheide stammt, möchte man vermuten, wenn man Lother Runge zuhört. Eigentlich kommt er aus dem Berliner Norden, die Familie hat sich in Grünheide eine

Hütte gebaut, nebenan wurde ein Haus verkauft, und da DDR-Bürger nur ein Grundstück besitzen dürfen, hatte der Sohn es auf einmal gehabt. So ist er nach Grünheide gekommen. Hat dann in Fürstenwalde studiert, Bauwesen, 1973 landet er bei der NVA, hat auch dort mit Bauwesen zu tun gehabt. Und jetzt kommt ein großer Sprung in seiner Biografie: Er wird nach der Wende von der Bundeswehr übernommen, wird als Zivilangestellter verbeamtet, Regierungsdirektor und ab 2006 in den Ruhestand geschickt. Dann hat man ihm den Heimatverein angedreht. »War da sonst nichts?«, frage ich ihn. Doch, doch in der SED sei er schon gewesen, aber dann war Schluss mit der Politik bis 2008. Da »belatscherte« man ihn, so drückt er es aus, und er wurde »Ortsbeirat«. »Das ist ja so«, sein Resümee, »man kann gar nicht mehr loslassen, wenn irgendetwas nicht so richtig ist, fühlt man sich zuständig, verantwortlich, man muss irgendwas bewegen.«

1939 ist der andere, Bernd Obst, in Rüdersdorf im Krankenhaus geboren, wie es bei den Nationalsozialisten ja damals üblich gewesen sei. Er kann zurückblicken bis 1698, als einer seiner Vorfahren in der Gegend einen Kohlenmeiler errichtete, ist Ur-Grünheider also. Der berufliche Werdegang von Bernd Obst ist schnell erzählt: Lehre im Elektromaschinenbau, Arbeit in einer Werkzeugmaschinenfabrik in Treptow, die später in das Mikroelektronikprogramm der DDR eingegliedert wird, Weiterbildung im Fernstudium zum Fachingenieur für Hochfrequenz, nach der Wende Aufbau von Jugendprogrammen für die Berufsausbildung. Im Ruhestand engagiert er sich wie Lothar Runge im Heimatverein.

»Tesla in Grünheide«, das erschreckt ihn überhaupt nicht. Als gelernter Ingenieur faszinieren ihn technische Innovationen auch in der Autotechnik, da hat er sozusagen einen beruflichen

Blick drauf. »Eins steht fest, von dem Betrieb selbst wird Grünheide nie viel spüren, Geräusche und irgendwie Umwelt, Luft und so, was soll da passieren, da kann nicht viel kommen. Ich meine, es ist natürlich eine Technik, die ein kleines Geschmäckle hat wegen der Herstellung der Batterien. Das sind natürlich alles Dinge, die man berücksichtigen muss, aber es kann ja eine Brückentechnologie sein, zum Übergang zu den nächsten Antriebsformen wie Wasserstoff, Brennstoffzelle, wie auch immer. Und so ein Band lässt sich schnell umrüsten, um die nächste Technologie dann durchzuführen. Unter diesem Motto sollte man das sehen.«

Die beiden Männer wollen mich zum Abschied noch durch ihre Heimatstube führen. Die Hundeschule von Grünheide, die Polizeihundeschule ehedem, später von der SS genutzt, steht da im Modell, zu dem ein Mannschaftsgebäude gehörte, das nach dem Krieg zur Gerhard-Hauptmann-Schule wurde. »Für eine neue Menschengeneration«, wie Bernd Obst sagt. Geschichte soll so lebendig werden, aber nicht mit alten Töpfen, Tassen und Kannen, sondern mit Ausstellungsstücken, die erklären, was Grünheide einmal für die Zeitgenossen war. Aber auf eins muss Bernd Obst noch unbedingt hinweisen, er zeigt auf ein Foto: »Der Herr in der Mitte, der da als Boxer steht, Max Schmeling.« Der habe für Grünheide auch etwas zu bedeuten, weil er hier in Fangschleuse trainiert habe, wo der Bahnhof steht. Auch der Wohnort von Bahnwärter Thiel, über den Gerhard Hauptmann in seiner gleichnamigen Novelle schreibt, Pflichtlektüre in den Schulen auch heutzutage. In ihr beschreibt er einen Morgen im Wald, durch den der Bahnwärter auf dem Heimweg von seiner Arbeit kommt.

»Die Sonne goß, im Aufgehen gleich einem ungeheuren blutroten Edelstein funkelnd, wahre Lichtmassen über den Forst.

In scharfen Linien schossen die Strahlenbündel durch das Gewirr der Stämme, hier eine Insel zarter Farnkräuter, deren Wedel feingeklöppelten Spitzen glichen, mit Glut behauchend, dort die silbergrauen 45 Flechten des Waldgrundes zu roten Korallen umwandelnd. Von Wipfeln, Stämmen und Gräsern floß der Feuertau. Eine Sintflut von Licht schien über die Erde ausgegossen.« So schön kann es in den Wäldern rings um Grünheide sein.

Treffen mit einem Widersacher – Steffen Schorcht

Als ich das Heimatmuseum verlasse, winken mir meine Gesprächspartner von der Eingangstreppe aus zu, als wollten sie sagen: »Wird schon gut gehen.« Mit »gut gehen« meinen sie mein Gespräch mit Steffen Schorcht, Mitglied der Grünen Liga und der Bürgerinitiative Grünheide, zu dem ich nun aufbreche. Ein Mann, der bei manchen als schwierig gilt. Mir war er immer wieder aufgefallen. Wenn in Zeitungen von Tesla die Rede war, war auch von ihm die Rede. Ein eloquenter Mann, mit guten Argumenten bewaffnet, gar kein Eiferer mit Schaum vor dem Mund. Ich erinnere mich an ein Streitgespräch zwischen dem Wirtschaftsminister des Landes Brandenburg Jörg Steinbach und Steffen Schorcht, dessen Abdruck in der *Zeit* am 12. März 2020 erschienen war. Tesla sei ein Signal für die Zukunft der Region und des Landes Brandenburg, meint der Minister, Schorcht kontert, dass das Baugelände in Grünheide aus ökologischen Gründen der falsche Standort sei. So geht es munter hin und her. Der Minister betont die Entwicklungschancen durch Tesla, Schorcht führt aus, dass man in einem

Wasserschutzgebiet nicht so eine Fabrik bauen könne. Der Minister insistiert, es gäbe eine Machbarkeitsstudie, außerdem würde die Gemeinde auf dem Laufenden gehalten. Schorcht meint, die Bürger seien an dem Projekt nicht beteiligt und fühlten sich außerdem schlecht informiert, würden zu wenig in das Projekt einbezogen. Das schaffe Vertrauensverlust in die Politik und spiele der AfD in die Hände. Der Minister verweist auf die gesetzlichen Abläufe, über die immer informiert worden sei, außerdem könne man drei Monate nach Bekanntgabe des Deals nicht schon Lösungen für alle Details bei einer neuen Infrastruktur für Grünheide verlangen. Im Übrigen sei Tesla nicht nur für Grünheide, für Brandenburg, für Deutschland, sondern auch für Europa wichtig, weil der neue Produktionsstandort von Tesla zum Zentrum der Firma auf diesem Kontinent würde und damit einen großen Absatzmarkt bediene, von dem sicher auch das Land profitiere, wenn es Tesla gut ginge. Noch einmal geht Steffen Schorcht in die Vollen, hält den Aktienkurs von Tesla für aufgebläht, sieht eine wachsende Anzahl von Mitbewerbern bei E-Autos, glaubt, dass sich 90 Prozent der Bevölkerung die Teslas nicht leisten können, weil die Autos zu teuer sind, fragt nach den Alternativen für Elektroantriebe, wie zum Beispiel die Wasserstofftechnologie. Sieht ein finanzielles Risiko für das Land, wenn es mit Tesla einmal bergab ginge. Der Minister kontert mit dem Hinweis, dass auch er die E-Mobilität als Brücke sieht zum Wasserstoff-Energieträger für Autos, aber da würden noch gut 20 Jahre vergehen, in denen Tesla gutes Geld verdient und die Steuereinnahmen fließen. Tesla sei eine Gewinnerstory. Und von den Verbesserungen der Infrastruktur in Grünheide und Umgebung würden alle profitieren, auch wenn Tesla nicht mehr da sei.

Die Schlussfrage an Steffen Schorcht in diesem »Zeit-Gespräch« ist von besonderer Delikatesse. Mal angenommen, er würde Elon Musk in Grünheide treffen: »Was würden Sie ihm gerne ins Gesicht sagen?«, fragt der *Zeit*-Journalist. »Sie haben sich den falschen Standort ausgesucht, Mr. Musk. Tesla hatte ja allein in Brandenburg drei weitere Plätze zur Auswahl. Auch fürs Land ist das Ergebnis nicht gut. Anstatt die Peripherie zu stärken, ziehen wir noch mehr Jobs und Menschen in den Berliner Speckgürtel«, antwortet Steffen Schorcht.

Auf dem Weg nun von Mr. Hardcore, wie Elon Musk auch manchmal genannt wird, zu Bürger Hardcore nach Karutzhöhe in Erkner, einer Nachbargemeinde von Grünheide. In Erkner haben sich vor vielen Jahrzehnten TBC-Kranke mit Teerdämpfen auszukurieren versucht. Das ist lange her.

Als ich aus dem Auto steige, steht Steffen Schorcht schon am Gartenzaun. Er erwartet mich in seinem Vorgartenidyll. Nun führt er mich zu einer Sitzecke, die sonst sicherlich für Kaffeetafeln oder gemütliche Grillabende reserviert ist. Aber hier ist nicht alles anheimelnd und ruhig, 900 Meter Luftlinie vom Bauplatz von Tesla entfernt. Zunächst will ich etwas über seine Lebensgeschichte wissen. Wie kommt jemand zu dieser Widerständigkeit? 1960 in Weimar geboren, Abitur, Volksarmee, »wie das so üblich war«, in Ilmenau Medizin, Technologie und Kybernetik, danach Forschung in der Medizinischen Akademie in Erfurt. Seine Frau arbeitet im Archiv in Erfurt, nach der Wende sind beide Opfer der Abwicklung. 1992 kommen sie nach Berlin, heute arbeitet er als Produktgruppenleiter für eine medizinische Firma, sein Wohnort ist jetzt Erkner und der Ortsteil Karutzhöhe. Hier gründet er 1997 eine Bürgerinitiative, will sich einmischen, bekommt Einblicke in die Kommunalpolitik, will das Trinkwasserschutzgebiet, in dem er wohnt, erhalten, in das man schon im Jahr 2000 eingreifen will, zugunsten einer großen Siedlung und einer zweiten Autobahn. Vom Wasserverband Strausberg-Erkner weiß er, dass große Probleme auf die Region für die Trinkwasserversorgung zukommen werden, auch durch die Trockenheit in den letzten drei Jahren. Schon bevor Tesla kam, habe man an die Bewohner appelliert, in Regentonnen Regenwasser aufzufangen. Bei Steffen Schorcht stehen auch drei dieser Tonnen im Garten, mit einem Fassungsvermögen von 1.000 Litern. »Dann kam Tesla«, sagt er nüchtern, »das war für mich völlig unverständlich. Der Casus Knacksus ist das Wasser«. Ob Tesla nun gebaut würde, hänge vom Ausgang der Umweltverträglichkeitsprüfung des Landesumweltamtes ab. Das prüfe derzeit, habe aber schon vorzeitige Genehmigungen ausgesprochen, damit es mit dem Bauen losginge. »Es gibt welche, die sind total verunsichert, die wissen überhaupt nicht, was auf sie zukommt, die sagen, es wird doch alles von den Behörden geprüft, und wenn die Behörden ›Ja‹ sagen, dann wird das schon stimmen, es gibt also ein Grundvertrauen. [...] Was für uns sehr problematisch ist, die Befürworter wissen häufig nicht über die Fakten Bescheid. Tesla hat zum Teil religiösen Charakter.«

»Was ist mit den Arbeitsplätzen, die durch Tesla in die Region kommen sollen?«, frage ich. Das sei das Hauptargument der Befürworter, endlich mehr Arbeitsplätze für die Region. Am Stadtrand habe man eine Arbeitslosenquote von 5,6 Prozent. »Für wen sind dann die neuen Arbeitsplätze, die Tesla schaffen will?«, hake ich nach. Steffen Schorcht sagt: »Wir haben gar nicht die Arbeitskräfte hier, wo kommen die Arbeitskräfte her?« Sein Resümee: Man brauche Montagearbeiter, die dann am Tesla-Band stehen und einfache

Arbeiten verrichteten, wie in den anderen Automobilfabriken oder in der Motorradproduktion bei BMW in Berlin-Spandau. Man müsse die jeweiligen Teile nach Display-Vorgaben zusammensetzen und das ginge auch ohne Deutschkenntnisse. Er sieht also eine Invasion von ungelernten Arbeitern auf Grünheide zukommen, man würde von 40.000 bis 60.000 Menschen sprechen, die man in der Region ansiedeln wolle, wenn mal alles fertig ist. Tesla sei ein Magnet, ziehe andere Firmen an, Start-ups. Das bedeute Zersiedlung der Landschaft bis Frankfurt (Oder) für neuen Wohnraum, mehr Wasserverbrauch. Er sieht eine Industrialisierung auf die Region zukommen, der sie nicht gewachsen ist.

»Kompromisse? Sind Kompromisse möglich?«, frage ich. »Das Maximalziel ist, dass wir Tesla verhindern [...], es gibt schon Bewegung«, sagt er. Und wenn es nicht gelänge? Sie wüssten ja nicht, wie das ausginge, aber, da sei er ganz sicher, wenn Tesla dann noch weiterbaue wie geplant, nach der Errichtung des ersten Werkes, in die zweite, dritte oder vierte Aufbaustufe gehe, dann würden sie das alles scheibchenweise begleiten.

Steffen Schorcht will nicht der Michael Kohlhaas von Grünheide sein und seine Bürgerinitiative und die Grüne Liga wollen das auch nicht. Es muss aber nach Gesetz und Recht zugehen, ist seine feste Überzeugung. Und man kann gegen den Bescheid einer Umweltverträglichkeitsprüfung auch klagen. Wird es einmal zu einem Rechtsstreit kommen?

Wie webt man Netze? Christine de Bailly erzählt

Wieder in Grünheide. Ich stehe im Zentrum der Gemeinde. Was heißt hier Zentrum? Ich stehe auf einem Marktplatz, der Anfang der Neunzigerjahre noch Forst war. Zu einem Rechteck geordnet sind Touristenbüro, Edeka, ein deutsches und ein griechisches Lokal, andere Gebäude und das Rathaus der Gemeinde. In der Mitte dieses Rechteckes befindet sich ein Parkplatz, auf dem auch immer mal wieder ein paar Teslas der Bewohner parken und eine Elektroladestation, die 2018 in Betrieb genommen wurde. Hier hat man also die künstliche Mitte der Gemeinde im Landkreis Oder-Spree angelegt, die aus fünf weiteren, weit verstreuten Ortsteilen besteht: Hangelsberg, Spreeau, Mönchwinkel, Kagel und Kienbaum.

Wenn man sich die Autos wegdenkt, könnte in der Mitte des Rechtecks eine Freilichtbühne sein, auf der jedes Jahr einmal Thorton Wilders »Unsere kleine Stadt« aufgeführt wird. So gut passt das Kleinstadtepos des amerikanischen Dramatikers in diese Gegend. Fehlt nur der Milchmann, der jeden Morgen auf seinem Esel in diesem Stück auftaucht. Gemütlich, geruhsam und friedlich geht es dem ersten Anschein nach in Grünheide zu und auch eine andere Parallelität ist frappierend. Bei Thorton Wilder wird beschrieben, wie der erste elektrische Brutapparat erfunden wird, die amerikanische Kleinstadt durcheinanderbringt und ihr eine Sensation beschert. Man braucht nicht viel Phantasie, um sich vorzustellen, dass dieser Brutapparat heute der Tesla in Grünheide ist.

Gibt es auch eine Person in »Unsere kleine Stadt«, die Christine de Bailly entspricht, frage ich mich, die ihren Netz-Werk-Laden in der anderen Ecke des Rechtecks, schräg gegenüber vom Rathaus untergebracht hat? Nein, nein, nach Amerika passt sie nicht, eher in ein Bildungszentrum in Pariser Banlieues, in denen vor vielen Jahrzehnten die Dezentralisierung von Kultur in Frankreich begann. Ihr Netz-Werk-Laden ist Anlaufstelle nicht nur für Grünheider, sondern für viele Bewohner des Landkreises. Das Motto lautet: »Bündnis für Brandenburg, weil es um Menschen geht«. Hier finden Bildungsveranstaltungen aller Art statt, Gesprächskreise, Diskussionsforen, Sprachkurse, Filmvorführungen, Lesungen auch in Corona-Zeiten. Und wenn jemand Rat für ganz alltäglichen Sorgen sucht, ist er bei Christine de Bailly auch willkommen.

Die Gründerin dieser Grünheider Institution empfängt mich mit ihrem Hund, der erst einmal kräftig bellt, dann knurrt, und mit der Aufforderung, meine Hände zu desinfizieren. Ja, ja, es ist ja Corona-Zeit. Bei einer Tasse Kaffee erzählt sie mir aus ihrem Leben: Sie stammt aus einer hugenottischen Familie. Väterlicherseits waren auch Henker und Bürgermeister darunter. »Ist schon lange her ...«, sie muss schmunzeln. Ernster wird sie, als sie auf die Zeit nach der Wende zu sprechen kommt. Sie sei im Oktober 2000 hierhergezogen, unfreiwillig. Eigentlich kam sie aus Blankenfelde im Süden von Berlin. Dort sei sie groß geworden, habe geheiratet, zwei Kinder bekommen, sie wollte das Haus ausbauen, hatte es zu diesem Zweck erworben, dann kam die Grenzöffnung und eine große nette Familie aus dem Westen mit sechs Leuten. »Die klingelten dann und sagten, sie wären dort groß geworden, ob sie sich mal umschauen dürften.« Den Rest könne man sich ja vorstellen. Es sei eine sehr böse Geschichte geworden, die sie sehr viel Kraft gekostet habe. Einer habe sich im Erdgeschoss eingenistet, ihren Garten verwüstet, neue Schlösser in die Türen eingebaut, die Heizung kaputt gemacht, mit Schikanen auch sie aus dem Haus vertreiben wollen, wie vorher die Familie im Erdgeschoss. Sie habe sich gewehrt, Anwälte bemüht. »Ich stand schon im Grundbuch.« Aber das Amt für offene Vermögensfragen habe dann entschieden, dass die Westfamilie Eigentümer sei, weil ihr Eintrag auch noch im Grundbuch stand. Die Schikanen nahmen kein Ende, bis sie schließlich das Feld räumte, obwohl sie als langjährige Bewohnerin im Haus noch ein paar Jahre hätte bleiben können. Schließlich habe sie resigniert und sie habe was Neues gesucht. Ja, so sei das gegangen. Ihr Bruder fand ein Grundstück in der Gemeinde Grünheide, da ist sie dann mit ihm hingefahren, habe geguckt und gesagt: »Ja, das ist es, hier bleibe ich. Das ist alles, was ich möchte, Wald, See, Ruhe.«

Grünheide ist jetzt also ihre Heimat. Ihr Personenprofil im Internet verrät, mit welcher Energie sie das Leben dort draußen angegangen ist. Unternehmensberatung ist einer ihrer Arbeitsbereiche: Marketing, Personalentwicklung, Kommunikation. Vermittlung von Sprache. Als Beruf ist Diplomkaufmann angegeben, als ihr Motto: Arbeit muss Spaß machen, um zum Erfolg zu führen. Natürlich frage ich nach, wie sie nach dieser trüben Geschichte in Blankenfelde so viel Optimismus, so viel Lebensfreude habe entwickeln können. Sie muss ein ganz besonderer Mensch sein, denke ich und spekuliere: Passt das nicht ideal zu Tesla? Sie belehrt mich eines Besseren, wie sich im weiteren Gespräch herausstellt. Sie sei nicht Partei, sie habe das große Ganze im Blick. Weitere Überraschung: Sie war auch in ein Projekt für Langzeitarbeitslose eingebunden, war Dozentin in der Handwerkskammer in Hennickendorf, Trainerin für Bewerbungsgespräche bei verschiedenen Bildungsträgern. Dann hat sie sich selbstständig gemacht. Als die Flüchtlinge 2015 kommen, öffnet sie ihr Beratungsbüro in Kagel, einem Nachbarort von Grünheide. Sie sagt damals erst einmal »Herzlich Willkommen«, eine Ausnahme auch hier im Berliner Umland, wo Misstrauen, Ablehnung gegenüber den Neuankömmlingen aufkam. Bis heute bietet sie Sprachunterricht an, berät die »Fremden« bei ihren Behördengängen, beim Arztbesuch, hilft mit bei der Unterkunftssuche, veranstaltet Treffen, Feste für die Menschen, die nach einer neuen Heimat suchen, trägt damit zu ihrer Integration in der neuen Umgebung bei. Als Tesla auftaucht, wird sie gefragt, ob in ihrem Netz-Werk-Laden ein Bürger-Informationsbüro der Firma eingerichtet werden kann. Sie sagt »Ja«. »Dann tobte in Grünheide das Leben«, im November 2019 rückten die Medien an, wollten Auskünfte der Tesla-Mitarbeiter, auch Bewohner Grünheides tauchten auf und wenig später Demonstranten von Kundgebungen auf dem Marktplatz. »Es kam auch der Mob«, sagt sie, Kinder trugen Plakate, die ihnen ihre Eltern in die Hand gedrückt hatten: »Ihr ermordet unsere Kinder, ihr Mörder«, »Ihr klaut uns das Wasser«. Von den Umweltverbänden sei am Anfang wenig zu sehen gewesen. »Dann ist die Gegen-Demo entstanden«, sagt sie und viele Bürger in Grünheide hätten sich von den anfänglichen Demonstrationen distanziert. E-Automobilfahrer taten sich zusammen und es gab auf dem Marktplatz ein »Event«, kurz bevor wegen Corona der Shutdown auch für Brandenburg verkündet wurde. »Anfang März war das«, sagt Christine de Bailly, »E-Autos verschiedener Firmen wurden ausgestellt, man konnte Probefahren und es ging auch um Batterien, Akkus und ihre ›Umweltverträglichkeit‹.« Veranstaltungen dieser Art findet sie richtig, dafür setzt sie sich ein, sie will alle Lager zusammenbringen. »Nachdenken,« sagt sie noch, »was mit uns wird. [...] Eine Bestandsaufnahme. Wie ist es denn, warum sind wir auch unzufrieden. [...] Viele haben gesagt, ja, jetzt werden die Leute mit ihren Rollatoren alle überfahren von den Tesla-Fahrzeugen und wenn die Lkws hier alle durch die Straßen fahren. [...] Das infrage zu stellen, die Diskussion, die überall stattfindet, das bewegt doch was, das bewegt im Kopf was. [...] Das finde ich toll«, das ist ihr Credo. Mal sehen, wie weit sie damit kommt. Noch schweigen die Tesla-Baumaschinen vor Ort, im Juni 2020.

25. Juni 2020: Große Runde im Umweltministerium, Bericht von Steffen Schorcht

»Gestern hatten wir das Treffen [...] zur Übergabe des offenen Briefes«, berichtet mir Steffen Schorcht an diesem schönen Junitag. Es ist immer noch heiß, es ist immer noch trocken. »Wann regnet es endlich?«, könnte Steffen Schorcht mich fragen. Gerade erst habe man sich beim Minister für Landwirtschaft, Umwelt und Klimaschutz in Potsdam getroffen. »Na ja, ›Große Runde‹« – »Ist etwas herausgekommen?« – »Elf Vertreter von Umweltverbänden auf der einen Seite, Axel Vogel, zwei seiner Abteilungsleiter und die Pressesprecherin auf der anderen Seite. Eine delikate Situation, die Umweltverbände und ein ›grüner Minister‹, die sich bei Tesla nicht einig sind.« – »Was gab es da zu bereden«, frage ich. »Gab es Überraschungen?« – »Die Atmosphäre war okay, es ist keiner ausfällig geworden«, lobt Steffen Schorcht das Gespräch. Der Stand des Verfahrens für die Umweltverträglichkeitsprüfung wurde erörtert, neue Unterlagen von Tesla seien zu erwarten, sie würden analog und digital ausgelegt, sodass jeder Einsicht nehmen könne, auch für weitere Einwände. Die öffentliche Erörterung dieser und der alten Einwände würde dann im September über die Bühne gehen. Einen Geologen hätten sie dabeigehabt und das hätte dem Gedankenaustausch eine dramatische Wendung gegeben.

»Wieso?«, ich werde neugierig. Das hänge mit der Pfählung zusammen, mit dem Berliner Urstromtal, in dem die Fabrik errichtet würde, und schließlich mit der Salzwasserproblematik im gesamten Gebiet, hätte der Geologe nun ausgeführt. Unter dem oberen Grundwasserleiter gäbe es eine Salzwasserschicht und diese könne bei Versiegelung des Bodens und der damit verbundenen Austrocknung der Sandschichten nach oben gedrückt werden. Wenn das geschähe, sei das Grundwasser, das Süßwasser, so verunreinigt, dass es nicht mehr brauchbar sei, und auch die Brunnen nicht, aus denen das Trinkwasser käme. Schließlich greife das Salzwasser auch Bauwerke, die in ihm errichtet wurden, an, zersetze sie, und das sei bei den Pfählen ja dann der Fall. Dem Minister seien mögliche drastische Auswirkungen des Salzwasserauftriebes nicht gegenwärtig gewesen, stellt Steffen Schorcht fest.

Aber wenn die Autobauer nun tätig sind, so das dritte Anliegen der Umweltschützer beim Umweltminister Axel Vogel, wie sähe es mit den Folgen der geplanten Ansiedlung für die Region aus? Das wäre wohl nicht mehr vertieft worden bei diesem Gespräch, so Steffen Schorcht. Es gäbe ja einen gemeinsamen Landesentwicklungsplan zwischen Berlin und Brandenburg, und der sei gültig, hätte es geheißen. Und die Kommunen seien für die Realisierung bestimmter Projekte in diesem Rahmen zuständig. An Schulen, denke ich, an Horts, an kulturelle Einrichtungen anderer Art, an Wohnungen, an Verkehrswege. Keine Antwort auch hier.

»Alles hängt vom Wasser ab«, sagt Steffen Schorcht abschließend. »Es gibt auch 'ne Aussage vom Wasserverband Strausberg-Erkner, dass das Wasser einfach nicht reicht für weitere Ansiedlungen.«

26. Juni 2020: Unterwegs in Grünheide mit Emil Senkel

Schon lustig, einmal hinaus nach Grünheide zu fahren, mit einem Zeitzeugen gewissermaßen im Gepäck, mit Emil Senkel, dem die Nachricht von der Ansiedlung der Gigafactory damals den Schlaf raubte und der dann immer wieder dorthin gefahren war, um zu dokumentieren, was dort geschieht. Heute will er mir zeigen, wie er sich rund um das Baugelände bewegt hat, mit seinem Fahrrad, zu Fuß, mit seiner Kamera, in eigener Mission. Er war ja nun lange nicht mehr dort, sagt er und ist immer wieder überrascht, dass sich die Autofabrik so rasant und schnell weiterentwickelt hat wie bisher. Er war mit dem Dokumentieren kaum hinterhergekommen. Seine Beobachtungsstationen werden wir jetzt mit dem Auto ansteuern. Zunächst war es im Norden des Geländes, da stand der Wald noch, nach dem Abholzen hat er sich entlang einer vielbefahrenen Straße aufgehalten, die die nahe gelegene Autobahn kreuzt, längs des Baugeländes weitergeht und sich dann wieder durch Kiefernwald in Richtung Fangschleuse, Grünheide schlängelt. Die Fußgängerbrücke dort war sein Lieblingsausguck. Als wir aus dem Auto steigen, pfeift uns ein mächtiger Wind um die Ohren. Das bemerke ich erst jetzt, als ich mein Aufnahmegerät einschalte. Mist, ich habe den Windschutz vergessen. Vor uns breitet sich eine riesige Fläche mit Sand aus, im Hintergrund sind auch Sandberge zu sehen, am Eingang zum Gelände hält uns eine Schranke auf, ein Mann kommt auf uns zu. Wir sollen wieder zurück Richtung Straße gehen, der Zutritt zur Sandwüste sei strengstens verboten. Werksgelände, sind schon Betriebsgeheimnisse zu sehen? Ich habe wieder die Meldungen im Kopf, die über Musk verbreitet werden. Er scheue die Öffentlichkeit und gäbe nur das preis, was von Vorteil ist. Ein Auskunftsmuffel, so wird er auch beschrieben, ein Nerd, der nur mit großem Widerwillen aus seiner Betriebshöhle ans Licht tritt. Wenn es halt gar nicht anders geht. Oder für ihn nützlich ist.

Die Straße, auf der wir jetzt entlanggehen, ist stark befahren. Lastwagen um Lastwagen lärmen vorbei, meistens fahren sie zum nahe gelegenen Edeka-Warenlager und dem Güterverteilzentrum in Freienbrink. Wir hangeln uns vorwärts auf einem schmalen Trampelpfad neben der Straße. Die niedergedrückte Grasnarbe verrät, dass er von vielen benutzt wird, die am Baugelände herumirren, mit der Hoffnung, etwas Neues zu sehen. Menschen aus Grünheide und Umgebung, aber auch aus weiter entfernten Regionen auf der Pirsch. Aber es zeigt sich noch kein »Hirsch«. Ein Kollege von mir, der vom *WDR* nach Berlin in ein Produktionsstudio kam, nutzte die Gelegenheit, um einen Blick auf Tesla zu werfen, immerhin gut 70 Kilometer von Berlin entfernt. So attraktiv ist der Bauplatz schon jetzt, obwohl man sich die Dimension des Werkes in seiner Phantasie zurechtmalen muss. Auf der Fußgängerbrücke können wir noch weiter in das Gelände hineinsehen, aber wir sehen wieder nur Sand, manchmal auch wellig geformt, ein paar Autos, die Sandhaufen abtransportieren, und wieder Sand bis zum Horizont der gerodeten Fläche. Wie wird es hier in einem Monat aussehen? Die Fabrik soll im Rekordtempo errichtet werden, davon hat Elon Musk immer gesprochen. »I believe in speed«, in Abwandlung der alten Kapitalistenweisheit: »Time is money.« Aber nicht nur deswegen, auch weil man ihn immer wieder sagen hört: »Wir haben nicht viel Zeit, um unsere Umwelt zu retten.«

Wir haben noch einen Termin an der Alten Schule, am Sitz des Heimatmuseums, der Heimatstube. Die ist nur ein paar

Minuten von der Baustelle entfernt. Hier bin ich mit Albrecht Köhler verabredet. Man könnte ihn als Glaubensbruder von Emil Senkel bezeichnen, beide eint, wie viele meist jüngere Leute auch in Grünheide, die Bewunderung für Elon Musk. Einer, der Neues wagt und nicht nur darüber redet. Wie haben sich die beiden kennengelernt? Über »Twitter«, wie Emil Senkel erklärt, und dann haben sie sich bei Demos »Pro-Tesla« getroffen, am Baugelände, sich auch mal Tipps gegeben über Drohnen, Videos, Fotos und so. Da sei ein Team entstanden. Inzwischen haben sie sich mit anderen Musk-Fans gut vernetzt, stehen im regelmäßigen Austausch untereinander. Eine Gemeinde von Unterstützern ist auf diese Weise entstanden. Gerade will er von einer Demo erzählen, auf der 600 Leute waren, da taucht Albrecht Köhler auf, schwingt sich vom Rad und setzt sich ohne Umschweife zu uns auf eine Bank von der Alten Schule und führt die Erzählung Emil Senkels fort, als habe er alles mitgehört. »Das muss im Dezember gewesen sein.« Auf dem Baugelände sind sie sich mit dem Fahrrad begegnet und haben dann Vermessungspunkte dort ausfindig gemacht, »Stäbe«, wie Emil Senkel sagt, und dann auf eine Karte eingezeichnet. »Und dann auf Google Earth übertragen«, fügt Albrecht Köhler hinzu. Was das denn nun heiße, will ich wissen, die Sprache, die die Musk-Jünger benutzen, ist für mich manchmal einfach unverständlich. »Dass man die Standorte mit GPS-Daten versieht«, werde ich aufgeklärt. »Für Routenplaner«, versuche ich mir einen Reim darauf zu machen. So wird das Gelände transparent, geröntgt quasi, ortbar für jeden, der einen Routenplaner hat. Beide waren dann aktiv bei den Demonstrationen gegen Tesla, haben versucht, die Parolen der Teilnehmer mit Gegenargumenten auszukontern, an Diskussionen, die im Netz tobten, beteiligten sie sich ebenfalls. Mit welchem

Ergebnis? »Dass in der Presse nicht nur die negativen Schlagzeilen genannt wurden, sondern auch die Positiven [...], das war uns wichtig«, sagt Albrecht Köhler. In Umfragen sei erkennbar, dass inzwischen in der Region und auch im Land Brandenburg die Mehrheit für Tesla in Grünheide sei. »Natürlich muss man das auch kritisch begleiten, Dinge, die für uns Anwohner nicht unbedingt erquickend sind, aber das muss man begleiten, ansprechen, wie man zu einer Lösung kommt, aber da bin ich sehr positiv eingestellt, dass Tesla darauf sehr positiv eingeht.« – »Das Leben ist zu kurz für lauter Feindseligkeit«, werfe ich ein, ein Spruch von Elon Musk.

Die Vögel zwitschern und meine beiden Gesprächspartner stimmen zu. »Man muss als Erstes den Meinungsaustausch organisieren«, meint Albrecht Köhler, er träumt von einer Vereinsgründung GrünheideForFuture, in der sich Mitstreiter für dieses Ziel finden sollen: zukünftige Gestaltung der Infrastruktur, wenn Tesla kommt. Dann könnte man auch viele Dinge gleich miterledigen, die immer wieder auf die lange Bank geschoben wurden. Heute Abend gäbe es ein Treffen, in der erste Details des Vorhabens besprochen werden sollen. Im Rahmen eines Treffens im Netz-Werk-Laden von Christine de Bailly, die ihrerseits einen Verein mit ähnlicher Zielrichtung gründen will, bei dem GrünheideForFuture dann Unterschlupf fände.

Grünheide vernetzt sich, macht mobil, denke ich. Man will ein Wörtchen mitreden, zum Bürgerengagement wird aufgerufen werden bei der Planung einer neuen Infrastruktur. Später dann erzählt mir Albrecht Köhler aus seinem Leben. Er arbeitet als Gesundheits- und Krankenpfleger in einer Rettungsstelle. Sein Vater ist ein angesehener Kinderarzt in der Gegend. Er selbst hat sein Medizinstudium geschmissen, nach Grünheide ist er vor nicht allzu langer Zeit gezogen, mit Frau und zwei kleinen Kindern, ein schönes kleines Haus am Waldrand ist sein neues Zuhause. Er will etwas bewegen für die Zukunft von Grünheide, ja auch der Region, ja sogar für die Welt. Elektromobilität sei die beste Antriebsform für die Umwelt, habe keinen CO_2-Ausstoß und bei den Batterien sei das letzte Wort noch nicht gesprochen. Tesla arbeite an neuen Entwicklungen, an mehr Haltbarkeit, an einem Recycling-Programm und der Reduzierung von Kobalt in den Batterien. Falls man ihn auffordere, mehr Verantwortung im Verein, der nun auf den Weg gebracht werden soll, zu übernehmen, würde er nicht Nein sagen. Das sei dann allerdings mit seinem Job rein zeitlich nicht mehr vereinbar, dann wäre das ehrenamtlich nicht zu schaffen, den müsse er dann temporär aufgeben, wenn ihm zum Beispiel eine Vorstandsfunktion angetragen würde. Na klar, das würde er dann machen, wenn er seine Familie ernähren und die Schulden auf sein Haus abtragen könne. Ein Leben im Konjunktiv, beschreibt er mir, das sicher nicht nur er jetzt in der Region hat.

Am Nachmittag steigen wir im Robert-Havemann-Clubhaus noch mal die enge Treppe zur Heimatstube hinauf. Lothar Runge wartet wieder auf mich. Albrecht Köhler und Emil Senkel habe ich kurzerhand mitgenommen. Sie kennen sich nicht, jetzt bin ich Netzwerker. Eigentlich sollte es um alte Familienstammbücher gehen, die das Heimatmuseum ausstellen will. Aber sie sind noch nicht da, bzw. der Schrank, in dem sie aufbewahrt werden sollen, ist noch nicht angekommen. »Verzögert sich alles wegen Corona«, meint Lothar Runge. Stattdessen geht es jetzt um Kommunalpolitik. Stellungnahmen zur zukünftigen Infrastruktur? »Das muss alles schneller gehen, die Gremien stehen ja bereit«, meint er. Der Bürgermeister sei dran schuld, er nehme alle

Termine in Potsdam wahr, in den drei Ausschüssen zu Tesla, und er brächte nichts rüber. »Organisiert nix«, Verbitterung schwingt mit. Nun sollen sich die Ortsbeiräte am 30. Juni treffen und ihre Überlegungen zur Infrastruktur zusammentragen, versachlicht Albrecht Köhler die Diskussion. »Umbau des Bahnhofs Fangschleuse, Busverbindungen zum Werk, Vergrößerung des dort befindlichen Parkplatzes, Führung der Straße dort über die Gleise zum Beispiel, das dauert schon wegen der Planstellungsverfahren, das muss in Gang kommen«, zählt Lothar Runge auf. Das seien alles Themen, die schnell entschieden werden müssten. Das Werk wird im Rekordtempo hochgezogen und die Lokalpolitik dümpelt vor sich hin, so verstehe ich ihn. Lothar Runge hört jetzt zum ersten Mal, dass im Netz-Werk-Laden von Christine de Bailly eine Vereinsgründung geplant ist. Albrecht Köhler versucht aufzuklären. Das sei keine politische Partei, die da entstehe, sondern eine Gelegenheit für Bürger, sich für Grünheide zu engagieren. Da gehöre doch auch das Heimatmuseum dazu. »Muss man ja wissen«, sagt Lothar Runge fast unhörbar. Albrecht Köhler motiviert ihn mitzumachen. Sein Verein, Lothar Runge ist im Bürgerbündnis, und der neue, sich entwickelnde Verein könnten doch zusammenkommen. Bei all den Problemen, die jetzt zu lösen seien, und auch, um den Leuten die Angst zu nehmen, dass ihr Grünheide mit Tesla nicht mehr so grün sein werde wie zuvor. Er will Bewusstsein für das große Ganze wecken, so etwas wie: das Tesla-Auto für den Umweltschutz. Lothar Runge bleibt skeptisch, auch in seinem Bürgerbündnis muss er dicke Bretter bohren. Bedenken habe er nicht, aber doch Zweifel, wie das jetzt umsetzbar sei. »Wie soll's laufen?«, fragt er schließlich. »Wo bleiben die Einwohner? Wenn Sie hier die Friedrich-Engels-Straße entlangfahren, dann steht da, dass sie die Bebauung verhindern wollen.« Aber sonst, sie blieben zu Hause, kämen kaum zu Veranstaltungen. »Vielleicht liegt es daran, dass man in seinem Heimatverein zu vergangenheitsbezogen sei, mehr die alten Leute anspreche, die jungen aber hätten Interesse an etwas, was für Zukunft stehe«, mutmaßt Albrecht Köhler. Eine Brücke bauen zwischen Vergangenheit und Zukunft, das ist die Gegenwart, fällt mir dazu ein. Und es wäre doch schön, wenn Elon Musk zum Beispiel in der Eingangshalle seines Werkes auf die Geschichte Grünheides hinweise. »Nee, na ja ...«, ein Zögern ist die Antwort auf meine Anregung. Koste viel Arbeit.

Am späten Nachmittag fahren wir noch auf den Grünheider Marktplatz, dahin, wo das Rathaus ist und auch der Netz-Werk-Laden. Emil Senkel kennt ihn noch gar nicht und ich bin verwundert. So oft ist er hier gewesen, hat fotografiert, das eigentliche Grünheide war für ihn der Bauplatz in Freienbrink-Nord. Jetzt ist er überrascht, richtig idyllisch sei es hier auf dem Marktplatz. Wir gehen noch ein Eis essen vor der Rückkehr nach Berlin. Später werde ich bei einem Telefonat mit Christine de Bailly erfahren, dass der Verein an diesem Spätnachmittag in Grünheide noch nicht gegründet wurde, man habe aber Satzungsfragen besprochen, die Gemeinnützigkeit müsse noch überprüft werden, das dauere, das Finanzamt sehe auf die Unterlagen, der Notar beglaubige, die Gründungsversammlung sei für den August angedacht. Die Ziele des Vereins würden wohl sehr allgemein gefasst, um auch aktuell reagieren zu können. Bildungsarbeit, Vernetzen und gesellschaftliches Engagement werden von ihr genannt. Die Initiative GrünheideForFuture würde im Verein auch einen Platz haben und von dort aus unterstützt werden. Ein Tesla-Verein wollten sie nicht werden, aber natürlich hätte

Tesla die Idee, einen Verein zu gründen, inspiriert. »Wohin geht es eigentlich mit Grünheide, was wollen wir, wie können wir uns da einbringen«, das seien erste wichtige Fragen gewesen. »Wir wollen gestalten. Positiv wirken«, das sei das Anliegen des zukünftigen Vereins.

15. Juli 2020: Gespräche über Baufortschritte und vorläufige Genehmigungen

Inzwischen sei die vierte vorzeitige Genehmigung erteilt, erfahre ich von Steffen Schorcht, immer mit der Maßgabe, dass zurückgebaut werden muss, wenn die Entscheidung über die endgültige Genehmigung negativ ausfällt. Der Rohbau könnte also jetzt hochgezogen werden, die Werkhallen und die Infrastruktur dazwischen, wie entsprechende Verkehrswege auf dem Gelände. Freilich mit einer Einschränkung, gebaut werden müsste oberhalb des Grundwasserspiegels. »Ein Schwarzbau sozusagen«, kommentiert mein Gesprächspartner. Und das Hauptproblem sei das Wasser. Eine Absenkung des Grundwassers hätte dramatische Folgen für die ganze Region, beispielsweise lieferten die Brunnenanlagen weniger Wasser. Schließlich hätte auch Minister Vogel betont, die Ressource Wasser würde immer knapper und man könne es nicht einfach von woanders holen, auch die Oder sei starken Wasserschwankungen unterworfen, und wenn die Spree angezapft würde, um die Braunkohlengruben wieder zu füllen, bliebe auch für die Region immer weniger Wasser. »Wasser, Wasser«, so hallt es in meinen Ohren nach, wird es am Ende den Plan von Musk für die Gigafactory noch zu Fall bringen?

Albrecht Köhler war auch wieder rund um das Baugelände unterwegs, er kann Details erzählen über den Baufortschritt. »Aktuell sind ja Pfähle aufgestellt worden, [...] und im südlichen Areal werden weitere Fundamente gegraben.« Die teilweise Pfählung von Bauteilen sei kein Problem, es ginge ja jetzt nur noch um das Presswerk, meint er, als ich ihn auf die Befürchtungen der Umweltinitiative anspreche, das hätten Wissenschaftler ausgesagt, die der *rbb* für seine Reportagen über Grünheide befragt hätte, es sei alles machbar, schließlich stände auch halb Berlin auf solchen Stelzen.

Am 18. Juli ruft die Bürgerinitiative Grünheide zu einer Demo vor dem Tesla-Gelände auf, um gegen die vierte vorzeitige Genehmigung zu protestieren. Man will nicht lockerlassen, aber es kommen nur circa 60 Menschen. Ein Teil der Bevölkerung sei frustriert, andere wiederum sagten, es bringe ja sowieso nichts, egal, welche Argumente man vorbringe. »Es macht mich sprachlos, wie man mit unseren Ressourcen umgeht in der jetzigen Situation, in der wir uns befinden«, meint Frau Schorcht. (Sie spielt auf die Trockenheit der letzten Jahre an.) Und sprachlos würde es sie auch machen, mit welcher Selbstverständlichkeit über die Befindlichkeiten der Menschen in der Region hinweggegangen würde. Im Flugblatt der Bürgerinitiative steht der Kernsatz: »Die Politiker, die diese gigantische Fabrik nach Grünheide gebracht haben, schreiben Geschichte ohne die Bürger.« (Dies steht hier im Fettdruck.) Und: »Aber zum Glück gibt es Menschen, denen Bürgerbeteiligung genauso wie der einzigartige Naturraum in und um Grünheide am Herzen liegen.« Menschen dieser Art kenne ich mittlerweile, stehen sie auf verlorenen Posten?

Ihr Mann nennt mir später die Themen, die bei der Demo zur Sprache kamen. Das Genehmigungsverfahren wurde kritisiert, es ging um die Wasserproblematik, die geologische hydrologische Situation auf dem Baugelände, aktuelle Studien zur Elektromobilität wären Thema gewesen. »Dass Tesla keinen Beitrag zum Umweltschutz leistet«, fügt er noch hinzu. »[...] Wir haben auch aufgefordert, dass man keine Teslas kaufen soll.«

Ob die Verhärtung der Positionen bei den Umweltschützern Erfolg verspricht, frage ich mich, Antworten liefern Stimmungsbilder, die die *Märkische Oderzeitung* fast jeden Tag liefert. »Viele Zaungäste«, meldet die Zeitung am 3. August 2020, beobachteten das Geschehen auf dem Bauplatz. »Das ist gigantisch«, wird ein Grünheider zitiert, der unter vielen staunend die Baufortschritte registriere, das sei sowieso nur von Vorteil für die Region. Wie bei Mercedes und VW. »Davon leben ganze Landstriche.« Ein Dresdner macht gerade mit seiner Familie einen Urlaubsausflug zu Tesla. »Es gab ja viel zu lesen über Tesla. Nur Tourismus reicht nicht. So schön es hier auch ist, für die Wirtschaftskraft kann Industrie nur förderlich sein«, heißt es in der Zeitung. Extra von der A10 ist Jürgen Kniest heruntergefahren, auf dem Weg ins polnische Słubice, um sich die Baustelle anzusehen. »Unglaublich, wie schnell das vorangeht«, sagt er einer Reporterin dieser Zeitung. Sie meldet am 15. August 2020: »Bis zu 24 Meter hohe Pfeiler für die Rohbauten ragen aus dem sandigen Boden, Wände und Dachkonstruktionen werden errichtet. Dabei legen die etwas über 100 Bauarbeiter ein Tempo vor, das das ihrer Kollegen der Gigafactory aus Shanghai übertrifft.« Und weiter: »500 Pfähle aus Spezialbeton« für die Gründung des Presswerkes für Karosseriebleche stünden bereit.

28. Juli 2020: Meine Akteneinsicht im Rathaus von Grünheide, eine kleine Umfrage auf dem Marktplatz. Gespräch mit Lothar Runge, Steffen Schorcht und einem Tesla-Fahrer

Ich bin ein wenig spät dran, aber ich komme nicht auf den letzten Drücker. Ich habe mir einen Termin im Rathaus von Grünheide besorgt. Dort liegt der nachgebesserte Antrag der Firma Tesla aus. Für die »Errichtung und Betrieb einer Anlage für den Bau und die Montage von Elektrofahrzeugen mit einer Kapazität von jeweils 100.000 Stück oder mehr je Jahr in 15537 Grünheide (Mark)«, wie es im besten Amtsdeutsch heißt. Der Antrag ist auch im Internet einsehbar, und zwar in der »Auslegungszeit« vom 2. Juli bis einschließlich 3. August 2020. Auf dem Marktplatz vor dem Rathaus ist wie immer nicht viel los. Ein paar Touristen lümmeln herum, ein paar Einheimische, die es sich in einem Café gleich vor dem Rathaus gemütlich gemacht haben. Als ich mich beim Empfangsbediensteten der Stadt anmelden will, weiß keiner von meinem schon lange angekündigten Besuch. »Macht aber weiter nichts«, es sei heute Vormittag sowieso keiner angemeldet, der Einsicht in den Antrag nehmen wolle. Ich könne ruhig nähertreten. Ich trete also näher, erreiche ein kleines Büro, in dem ein Tisch steht, auf dem der Antrag liegt. »Liegt« ist nicht das zutreffende Wort, denn ich stehe vor einer Ansammlung von blauen Bänden, die einer Enzyklopädie in einer Bibliothek zur Ehre gereichen würde. Hier ist offensichtlich ein Nachschlagewerk zu besichtigen, das sich umfassend mit dem Thema Elektromobilität am Beispiel Tesla beschäftigt. Wer will das lesen, wer kann das lesen? Um durch diese blauen Bände zu kommen, braucht man Tage, vielleicht sogar Wochen, ein strammes Lesen vorausgesetzt. Klugerweise ist aber auch eine Kurzbeschreibung zur Hand, die mir eine Angestellte im Rathaus überreicht, aber auch die ist über 30 Seiten stark. Ich könnte sie dann auch mitnehmen, heißt es im Rathaus mitfühlend. Ich blättere ein wenig in der Kapitelübersicht. Mir scheinen alle Gesichtspunkte einer Fabrik für E-Autos berücksichtigt. Vom »Lageplan« über »Energieverbrauch«, »Emissionen und Immissionen«, »Geruch«, »Geräusche«, »elektromagnetische Strahlung«, »Erschütterungen« ist alles vorhanden. Die besonders wichtigen Gesichtspunkte, wie z. B. »Wasser/Abwasser«, »Arbeitsschutz«, »Natur«, »Landschaft und Bodenschutz«, »Umweltverträglichkeit« sind fett gedruckt. Das sind die Themen in den öffentlichen Debatten über das Tesla-Werk. Hinzu kommen noch einige Tabellen und Abbildungen in dieser Kurzbeschreibung. Ich mache die Probe aufs Exempel und schlage den Punkt Wasser/Abwasser auf, der ja besonders heftig umstritten ist. Stündliche Spitzenwerte würden sich relativieren, wenn man sie in Bezug zum Tages- und Jahresverbrauch von Wasser setze. Im Antragswerk ist auch eine Prognose enthalten, die die Auswirkungen auf die Umwelt beschreibt, ein wichtiger Gesichtspunkt für die Prüfung des Gesamtvorhabens Tesla durch das Landesumweltamt, die noch aussteht. »Gering bis mäßig« lauten die Prognosen bei »Schutzgütern« wie »Klima«, »Luft«, »Landschaft«, »Kulturelles Erbe«. Allerdings finde ich keine Eintragung zum Wasserschutzgebiet, dafür aber die Versicherung: »Weiterhin werden Maßnahmen zum Vermeidung, Verminderung oder Ausgleich von Beeinträchtigungen getroffen.« »Zum« wird hier statt »zur« gesagt, eine Lappalie, die dann aber auch wieder zu dieser Versicherung passt. Wenn man ihren Inhalt beurteilt, wirkt sie auf den Leser wie eine unverbindliche Absichtserklärung, die der Antragsteller sich abgerungen hat.

Wieder auf dem Marktplatz angekommen, benutze ich die Gelegenheit zu einer kleinen Umfrage. »Es kommt Leben in die Bude, wenn Tesla kommt«, sagt eine positiv gestimmte Passantin. »Da geht's immer nur ums Geld, es geht nicht um uns Menschen«, sagt eine Skeptikerin. »Ist doch schön, wenn Grünheide größer wird, man weiß endlich mal, was es ist«, vermutet eine junge Frau, die offensichtlich keine Zeit hat, »andererseits denke ich auch, dass sehr viele Leute hier sein werden und es nicht mehr dieses typische Grünheide ist.« Einerseits, andererseits und dann noch dieser Satz, bevor sie davoneilt: »Die Ausländerrate wird größer werden.« Pro und Contra also auch hier, die meisten aber weichen meinen Fragen nach Tesla und Grünheide aus. »Da sind die Würfel schon gefallen, da hilft es jetzt auch nicht, darüber noch zu reden.« Oder sie verweigern die Auskunft und schweigen.

Lothar Runge gehört zu den Internet-Guckern, das sagt er jedenfalls, im Rathaus war er nicht, was ihn von den Anträgen interessiert hat, hat er sich im Internet angesehen. Er sei ja kein Gegner der Gigafabrik, das will er noch mal betonen, ihn interessiert das ganze Verkehrsproblem, das durch Tesla auf Grünheide zukommt. »Das ist für mich an erster Stelle, dass wir hier nicht ertrinken.« Wie kommen die Arbeiter in die neue Fabrik nach Freienbrink-Nord, wie der Ortsteil von Grünheide heißt. An einer vielbefahrenen Straße gelegen, zweispurig und ein bisschen weiter in Richtung Grünheide am alten Bahnhof Fangschleuse vorbei, der mit einer Schranke versehen ist, die den Verkehr regelt, der über die Gleise führt. Für das bisherige Verkehrsaufkommen ausreichend, da hat sich keiner beschwert. Aber jetzt. Da müsse man noch planen, Veränderungen anschieben, den Bahnhof den neuen Bedürfnissen anpassen, so Lother Runge, warum passiere so wenig. »Die Verlegung des Bahnhofs, dass man das nicht macht, sondern den Bahnhof da lässt, wo er ist, und Verkehrslösungen findet, wie die Leute zum Werk kommen.« Der Bahnhof Fangschleuse ist das Nadelöhr, das sagen alle, mit denen ich über die zukünftige Verkehrsinfrastruktur spreche. Abreißen, neu bauen, näher an das Werk heranrücken, einen Shuttle-Service vom Bahnhof zum Werk für die ankommenden Arbeiter, mehr Parkplätze in der Umgebung des Bahnhofs. Und, und, und ... Lothar Runge rauft sich die Haare, die er kaum noch hat, vielleicht auch eine Schwebebahn vom Bahnhof zum Werk, stellt er sich scherzhalber vor. Aber es ginge nicht nur um Tesla, man solle sich da nichts vormachen, mahnt er, nach wie vor würde gependelt nach Berlin, vor allem von Leuten aus der Region. Da brauche man beispielsweise mehr Parkplätze am Bahnhof. Da brauche man eben ein Gesamtkonzept. »Da muss man nicht warten und sitzen, [...] es wird sich schon regeln.« Lothar Runge ist wieder mal unzufrieden mit dem Bürgermeister »der wartet aufs Glück«. »Es gibt einen Kollaps«, sagt er noch. »Die Zeit verrinnt, sie rennt einfach weg.«

Am Mittag des 28. Juli erwartet mich Steffen Schorcht am Marktplatz. Er will mir den Ort mit seinen Naturschönheiten zeigen, der inzwischen seine Heimat geworden ist. Eine Reise durch ein grünes Paradies verspricht er mir. Bis auf eine Ausnahme natürlich, den Bauplatz von Tesla, da will er mit mir auch noch vorbeifahren. Erste Station: ein Parkplatz nahe dem Löcknitztal, ein Naturschutzgebiet. Links und rechts der Löcknitz, ein kleines Flüsschen, da hat sich nahe dem Uferbereich ein Biotop entwickelt, mit zahlreichen seltenen Pflanzen und Tierarten. Wir gehen einen Wanderweg entlang, der zur Löcknitz führt. »Die Besonderheit ist«, erklärt mir Steffen Schorcht, »das ist ein

Feuchtgebiet, hat große Wiesen [...], hier ist auch Mischwald, [...],
hier haben wir von der Bodenstruktur her einen großen Humus-
anteil, viel Wasser, dadurch halten sich auch die Laubbäume.«
Mein Garten Eden, höre ich ihn im Geiste rufen, nicht weit von
Berlin entfernt, und jetzt ist seine Zukunft ungewiss wegen Tesla
und dem vielen Wasser, was das Werk braucht, der Versiegelung
des Bodens dort, wegen der geplanten Grundwasserabsenkung
und wegen des dann drohenden Salzwasseraufstiegs, wieder höre
ich die Hauptargumente, die gegen die Fabrik genannt werden.
Deswegen plane man auch den Bau einer neuen Wasserleitung,
südlich von Frankfurt (Oder), in 80 Kilometern Entfernung. Das
seien alles nur Korrekturmaßnehmen, die man sich hätte sparen
können, wenn man sich für den Standort dort entschieden hätte.
Der Bahnhof Fangschleuse ist unser nächster Halt. Ein Bahnhof
im Grünen, mit einem kleinen und großen Parkplatz für die vielen Pendler, die nach Berlin reinfahren. Ein Zug rauscht vorbei,
wir stehen jetzt vor einer Übersichtskarte der Region, dominiert
von einer langgezogenen Seenkette. Ja, das ist dann eben auch
ein Naherholungsgebiet für die vielen Wassersportler, Camping-
freunde und Wanderer. Er kommt auf den B-Plan zu sprechen,
damals für BMW aufgestellt, von dem Tesla jetzt profitieren
kann. Eigentlich sei er jetzt ja so verändert, dass man von einem
neuen Bebauungsplan sprechen könne. Es sei ein neuer Auto-
bahnzubringer geplant, parallel zu den Gleisen, die näher heran-
geführt würden an das Werk, was auch eine Verlegung des Bahnhofs Fangschleuse bedeute. Tesla wirft auch hier seine Schatten
voraus. Man sieht auf der Karte auch den Ort der Brunnenanlage
der Region. Derzeit würden 6.000 Kubikmeter pro Tag gefördert
und wenn Tesla kommt »sollen es 13.800 werden«. Die Brunnenanlage Hohenbinde versorge derzeit 70.000 Menschen. Was

aber passiere, wenn die angestrebte Erhöhung der Fördermenge nicht erreicht würde? Schon wegen der herrschenden Trockenheit. Und weil das hier geförderte qualitativ hochwertige Wasser jetzt schon mit Wasser von minderer Qualität gemischt würde, um es wie im Wasserwerk Erkner zu strecken. So hängt alles mit allem zusammen, denke ich, und bei einem Eingriff in die Natur wie bei dem Bau der Tesla-Autofabrik muss man das berücksichtigen.

Bei der Weiterfahrt zum Bauplatz geht es wieder durch viel Grün, links und rechts stehen der Kiefernwald noch, auch einige Laubbäume, das Waldstück, das Tesla eines Tages auch roden wird, wenn die weiteren Ausbaustufen des Werkes genehmigt sind. Am Bauplatz parken wir in einer Stichstraße gegenüber. Und wieder weist Steffen Schorcht mich auf einen Angriff auf die Wasserressource der Gegend hin. »Rechts von uns sehen Sie einen Traktor mit einem Wasserhänger, die besprühen am Tag die Sandfläche, um Sandstürme zu verhindern. Das Wasser wird aus dem öffentlichen Trinkwasserbereich genommen.« Man sieht schon einige Pfeiler, die in den Himmel ragen, die Stützen, für die vorgefertigten Wände der Fabrikhallen, die später dazwischen verbaut werden sollen. Noch nicht zu sehen ist bei unserem Besichtigungstermin das Aluminiumpresswerk, das würde später kommen, wenn die Pfählung auf diesem Teil des Geländes abgeschlossen sei, meint er. »Warum Aluminium?«, frage ich. Da die Batterien so schwer seien, müsste die Karosserie aus Leichtbauteilen bestehen. Da würde dann viel Kunststoff und eben Aluminium benutzt. Wir werfen an der Brücke, über die die Straße führt, noch einen Blick auf die Gleisanlage auf dem Werksgelände, die lange Zeit nicht benutzt wurde. Hier fahren jetzt Dieselloks mit ihren Waggons und transportieren Schüttgut und schwere Bauteile. Der Eisenbahnanschluss ist der Grund für das Rekordtempo, mit dem hier die Fabrik hochgezogen wird. Bevor wir wieder in das Auto steigen, sagt Steffen Schorcht noch etwas zum Erörterungstermin der Einwendungen von Bürgern und Umweltverbänden, der am 23. September in der Stadthalle von Erkner geplant ist. Das sei ein zentraler Termin, bei dem Einwender, die Genehmigungsbehörde, also das Landesamt für Umweltschutz, und der Antragsteller, also Tesla, sich gegenübersäßen. Und dann vielleicht miteinander ins Gespräch kämen. Große Hoffnungen hat er nicht, höchstens, dass das, was in den Unterlagen von Tesla steht, unverändert nicht durchkommen wird. Aber das Werk verhindern und dass die vorzeitigen Genehmigungen einkassiert werden, daran glaubt auch dieser engagierte Umweltschützer nicht mehr.

Auf einen Tesla müssen einige Einwohner von Grünheide nicht warten, bis er im neuen Werk vom Band rollt. Sie haben nämlich schon einen. Auf dem Marktplatz wartet Ralf-Thomas Petterson auf mich, er ist passionierter Tesla-Fahrer und will mich auf eine Probefahrt mitnehmen. Schon sein erster Kommentar verrät viel über das Wohl und Wehe eines Tesla-Fahrers. Er fährt den Wagen seit zweieinhalb Jahren. »Vor ein paar Tagen war ich todtraurig, da war einfach ein Fehler im System, da hat sich der Computer aufgehangen, da ging erst mal nur noch das Notwendigste, ich bin zur Garage gekommen und dann ging er gar nicht mehr. Dann wollte er keinen Meter mehr fahren, ja, was macht man bei einem Computer, wenn er nicht mehr will, man schaltet auf Reset, Batterien abgeklemmt, 'nen Moment gewartet, also ich muss dazu sagen, ich habe zwei Tage Unruhe gehabt, eh ich dann so weit war, dass ich selber ans Auto angefasst habe, [...] ja, dann Neustart und dann ging alles wieder, wunderbar und da war es wie ein neues Auto wieder für mich, ich war richtig glücklich.« Er zeigt mir stolz sein »Automobil«. Mit den traditionellen Autos mit Verbrennungsmotoren hat dieser Tesla, Modell X, ein Sechssitzer, nicht mehr viel zu tun, vielleicht erinnern noch die Räder, die Scheinwerfer an alte Zeiten. Er öffnet den Kühler, wo sich der Motor befand, sehe ich in einen Kofferraum. Die Batterie, der Energiespender, ist dort unter einer Abdeckplatte mit 24 Schrauben angebracht. Es gibt noch anderes Staunenswertes. Im Innenraum ist ein Display, das einer Raumstation alle Ehre macht und die Frontseite beherrscht. Zwei Elektromotoren stehen zur Verfügung, Türgriffe werden mit Touchscreen bedient, ein Autopilot übernimmt Lenkung, Gasregulierung, enthält eine Abstandswarnung, Kollisionswarnung, bremst das Auto notfalls ab, organisiert den Spurwechsel bei Überholmanövern oder Fahrbahnwechsel, bei Einfahrten zur Autobahn beispielsweise, auch andere Funktionen sind vom Display aus steuerbar. Wenn der Fahrer eine Hand am Lenkrad lässt, signalisiert er dem Autopiloten: Alles Okay mit mir, ich kann notfalls auch das Auto allein beherrschen. Gänge gibt es nicht, nur die Einstellung »Rückwärts, Vorwärts«, weil es ja kein Getriebe mehr gibt. Mit einem kleinen Hebel am Lenkrad kann man auch die Geschwindigkeit selbsthändig regulieren. Dieses Auto, das Ralph-Thomas Petterson jetzt elegant durch die Kurven der engen Landstraßen fahren lässt, hat er 2017 gebraucht erworben. Das Endziel der Tesla-Fahrzeuge, ein selbstfahrendes Auto ist dieses Modell noch nicht, »er fährt eingeschränkt selbst«, sagt er, »also nicht von A nach B, ich möchte dahin, das macht er nicht allein, ich kann aber im Prinzip mir Unterstützung nehmen vom Auto«. Ein Zwischenschritt sei dieses Modell aber, auf dem Weg zur Vollendung der Tesla-Utopie. Mit dieser halben Utopie kann er 330 Kilometer fahren, dann muss er nachladen, aber mit dem Super Charger sei das auch kein Problem, circa 25 Minuten betrage die Ladezeit und das Netz mit diesen Ladestationen würde immer weiter ausgebaut. »Ich kann bis zum Nordkap fahren, ich kann nach Sizilien fahren. Und das alles kostenlos«, betont er. »Wie manche Leute auch spaßhalber sagen: Der Tesla ist ein Computer auf vier Rädern.« Jetzt beschleunigt der Computer, ich komme mir vor wie in einem Flugzeug beim Start. Die Elektromotoren könnten die Kraft sofort umsetzen, auf Allradantrieb, da sei kein Getriebe dazwischen, erklärt mir mein Vorzeigefahrer. Von null auf 100 Kilometer pro Stunde in 2,9 Sekunden. Wow.

18. August 2020: Beim Bürgermeister von Grünheide. Ist er gesprächsbereit?

Es hatte ja lange gedauert, schon Anfang Juni hatte ich mich um ein Gespräch bemüht und im Büro des Bürgermeisters angefragt. Ich solle einen Zettel mit Fragen schicken, hieß es, und der Bürgermeister hätte viel zu tun, Termine, Termine auch und natürlich gerade wegen Tesla. Ich schickte also meine Fragen, Fragen nach den Demonstrationen von Umweltverbänden, Naturschützern und Bürgerinitiativen auf dem Marktplatz von Grünheide und wie der Bürgermeister damit umgehe, Folgen für die Infrastruktur der Gemeinde, wenn Tesla wirklich kommt, wie die Bürger informiert würden über den laufenden Planungs- und Bauprozess, kurz und gut, es ging mir um die Frage aller Fragen, die dahinter stand: Wie würde der Bürgermeister diese Jahrhundertindustrieansiedlung in seiner beschaulichen Gemeinde managen? Arne Christiani, der sich in allen Zeitungsartikeln, die ich bisher gelesen hatte, als glühender Befürworter der Automobilfabrik zu erkennen gegeben hatte. Einer, der die Entscheidung Elon Musks für Grünheide bejubelt hatte. »Ein Lottogewinn für die Gemeinde«, hatte er gesagt und: »Tesla ist die Zukunft.«

Nun also sitzt mir Arne Christiani gegenüber, an einem Schreibtisch, der mit viel Papier bedeckt ist, Schriftstücke, die auf ihre Erledigung warten und sicher auch alle mit Tesla irgendwie zu tun haben. Er sagt statt »Herzlich Willkommen in Grünheide«: »Ich habe nur eine halbe Stunde für Sie.« Der Mann ist in Eile. Schließlich rückt die geplante Eröffnung der Fabrik Ende Juni 2021 näher, dann werden 12.000 neue Menschen jeden Tag nach Grünheide kommen, vielleicht ein Teil auch dauerhaft sesshaft werden. ›Ja, wie soll man denn das bewältigen, die Zeit rennt mir davon‹, höre ich ihn im Geiste sagen. Sagt er aber nicht, stattdessen erklärt er mir erst einmal, was es mit der fünften vorzeitigen Genehmigung des Landesamtes für Umwelt für die Pfählung und die damit verbundene Grundwasserabsenkung eines kleinen Teils des Baugeländes auf sich hat. Nach Paragraf 8a des Bundes-Immissionsgesetzes sei das möglich, wenn von allen Beteiligten am Genehmigungsverfahren eine positive Prognose für die finale Entscheidung abgegeben würde. Mit Gesetzen dieser Art kennt sich der Bürgermeister bestens aus, sie gehören zu seinen täglichen Beschäftigungen. Inzwischen kennt er sich auch mit Details bei der Produktion in der Autofabrik aus. Da in Grünheide die Karosserien in großen Teilen aus einem Stück gepresst würden, weiß Arne Christiani, brauche es einen speziellen Untergrund. »Unsere märkische Sandbüchse ist ja nun nicht geeignet, über große Stabilität zu verfügen«, übersetzt er volkstümlich die Notwendigkeit für die Pfählung des Presswerkes. So etwas könnte er auch auf dem Markplatz in Grünheide sagen und hätte damit vielen aus der Seele gesprochen. Er sei zu sehr Partei. Auf die Bedenken der Umweltverbände komme ich zu sprechen. »Salzwasseraufstieg« ist das Stichwort, der bei der Pfählung befürchtet wird. Davon hat der Bürgermeister noch nie etwas gehört, auch mit der Grünen Liga noch nie gesprochen, sie aber auch nicht mit ihm. Zu dem Zeitpunkt unseres Gespräches, konstatiere ich, herrscht Funkstille. Er lobt aber den Investor für seine Gesprächsbereitschaft mit diesen Umweltverbänden, das sei einzigartig und ihm noch nie in seinen fast 17 Jahren als Bürgermeister untergekommen. So lange im Amt, das macht mich neugierig. Wo kommt er her, will ich wissen, ein geborener Grünheider sei er ja nicht. Geboren in Dresden, sein Vater war Oberförster, er ist im Forst aufgewachsen, genauer gesagt in Briesen. Er kennt sich seit Kindesbeinen aus mit dem Wald, auch mit dem Wasser, denn das Wasserwerk, das Frankfurt (Oder) versorgt, stand nahe dem Elternhaus. Er ist gelernter Autoschlosser, seit 2003 nun Bürgermeister von Grünheide, 2019 wieder gewählt, damit wird er den Amtszeitrekord von Angela Merkel brechen. Stolz darauf? Ach was, er habe nur nach bestem Wissen und Gewissen bisher sein Amt ausgeübt. Es ginge ja nicht um die Organisation von Feierlichkeiten, sondern darum, sein Amt zu führen, im Dienste des Gesetzes, wie er sagt. Stolz ist er darauf, dass sein Grünheide nach schlimmen Wendezeiten heute wieder eine wachsende Bevölkerung hat, das alte Schulsystem durch neue Schulzentren in Hangelsberg und Grünheide ersetzt wurde, mit Kinderkrippe, Hort, Grund- und Oberschule, mit einem Gymnasium auf dem Löcknitz-Campus. Beide Schulstandorte wurden durch zwei private Schulanbieter mitentwickelt und ausgebaut. So könnte heute die Jugend der Region kommunale und private Bildungseinrichtungen von Hort, über Grundschule,

Oberschule bis zum Gymnasium nutzen, anschließend an umliegenden Universitäten in Potsdam, Berlin, Frankfurt (Oder), Wildau studieren. Was aber dann? Bevor Musk mit seinen Plänen für die neue Autofabrik kam, hätten die studierten jungen Leute in ihrer Heimat, also in Grünheide, nur die Möglichkeit gehabt, bei Lidl und Edeka mit einer Betriebsförderung Gabelstapler zu fahren. Hochqualifizierte Arbeitsplätze seien Mangelware gewesen, trotz alledem, was sie sonst geschafft hätten – altersgerechte Wohnungen, Sportplätze, Spielplätze, Jugendclubs. Sie seien auch ausgezeichnet worden als kinderfreundlichste, sportlichste Gemeinde in Brandenburg. Sie hätten die mitgliederstärkste Jugendfeuerwehr des gesamten Landkreises. Ja, darauf könne man wirklich stolz sein. Die Welt des Bürgermeisters ist in Ordnung. Und die Zukunft? Die Tesla-Zukunft? »Es wird einen anderen Bahnhof geben«, sagt Arne Christiani, nach seinen Kenntnissen wird die Autobahn zwischen Erkner und Freienbrink zehnspurig ausgebaut, es wird eine komplett neue Autobahnanbindung geben. »Es wird sich vieles im direkten Umfeld ändern«, prophezeit er noch. Sagt's und holt ein Schriftstück herbei. »Ich zeig Ihnen mal was.« Er liest vor: »In meinem Besitz befindet sich seit 2003 die einzigartige Glasmalerei von Prof. Immendorf, [...] Die Entscheidung von Tesla, den Produktionsstandort in Deutschland nach Grünheide zu bringen, bringt große Herausforderungen mit sich. Tesla als sehr innovatives Unternehmen«, heißt es weiter in dem Schreiben, er bricht ab, dann platzt es aus ihm heraus: »Kunst am Bau, also das sind diese Tafeln, und ich soll jetzt Tesla überreden, dass sie die in der Empfangshalle ausstellen. Und vielleicht erwerben«, sagte er mit einem vieldeutigen Lächeln über den Besitzer.

2. September 2020: Die Zukunft des Autos als »iPhone auf Rädern« von oben betrachtet. Ein Gespräch mit Prof. Dr. Andreas Knie, Leiter der Forschungsgruppe »Digitale Mobilität und gesellschaftliche Differenzierung«

Im Herzen von Westberlin. Eine Wissenschaftszeile in der Nähe des Zoologischen Gartens. Als ich den Eingang passiere, gerate ich an eine verschlossene Tür, die zum Seitentrakt im Erdgeschoss führt. Aber der Pförtner hat mich angekündigt, eine Frau eilt herbei und öffnet die Tür, willkommen im Reich der Forschungsgruppe, im Halbdunkeln werde ich zum Eingangsbereich des Professors bugsiert. Irgendwie unwirklich kommt mir die ganze Szenerie vor, in einem Schattenreich befinde ich mich. Vor der hell erleuchteten Tür des Sekretariats sind zwei Stühle hingestellt, auf einem bittet mich die freundliche Türöffnerin Platz zu nehmen. Ob ich einen Kaffee wollte, »gerne«, ich bin eh zu früh zum verabredeten Termin erschienen. Interessant ist die Perspektive von meinem Besucherstühlchen aus, ich sehe in einen Gang des Instituts hinein, immer wieder tauchen Menschen dort auf, eilen vorbei, aus meinem Halbdunkeln heraus erscheinen sie mir wie Halbgötter im grellen Licht. Weiter Warten. Der Professor entschuldigt eine gewisse Verzögerung, als auch ich in das grelle Licht des Institutes darf. Tische werden gerückt, um mein Aufnahmegerät für das Protokollieren des »Fachgesprächs« zu platzieren, ein Stromanschluss mit einem Verlängerungskabel wird hergestellt, noch einen Kaffee und dann ernte ich ein Lachen auf meine Eingangsfrage. »Wie schätzen Sie die neue Technologie, diese neue Antriebsmöglichkeit für Autos für den Umweltschutz ein?« – »Eine große Frage«, sagt er schließlich, »das ist 'ne typisch deutsche Frage.« Er holt aus und sein erstes Statement ist eine Absage an die bisherige Praxis in der Automobilindustrie. In kurzen Worten: »Die Zeiten, wo wir uns mit Öl fortbewegt haben, die sind vorbei. Wir haben ja nun lange Jahre die Welt destabilisiert, [...] wir haben Kriege für Öl geführt, wir haben den Nahen Osten gerade wegen dem Rohstoff in ein Ungleichgewicht gestürzt.« Und jetzt kommt für mich eine überraschende Aussage: Es habe eine dauerhafte Alternative zum Verbrennungsmotor schon Ende des 19. Jahrhunderts gegeben, den Elektromotor, ja, es habe viel mehr Fahrzeuge mit diesem Antriebsystem gegeben bis 1910, weltweit dominant vor den dann in Mode gekommenen Verbrennungsmotoren. Nun, ich bin gespannt, woher die Wende kam, war es eine Reichweitenfrage der Autos, die die überraschende Wende brachte? Oder der Rohstoff Öl, mit dem man als neues Antriebsmittel Benzin machen konnte? Rohstoff Öl, der Professor beschreibt eine andere Wende, eine Wende in den Siebzigerjahren, als die Ölpreiskrise kam, schließlich die Achtziger- und Neunzigerjahre mit der Diskussion um CO_2 als Ursache für die Erwärmung des Weltklimas. »Und deswegen«, so schließt er seinen Ritt durch Jahrhunderte, »die Zukunft der Motoren [...] sind batterieelektrische und wasserstoffelektrische Antriebe.« Die Frage ist für ihn geklärt. »Aber wie lässt sich diese Erkenntnis in die Praxis überführen?«, frage ich ihn und dabei fällt dann auch der Name Elon Musk. »Ohne Elon Musk würden wir so nicht über Elektroautos reden, [...] er scheint, was sein Realisierungsvermögen, sein Umsetzungsvermögen angeht, nicht von dieser Welt.« – »Thema Elektroauto«, sagt er, »alle haben darüber geredet, die deutsche Autoindustrie es immer vorgestellt, wir machen das, aber bis heute will die deutsche Automobilindustrie [...] nicht elektrisch fahren.« Der sinnstiftende Kern seien Verbrennungsmotoren. Vier Revolutionen setzt Elon Musk dagegen, wie der Professor jetzt ausführt. Erstens: Überspringen der Hyprid-Technik, ein Mischkonzept von E-Antrieb und Verbrennungsmotoren, zweitens: Konzentration auf batterieelektrischen Antrieb und drittens: externe elektronische Plattformen, die Intelligenz sei nicht im Auto, das Auto sei nur der Hardware-Ausdruck einer Intelligenz, die woanders sei, so könne der Tesla immer wieder upgedated werden. Das Auto von Elon Musk sei ein iPhone auf Rädern. Wo sind die Daten?, frage ich mich. »Bei Tesla«, so höre ich in kritischen Kommentaren der Datenschützer. Die Rund-um-Beobachtung des Fahrers, der Insassen würde dort ausgewertet, sicherlich auch für Verbesserungen des elektronischen Systems. Aber auch für andere Zwecke? Der gläserne Mensch im Tesla, ein Gruß an Orwells Utopie »1984«, wie sein Roman über die kontrollierte und fremdgesteuerte Zukunft der Menschheit heißt. Und viertens? Ja, viertens sollte das Auto nicht mehr Privatbesitz sein, sondern im Sharing-Modell unter die Leute kommen. Die Autos ständen oft nutzlos in der Garage eines Autohalters herum, seien nicht Fahrzeuge, sondern Stehzeuge, im Sharing-System hätten alle etwas davon. Effizienz auch hier und natürlich rechne sich das für den Produzenten, weil ein Auto, das von mehreren Nutzern geteilt würde, durch Mieten im Leasing-Verfahren Wertschöpfungsergebnisse von mehreren hunderttausend Euros erziele statt 80.000 Euro beispielsweise, die ein Käufer für seinen Tesla hinblättern müsste. Über das Wasserstoff-Auto will ich noch reden. Eigentlich eine Chimäre in der Diskussion, weil Wasserstoff ja auch Energieträger von E-Autos sei, wie ich erfahre. Da könne man die Teslas umrüsten, »eine Komponente einziehen«, wie der Professor meint. Energiegewinnung und Energieverteilung, sei das Konzept der Zukunft. Und Musk? Was traut er dem Zauberer aus Amerika noch zu? »Er hat ja jetzt schon begonnen, um Tesla herum ein kleines Biotop zu bauen, wenn man im ländlichen Raum ist, muss man Energie versuchen zu organisieren, mit einer Photovoltaikanlage.« Man müsse sich das so vorstellen: Wenn man ein Einfamilienhaus habe, würde man von Tesla ein ganzes Paket bekommen. »Mit dem Auto bekommen Sie gleich das Kraftwerk mit, das ist nicht nur Strom für das Auto, sondern auch Strom für Ihr Haus.« Dezentrale Stromversorgung, dezentrale Stromgewinnung und keine fossilen Brennstoffe, so fasse ich die Utopie meines Gesprächspartners zusammen. Klingt eigentlich logisch, denke ich beim Verlassen des Institutes, in dem er arbeitet. Auf der Straße, zugegebenermaßen eine vielbefahrene Straße, brüllt mich der Lärm der Verbrennungsmotoren an. Im E-Autoland würde ich vielleicht überfahren, weil ich einen lautlosen Tesla zu spät bemerke. Halt, er hat ja, wie ich von meinem Tesla Fahrer Ralph-Thomas Petterson erfuhr, in seinem Auto eine Kollisionswarnung.

1.–5. September 2020: Der Wundermann kommt

Die Zeitungen überschlagen sich in den ersten Septembertagen. Elon Musk kommt nach Deutschland, Elon Musk kommt nach Berlin. Der Wundermann, den nicht nur seine jugendlichen Fans bewundern, sondern auch Tesla-Fahrer im fortgeschrittenen Alter. Auch Politiker in Berlin und Brandenburg sind in heller Aufregung. Immerhin erscheint am Himmel ein leibhaftiger Milliardär, der mit seinen Zukunftsvisionen eine neue heile Welt verspricht. Künstliche Intelligenz, Klimaschutz, Solar-Energie und die Reise zum Mars. Schon am 1. September heißt es bedeutungsschwanger, der Tesla-Chef sei im Anflug. Er hatte kurz zuvor über Twitter seine Deutschlandvisite entgegen seinen Gewohnheiten angekündigt. Und hob damit wenigstens einen Spalt weit den Vorhang, den er sonst über seine Unternehmungen zu legen pflegt. Was kam da zum Vorschein? Zunächst die unaufgeregten Neuigkeiten: Elon Musk wolle in Berlin mit Politikern reden und seine Europa-Fabrik in Grünheide besichtigen. Der Bauherr vor Ort. Wer möchte ihm das nicht gönnen. Und dann, da läuteten Alarmglocken und verhießen sensationelle Neuigkeiten. Musk bespricht in Tübingen seine Kooperation mit dem Unternehmen Curevac, das gerade den Corona-Impfstoff entwickelt. Erlösergedanken drängten sich mir auf. Elon Musk will nicht nur die Welt retten, er will sie sogar von dem Übel der Pandemie erlösen. Manager von Curevac in Tübingen stehen am 1. September bereit, dann kommt er am 2. September nach Berlin und bespricht mit dem Bundeswirtschaftsminister Peter Altmaier »Finanzielles«, z.B. über die Förderung von Tesla in Grünheide, falls dort eines Tages auch Batteriezellen gefertigt werden. Auf Fotos ist zu sehen, wie politische Würdenträger in Berlin den Superstar aus Amerika empfangen. Sie wirken wie Staffage für einen Helden der Geschichte. Ein Foto in einer Wochenzeitung zeigt eine maskierte Gesellschaft, auch Jens Spahn ist dabei, der Gesundheitsminister, der in Zeiten von Corona vielleicht tatsächlich etwas mit Elon Musk zu besprechen hat, z.B. wie es mit der Entwicklung eines vollautomatischen Printers für RNA-Material der Firma Grohmann aussieht, die Elon Musk übernommen hat. Fäden werden geknüpft oder werden zu Stricken, wie Gespräche mit dem Wirtschaftsminister von Brandenburg Jörg Steinbach und dem Ministerpräsidenten des Landes Dietmar Woidke. »Immer willkommen in Brandenburg und kommen Sie bald wieder«, schreibt Jörg Steinbach in Englisch auf Twitter, laut *Berlin.de*, dem offiziellen Hauptstadtportal. Man hat sich viel zu sagen, aber was genau, wird in der Öffentlichkeit nicht bekannt. Auch nicht, was Elon Musk am nächsten Tag noch in Deutschland vorhat. Man darf weiter rätseln. In Freienbrink-Nord, am Bauplatz, haben sich Fans von Elon Musk aufgebaut, und tatsächlich erscheint er dann wirklich auf dem Baugelände. Es kommt überraschend, fast überfallartig. Eine Kolonne mit drei Tesla-Autos fährt leise heran und der Firmengründer steigt aus. Mittagszeit am 3. September, das zeigen die Uhren seiner Fans, die schon tagelang ausgeharrt haben. Keine Fata Morgana, sondern ein Mann zum Anfassen. »Hey Guys«, sagt er zu den Schaulustigen, die auf Verdacht hier-hergekommen waren, und zu zwei Dutzend Medienvertretern. »Hey Guys« und »Deutschland rocks«. Was will er noch rocken? Ich bin nicht dabei, ich wollte mir die Füße nicht tagelang vor dem Baugelände vertreten, mit der Hoffnung, dass ich ihn leib-haftig zu Gesicht bekomme. Die Öffentlichkeitsarbeit von Tesla hatte mich gelehrt, dass Informationen aus der Firma schwierig zu haben sind, ein Schweigekartell von Eingeweihten. Eine ziem-lich ungewöhnliche Erfahrung für einen Journalisten, der schon jahrzehntelang seinen Beruf ausübt. »Deutschland rocks«, sagt also Elon Musk auf Mitschnitten seines Auftritts vor seiner Fab-rik, die im Netz zu finden sind. Das Netz summt und ich schal-te mich dazu. Zunächst höre ich Wind, viel Wind. Es knattert und rumpelt, wenn diese aufgewirbelte Luft die Kapseln der aufgestellten Mikrofone am Eingang der Baustelle Freienbrink-Nord trifft. Das erste Wort Elon Musks, das ich verstehen kann, ist der Satz: »I believe in speed.« Er liebt die Geschwindigkeit, also auch Tempo, damit kommentiert er den rasanten Aufbau der Gigafactory in Grünheide. Und dass es sehr wichtig sei, »to move quickly«. Die Gigafactory 4 sei auch dringend nötig für den Klimaschutz und die Umstellung auf nachhaltige Energie. Das sei besser für die Welt. »That's why.« Man brauche mehr Elektroautos, vielleicht eines Tages auch elektrisch angetriebene Flugzeuge, und dies sage er schon seit Jahren. Schließlich höre ich noch aus dem Windgeknatter heraus, dass er zur Eröffnung der Autofabrik die Grünheider zu einer »big party« einladen will, zu einem Familienfest, und nachts gäbe es Rave und Techno.

Beim Surfen durch das Netz, stoße ich auf *Tesla-News*, ein Kanal auf Youtube von Armen Hareyan, der mit Tobias Lindh, einem Musk-Fan aus der Region, zusammenarbeitet, er hat das Interview mit dem Wundermann aus Kalifornien vor dem Werk auch auf Video gebannt. Und diesmal sind seine Tesla News ganz diesem Ereignis gewidmet. Es sei ein großartiger Arbeitsplatz, habe Musk gesagt, »coole cars« bauen und dafür noch eine Menge Leute hier mehr zu beschäftigen. Er plane auch einen Bahnhof direkt beim Werk. Dass es hier so schnell vorangehe, habe etwas mit dem Bauen von vorgefertigten Fabrikteilen zu tun. Eine Konstruktionsweise wie früher bei den Plattenbauten in der DDR, so stelle ich mir das vor. Er verteilt Komplimente an die Grünheider und an Deutschland mit seinen begabten und gut ausgebildeten Ingenieuren: »I feel, this is an ideal place for the first factory in Europe.« Und zu der eine Lackiererei gehöre, die die beste aller Autofabriken weltweit sein werde. Das habe er mal so eben erwähnen wollen. Was er zu dem Wasserproblem in der Region sage, versucht ein Journalist einmal kritischer nachzufragen. Ja, das sei ein komplexes Thema, antwortet er, aber hier gäbe es viel Wasser, und die Bäume ringsherum würden nicht wachsen, wenn es kein Wasser gäbe. Man sei hier ja schließlich nicht in der Wüste. Im Übrigen bemühe man sich um geringen Wasserverbrauch in der Fabrik, es würde auch recycelt, sie sei überhaupt die umweltfreundlichste in der Welt. Trotz dieses Superlativs gibt er sich zum Schluss seines Interviews bescheiden. Man wolle hier tun, was man könne, für eine bessere Umwelt, das sei ihr »goal«, ihre »mission«, da seien sie auch offen für Ratschläge und Kritik. Das gefalle ihm besonders gut, sagt Armen Hareyan, am Ende dieser Ausgabe von *Tesla News* und man freue sich auf Kommentare dieser Netzwerkgemeinde zu den Aussagen von Elon Musk an diesem Nachmittag in Grünheide. Es ist noch zu sehen, wie er ein paar Autogramme gibt für Fans, und auch zu sehen ist, wie er sich dann mit Gefolge Richtung Werk begibt, schnurstracks auf die Lackiererei zugeht, die schon im Rohbau steht. Hier wird er mit den Bauarbeitern Richtfest feiern. Statt Jackett hat er eine zünftige Zimmermannsjacke an, wie auf Fotos im Netz auch zu sehen ist.

Ein »Charming boy«, so wirkt er hier. Als ich Wochen später nach einer Kanufahrt auf der Müggelspree im Nachbarort Hangelsberg beim Hangelwirt lande, ist Elon Musk noch gegenwärtig. Als sei es gestern gewesen ... Der Wirt erzählt mir diese Geschichte. Da seien ein paar Sicherheitsleute als Vorauskommando in seine Gaststube gekommen und danach der Autobauer selbst. Das Vorauskommando hätte er bei sich nicht geduldet, aber Elon Musk sei willkommen gewesen. Er habe Sauerkraut bestellt, dafür sei seine Wirtschaft ja nun auch berühmt in der Gegend. Das Gericht »Sauerkraut mit Eisbein«. Das habe er sich schmecken lassen und überhaupt sei er ein netter Kerl. Nicht nur charmant, sondern auch leutselig kommt er daher, erfahre ich hier. Ist einer wie er in vielen Rollen zu Hause? Geschmeckt hat es ihm auf jeden Fall, versichert mir der Wirt. Offensichtlich liebt er bodenständiges Essen.

10. September 2020: Unterwegs mit einer Drohne

Sie gehört zu Albrecht Köhler wie seine Berufskleidung als Krankenpfleger. Schon von Anfang an dokumentiert er mit seiner Drohne, was auf dem Gelände in Freienbrink-Nord passiert, seitdem es Tesla-Gebiet ist. Ein Bilddokumentarist der ersten Stunde ist er also. Der Musk-Besuch vor ein paar Tagen war für ihn eine große Sache, obwohl er ihn nicht gesehen hat. Aber im Geiste ihm nachgefahren ist er, seinen Weg zum Flughafen in die Heimat hat er noch mal nachvollzogen, gesteht er mir ein bisschen schamhaft. Sternenstaub aufsammeln, von einem großen Stern der Galaxie. Heute geht es wieder zum Baugelände, mit dabei ist seine Drohne. Auf der Fahrt dorthin erzählt er mir, dass ihm vor allem die Geschwindigkeit imponiert, wie Tesla da hochgezogen wird. Und es kämen immer wieder Leute aus der ferneren und näheren Umgebung vorbei, die mit ein bisschen Stolz nach Hause führen, weil gerade in Deutschland so ein Großprojekt in kürzester Zeit umgesetzt würde. Im Übrigen sei das die Baustelle, da genüge schon ein Blick ins Netz, die die wohl am besten dokumentierte Baustelle der Welt sei. Beim Näherkommen erklärt Albrecht Köhler mir Veränderungen in den letzten Tagen, die Straßen auf dem Baugelände seien jetzt geteert, die Tesla-Straßen, und die Security hätte man von der vorbeigehenden Landstraße weg mehr in das Innere des Bauplatzes verlagert.

Die Security, die ja bei allen Musk-Unternehmungen eine große Rolle spielt. Was man auf dem Baugelände von außen nicht sehen kann, soll man auch nicht sehen. Betriebsgeheimnis! Als sei hier Fort Knox. Im übertragenen Sinn geht es ja auch hier um Gold, um die Profite des Unternehmers. Wir fahren auf einen Parkplatz gegenüber, den es vor Kurzem auch noch nicht gab. Albrecht Köhler packt seine Drohne aus, die in eine kleine Tasche passt. Es geht über Stock und Stein zum Startpunkt der Drohne, den er öfter wählt. »Ich muss noch eine Südroutenaufnahme machen«, erzählt er bei unserem kurzen holprigen Weg dorthin. Die Autos rauschen auf der Straße vorbei, die Lkws. Auf der anderen Seite also ist das Objekt der Begierde. Die Drohne liegt jetzt auf dem Boden, ein glänzendes schwarzes Etwas, könnte auch ein Insekt sein, denke ich. »Wie eine große Hornisse«, sagt er. Die Route sei gespeichert, es würden immer dieselben Punkte überflogen werden. Mit den vielen Aufnahmen aus all den Tagen zuvor könnte man dann eine Zeitreise machen und die Baufortschritte detailliert dokumentieren. Die Drohne erhebt sich vom Boden, ein sirrendes Geräusch, dann verschwindet sie rasch am blauen Himmel. Ist bald nur noch als ein kleiner schwarzer Punkt erkennbar. Ein vollautomatischer Flug, der »Pilot« sieht einfach nur zu, wie seine »Hornisse« die Route abfliegt, ab und zu kommentiert er sie für uns. »Sie fliegt jetzt einfach aus optischen Gründen nach hinten, das ist für eine Kamerafahrt am schönsten, gerade wenn man ein Bild aufbauen will.« Das hätte auch den Vorteil, dass sie auf 100 Meter hochsteigen könne, da sei die Kontrollzone zu Ende. Wird der Luftraum der Baustelle auch überwacht?, frage ich mich. Für Albrecht Köhler sind das Gegebenheiten, an die man sich halt gewöhnt. Jetzt ist die Drohne etwa 300 Meter entfernt, ich sehe sie nicht mehr, aber ihr

»Pilot« sieht sie. Bei den großen Wolken dort sei sie. Der ganze Flug dauere circa vier Minuten, »dann werden wir sie hier wieder einschwenken sehen«. Das sei jetzt der vierzigste Fotoflug. Es piept bei Albrecht Köhlers Steuergerät. Ich höre eine automatische Stimme aus dem Gerät: »Aufnahme gestoppt«, jetzt will er noch mit Handsteuerung ein paar Aufnahmen machen. Wieder ein Piepser, sein Kommentar dazu: »Okay, jetzt komme ich wieder zurück.« Der kleine schwarze Punkt am Himmel wird größer, die Drohne schwebt ein und landet sanft auf dem Boden. Bei der Rückfahrt vom Baugelände kommentiert Albrecht Köhler die letzten Baufortschritte, die man mit bloßen Augen erkennen kann. »Wir sehen jetzt die Betonmischanlagen mit Wasseranschluss, [...] die richten jetzt Beton her. [...] hier sehen wir jetzt einen neuen Kran, das deutet daraufhin, dass hier noch mehr Fertigteile angeliefert werden, die ›drive unit‹, die Antriebseinheit, hat hier schon sehr viele Wände dazu bekommen. Die Ostseite ist komplett fertig. [...] Hinten, das sieht man halt von hier vorne immer nicht, ist die Presse jetzt fertig, die Gründung, die ganzen Pfähle sind in den Boden gerammt worden. Und dann könnten auch hier die Bauarbeiten bald losgehen, der Gebäudeaufbau. Auch die Lackiererei sei fast fertig, beim Karosseriezusammenbau würde das Dach aufgezogen, das elektrische Schaltwerk sei im Werden, die Gießerei, die Abwasseranlagen würden installiert, die Parkplätze ...«, zählt er zusammen. »Was haben wir noch, das war's erst mal soweit«, beendet er seine Bestandsaufnahme. Wie eine Legostadt, so entsteht hier Tesla, denke ich. Beim Aussteigen aus dem Auto geht draußen eine Alarmsirene an. Sie gehört zu der Anlage des Heimatmuseums. Heute ist Probealarm in Grünheide.

10. September 2020, abends: Das Kreuz mit dem Verkehr

Heute Abend tagt der Hauptausschuss der Gemeinde in Grünheide. Vorher soll ein Verkehrskonzept eines Berliner Ingenieurbüros vorgestellt werden, das schon viele Jahre für das Bundesverkehrsministerium arbeitet. Dabei sind der Wirtschaftsminister des Landes Brandenburg, Vertreter des Landkreises Oder-Spree, eine Vertreterin der Landesentwicklungsgesellschaft, der Bürgermeister, interessierte Bürger. Thema: Was an Infrastrukturmaßnahmen um Giga Berlin herum passieren soll. Keine schönen Worte sind mehr zu erwarten, keine Sonntagsreden, heute geht es bei der Gigafactory schon mal ans Eingemachte. Was passiert, wenn circa 40.000 Menschen hier unterwegs sind, wenn Tesla mit seinen weiteren Ausbaustufen fertig dasteht?, frage nicht nur ich mich. Mir schwirrt der Kopf, obwohl ich nicht dabei bin, nur im Netz mithören und mitansehen kann, was an diesem Abend verhandelt wird. Erstens: der Standort der Autofabrik. »Gute Rahmenbedingungen«, sagt der Fachmann, Straßenanbindung, Schienenanbindung vorhanden. Er meint vor allem die Autobahn 10 und die Regionaleisenbahn RE 1. Aber trotzdem gäbe es große Herausforderungen für die regionalen Verkehrssysteme. Die anderen Straßen in der Region, die ich kenne, sind Landstraßen, Ortstraßen, ausreichend genug für das Verkehrsaufkommen einer 8.000 Seelengemeinde mit den umliegenden Ortsteilen. Natürlich geht es um belastbare Konzepte, sagt der Fachmann, und wieder spielt die Eisenbahn eine große Rolle. In 26 Minuten erreiche man das Werk von Frankfurt (Oder) aus, vom Berliner

Hauptbahnhof in 37 Minuten, von Potsdam aus in 63 Minuten und von Brandenburg aus in 91 Minuten. Von Cottbus aus sehe es freilich schlechter aus und von Polen aus ebenso. Das Verkehrskonzept, denke ich, hat viel mit einschlägigen Pendlerstudien bei großen Betrieben zu tun, auch bei anderen großen Autofabriken. Die Werktätigen sollen vorwiegend mit der Bahn kommen und mit der Bahn auch wieder wegfahren. Die Leute von den Straßen wegbringen, das sei das Ziel. Die Belastung der Gemeinde wäre damit minimiert. Die der Eisenbahn aber maximiert. Schon jetzt seien Züge in den Stoßzeiten voll mit Schülern und Pendlern nach Berlin, auch Busse und andere öffentliche Verkehrsmittel. Tesla-Mitarbeiter kämen nun nach bisheriger Wunschplanung hinzu. Deswegen sehe man mit Absprache des Werkes einen Schichtbetrieb vor. 2.300 kämen aus dem Werk, 2.300 kämen in das Werk pro Schicht. Zur weiteren Entzerrung würde beitragen, die Schichtwechsel noch einmal dreizuteilen, im einen Dreißig-Minutentakt zu splitten und in verkehrsarmen Zeiten durchzuführen. Tesla wolle auch Job-Tickets ausgeben, um das Fahren mit öffentlichen Verkehrsmitteln attraktiv zu machen. Da das zukünftige Werk an das bundesdeutsche Autobahnnetz mit der A10 angebunden ist, gäbe es hier auch noch einen schnellen Anfahrtsweg, aber, sagt der Fachmann einschränkend, Autobahnen hätten ja noch andere Aufgaben zu erfüllen, als die Zufahrt zu Industrieansiedlungen sicherzustellen. Doch es gäbe Pläne zum Ausbau von Autobahnen, neue Anschlüsse, Verbreiterung von Bundesstraßen und Landesstraßen, für eine bessere Vernetzung aller Straßensysteme, so würde die Erreichbarkeit des Standortes Grünheide aus dem gesamten Brandenburger Umland vom Osten und vom Süden her verbessert. Es werden an diesem Abend noch viele Pläne, Skizzen, Statistiken an die Wand geworfen, mit »Folien«, wie der Fachmann sagt, und davon hat er an diesem Abend siebzig zur Hand. Schließlich geht es auch um die Bevölkerungsentwicklung in der Region, in Brandenburg, im benachbarten Polen, falls Tesla auch von dort Arbeitskräfte bekomme. Allerdings wären die Entfernungen zum Werk dann groß, weil ausgebildete Facharbeiter in der Nähe der großen polnischen Städte wohnten. Zum Finale stellt der Fachmann vom Berliner Ingenieurbüro Essentials für ein zukünftiges Erschließungssystem vor: Die öffentlichen Verkehrsmittel und der Ausbau ihres Angebotes hätten Vorrang, um für die umliegenden Gemeinden höheres Verkehrsaufkommen zu vermeiden. Verstopfte Straßen durch zunehmenden Pkw- und Lkw-Verkehr wären ein »No Go« für die Planerseele. Der Bahnhof Fangschleuse solle zunächst mit Shuttle-Bussen für das Werk schnell erreichbar sein, später langfristig verlegt werden und einen Standort direkt an der Autofabrik bekommen, sodass die Arbeitskräfte direkt zu ihrem Arbeitsplatz kämen. Das bedeute auch verlängerte Wagenzüge und in der Folge verlängerte Bahnsteige. Lkw- und Pkw-Verkehr sollen durch verbreiterte Straßen und neue Autobahnanschlüsse auch direkt ins Werk führen, wo durch weiträumig angelegte Parkplätze, Stellfläche geschaffen würde. Auch an den Radverkehr ist gedacht, auf Fahrradstraßen könne das Werk direkt erreicht werden, sie sollten aber auch den Verkehr insgesamt entlasten und für Bewohner der Region eine Alternative zum Pkw in der Gemeinde und beim Zugang zum verlegten Bahnhof Fangschleuse bieten. Eine abschließende Bemerkung will sich der Fachmann nicht verkneifen. Die

Bearbeitung des Fachbeitrags Verkehr sei eine große Herausforderung gewesen, im Spannungsfeld der Entwicklung eines bedeutsamen europäischen Industriegebietes und der Bewahrung einer grünen Idylle, Lösungen zu finden, die gleichermaßen beide Seiten berücksichtigten. Lösungen im Konjunktiv. Das hätte auch Stress bedeutet in den vierzehntägig tagenden Planungsrunden, gerade auch weil man mit dem Tempo der Fabrikbauer Schritt halten wollte. Tempo, Tempo sei auch hier das Gebot der vielen Stunden gewesen.

Summa Summarum erlebe ich virtuell einen Abend mit vielen Zahlen, Vergleichsdaten, Vermutungen und guten Absichten. Die Planer versuchen auf diese Weise, den Koloss Tesla verkehrstechnisch einzugemeinden. Aber nichts ist »in Stein gemeißelt«, sagte der Wirtschaftsminister in seiner Begrüßungsrede und zum Abschluss der Präsentation fügt er fast demütig hinzu: »Wir sind offen an der Stelle auch noch für Verbesserungsvorschläge, [...] wir versuchen, Ihnen zuzuhören, [...] lassen Sie uns einfach vom Stil her in einem fairen und offenen Dialog bleiben, dann kriegen wir das auch alles gemeinsam gewuppt.«

Im Oktober wird der abgeänderte Bebauungsplan auch mit diesem Verkehrskonzept öffentlich zugänglich sein. Darauf zielt die Bitte des Wirtschaftsministers, aber sie ist auch als ein Appell an die vielen Einwender zu verstehen, deren Anliegen in einer öffentlichen Erörterung im Genehmigungsverfahren ab dem 23. September zur Sprache kommen wird. Wird Sturm aufziehen?, frage ich mich. Die Skeptiker, die sich auch in der Bürgerinitiative Grünheide zusammengefunden haben, waren heute zum großen Teil nicht dabei. Was werden die nächsten Wochen bringen? Doch nur ein Lüftchen Protest?

16. September 2020: Im Dickicht der Widersprüche. Ein Gespräch mit Michael Ganschow

Er ist nicht leicht zu finden, der Landesgeschäftsführer der Grünen Liga Brandenburg. Potsdam, Lindenstraße 34. Auf dem Gelände befinden sich auch die Abteilungen 3 und 4 des Landesministeriums für Landwirtschaft, Umwelt und Klimaschutz, Lindenstraße 34a. Eine gute Nachbarschaft, möchte man meinen. Auf dem Weg zu Michael Ganschow irrte ich durch die Straße. Hatte ich es etwas falsch verstanden oder saß die Erinnerung an einen Besuch des ehemaligen Untersuchungsgefängnisses der Staatssicherheit in Potsdam noch so fest in meinem Kopf? Zunächst einmal war ich jedenfalls dorthin geraten und erst als mich freundliche Leute der Gedenkstätte, zu der das Stasi-Gefängnis nach der Wende umgewandelt wurde, aufklärten, wurde mir der Irrtum klar. Über Handy wurde ich zum Sitz der Landeszentrale der Grünen Liga von ihrem Büro aus dirigiert. Ein bisschen versteckt wäre sie, sagte man mir. Durch eine Toreinfahrt gelange man in einen Innenhof und dort sei ein Gebäude im hinteren Bereich, ganz unscheinbar.

Über eine enge Treppe steige ich hinauf und gerate schließlich in das Büro, in dem eine Reihe junger Leute sitzt und der Landesleiter höchstselbst, der mich sehr zielführend in ein Besprechungszimmer in ein anderes Stockwerk führt. Michael Ganschow also. Geboren in Brandenburg an der Havel, er lebt dort noch. Er zeichnet das Bild eines jungen widerständigen Mannes, der bereits in der neunten Klasse den Wehrunterricht boykottiert, sich der Jungen Gemeinde anschließt und sich mit 16 Jahren taufen lässt. Er stellt den Antrag auf Bausoldatendienst, um damit der Ausbildung an der Waffe zu entgehen. Diese Zeit habe ihn sehr geprägt, meint er, auch die Zeit in der Jungen Gemeinde, in der er aktiv mitarbeitet, im Fotolabor beispielsweise, wo er für das Antikriegsmuseum in Berlin Postkarten herstellt, er interessiert sich auch für Umweltthemen, die in Broschüren veröffentlicht werden. Sehr früh also kommt er mit Arbeitsfeldern in Berührung, die später sein Leben bestimmen werden. Er engagiert sich als Pazifist und Umweltschützer. Wird in diesem Bemühen durch seinen Pfarrer ermutigt, den er heute noch als sein großes Vorbild bezeichnet. »Der hatte Rückgrat, unbestechlich.« Er lächelt, als er dies sagt. Er lernt im elterlichen Betrieb den Beruf des Werkzeugmachers. Dann macht er sein Abitur nach an der Abendschule, weil ein reguläres Abitur mit Schulabschluss nicht möglich ist wegen seiner Wehrdienstverweigerung. Dann will er in Dresden Fertigungsermittlung studieren. Man delegiert ihn nicht dorthin, vom Betrieb aus, in dem er nun arbeitet, hieß es, er habe den richtigen Klassenstandpunkt nicht. Das war alles noch in der DDR-Zeit, betont er. 1987 ist er während der Lehre zum Kulturbund gegangen, da gab es noch keine Stadtökologiegruppe, die er dann mitzugründen hilft. Beim großen Stahlwerk in Brandenburg drängt er mit der Gruppe auf Veröffentlichung der Umweltdaten. Das sei noch vor der Wende gewesen.

Langsam wird mir klar, wen ich da als engagierten Vertreter der Grünen Liga vor mir habe. Einen Umweltschützer aus DDR-Zeiten, der Erfahrung hat mit Auseinandersetzungen mit der Obrigkeit, einen Widerständler, aktiv in der DDR-Bürgerrechtsbewegung, angebunden an kirchliche Friedensarbeitskreise. Diese Prägung hat er nie verleugnet. Bis heute nicht im Kampf um die Offenlegung von Widersprüchen im Planungsverfahren der Tesla-Fabrik, bei Mauscheleien der Landesregierung mit dem Antragssteller Tesla, wie er vermutet. Planungen in der Grauzone, die will er nicht zulassen. Nicht Unkorrektheiten, das Zukleistern von Widersprüchen in der öffentlichen Diskussion, die er in Gang setzen will. Es geht um Etwas, nicht nur um eine E-Autofabrik, nicht nur um die Eignung des Standorts Deutschland für industrielle Großprojekte, gerade auch dann, wenn es den Klimaschutz betrifft. Um all das geht es also nicht allein, das sind die Gigathemen, die in der Öffentlichkeit mit Vorliebe diskutiert werden. Aber es geht auch in erster Linie um die Menschen in der Region, in der die Fabrik gebaut wird, meint Michael Ganschow, um ihre Befindlichkeiten, um Nachteile und Chancen der lokalen Bevölkerung, so verstehe ich ihn. Für die will er auch Sprachrohr sein. Man soll die Debatte nicht verkürzen auf Tesla ja oder nein. Das Thema sei viel zu komplex, man soll ihm das bitte glauben.

Über den B-Plan müsse zu reden sein, den Bebauungsplan, der maßgeblich bei der Entscheidung Teslas für Grünheide war. Was also ist mit diesem B-Plan? Da hilft nur ein Blick durch die Lupe auf das Gelände. Michael Ganschow bemüht Geschichte. Das gesamte Gebiet läge ja in einem Landschaftsschutzgebiet, das in den Sechzigerjahren des vorigen Jahrhunderts von der damaligen DDR ausgewiesen wurde. Ein altes DDR-Erbe, das hätte ich nun nicht gedacht. Nach der Wende wird diese »Schutzzone« Besitz des neu gegründeten Bundeslandes Brandenburg. 1997 sei dann ein Gebiet ausgegliedert worden und darauf ein Güterverteilzentrum angesiedelt worden. Für Großmärkte wie Edeka beispielsweise, der direkt gegenüber dem Tesla-Baugrund liegt. »Da ging es also los« mit der teilweisen Umwidmung dieses »Naturreservates« in Industriegebiet, sagt Michael Ganschow. Die Naturschutzverbände nehmen diese Ausgliederung nicht klaglos hin, können aber an dieser Ausgliederung nichts ändern. Ein B-Plan wird nun aufgestellt, um weitere Industrieansiedlungen anzulocken, den die damalige Bürgermeisterin Mitte 2001 unterschreibt. BMW will ein neues Werk bauen, Grünheide ist damals schon im Gespräch. BMW entscheidet sich nach der Aufstellung von umfangreichen Machbarkeitsstudien aber am 18. Juli 2001 für Leipzig als Standort. Es gäbe auch geohydrologische Studien, die das Gelände in Grünheide zum Problemfall machten. Wenn z.B. die Trennschicht aus Ton zwischen Trinkwasserleiter und Salzwasserleiter wegen Gründungsarbeiten wie bei einer Pfählung beschädigt und damit durchlässig würde. Übrigens durchgeführt durch eine Firma, die später in Fugro aufging, die jetzt dem neuen Bauherrn Tesla Auskunft über die Bodenbeschaffenheit gibt. Mit Weiterreichung des negativen Bescheids wie einst bei BMW, betont Michael Ganschow. Der B-Plan lag damals in der Schublade der Gemeinde und blieb da liegen, fährt er mit seinem Geschichtsunterricht fort. Erst drei Jahre später wurde er vom damaligen Bürgermeister Arne Christiani öffentlich gemacht. Wozu diese Geheimniskrämerei?, frage ich mich. Der B-Plan ist ein B-Plan, wenn er seinen Zweck nicht erfüllt, kann man ihn ja rückgängig machen und aus dem Industriegebiet wieder ein Naturschutzgebiet machen. Der alte Bebauungsplan, sagt Michael Ganschow, habe sowieso seine Gültigkeit verloren und müsse neu ausgelegt werden, da das Gebiet, das er berührt, inzwischen ein Trinkwasserschutzgebiet sei. Was ist nun mit dem B-Plan?, frage ich mich auch, demnächst wird sowieso ein überarbeiteter B-Plan aufgestellt und ausgelegt werden, um auch auf die Erfordernisse von Tesla einzugehen, heißt es in der Gemeinde. Wir wechseln das Thema. Man solle weiterbohren, sagt er, auch wegen eines Gutachtens, das ein anerkannter Verkehrsplaner für die

Fraktion der Linken im Landtag ausgearbeitet habe und das im Widerspruch zu der Expertise aus dem Ingenieurbüro in Berlin zur Verkehrsplanung stehe. Die Tesla-Beschäftigten würden über kurz und lang mit dem eigenen Pkw zur Arbeit kommen, schon wegen der steuerlichen Begünstigung und weil Tesla Werkswagen an Mitarbeiter günstig abgebe. Also doch dann verstopfte Straßen und wenig Pendlerverkehr mit Bus und Bahn. Auch wegen des Kaufvertrags von Tesla und Land für den Baugrund solle man weiterbohren. Wer habe da für Tesla unterschrieben, wer sei haftbar? Viele Fragezeichen gäbe es da, meint Michael Ganschow: »Kalifornien, der Hauptstammsitz, die Niederländer, da gibt es ja in Amsterdam eine Firma, die dazwischengeschaltet ist, […] oder die hundertprozentige Tochter ›Tesla International‹ Niederlande von Tesla Motors oder die ›Tesla Manufactoring Brandenburg S.E.‹, eine Neugründung nach europäischen Aktienrecht, die hier 'nen Briefkasten hat«, erläutert Michael Ganschow das Firmenkonstrukt, das in Grünheide sichtbar würde. Bisher bekam der Fraktionsvorsitzende der Linken auf entsprechende Fragen keine Antwort. Es gibt Aufklärungsbedarf.

23. September 2020: High Noon im Speckgürtel. Öffentliche Erörterung in der Stadthalle von Erkner

Stehen sich zwei Pistoleros gegenüber, in einer Wüstenlandschaft oder in einer verstaubten Siedlerstraße irgendwo in Wilden Westen, nein, es geht um das Erörterungsverfahren, das Einwender, Vertreter von Tesla und die zuständigen Behörden, die den Deal des Landes Brandenburg mit dem kalifornischen

Automobilunternehmen auf Umweltverträglichkeit überprüfen, zusammenführen wird. Es geht auch um den alten Bebauungsplan und um seine notwendigen Veränderungen, seitdem das Gelände in Freienbrink-Nord an Tesla verkauft worden ist. Oder geht es doch vielmehr um die Hunderte von Seiten lange nachgereichte Planung der Autofabrik, die öffentlich im Rathaus auslag oder über das Internet einsehbar war? Ich weiß es ehrlich gesagt nicht so genau, als ich an einem Mittwochmorgen von Berlin aus mit der S-Bahn kommend vor der Stadthalle lande, termin- und punktgenau. Freilich nicht wie das Tesla-Ufo mit seinen Tesla Boys, wie eine benachbarte Journalistin in einer Kolumne einer großen Tageszeitung schreiben wird, sondern einfach so, ganz unscheinbar und allein mit der Presseakkreditierung in der Tasche. Hinter der Stadthalle, sozusagen im Hinterhof, in Richtung der Eisenbahnlinie, die am Gebäude vorbeiführt, ist ein Pressezelt aufgebaut. Mit Platz für circa hundert Journalisten, für die die Erörterung, die gleich beginnen wird, in Bild und Ton übertragen wird. Allerdings schlecht zu verstehen, wenn ein Zug Richtung Frankfurt (Oder) und Warschau vorbeidonnert. Und wie ich später bemerken werde, diese Züge fahren ziemlich häufig. Die Übertragung sei nur zum Mitschreiben, wird mir streng von der Pressesprecherin des Ministeriums für Landwirtschaft, Umwelt und Klimaschutz bedeutet, eigene Tonaufnahmen der Übertragung des Geschehens aus der Stadthalle seien nicht gestattet. »Also nur zum Mitschreiben«, seufze ich, Mitarbeiter des Landesamtes für Umweltschutz, die maßgebliche Behörde im Genehmigungsverfahren, überwachen streng dieses Gebot. Beim ersten Rundblick im Zelt und dem Starren auf die Leinwand, erkenne ich, Elon Musk ist nicht dabei. Wieso sollte er auch, für diesen High Noon hat er die Mitarbeiter der Gigafactory in

Grünheide, die Tesla-Boys, alle gewandet im Outfit von Betriebs- oder Volkswirtschaftlern, die gerade die Uni mit Erfolg verlassen haben. Am Projekt von Tesla beteiligte Fachbüros sind da, die die Argumente der Anträge der Firma auf vorzeitige Genehmigungen von Baumaßnahmen des Werkes auf sandigem Boden vorangetrieben haben. Dabei ist die Behörde mit ihren Fachabteilungen, die das Erörterungsverfahren durchführen wird. Da sitze ich nun mit vielen anderen Kollegen von Tageszeitungen und dem zuständigen Landessender *rbb* und sehe per Video in die Stadthalle hinein, die sich langsam mit Einwendern füllt, die auf weit auseinanderstehenden Stühlen Platz nehmen. 414 Einwender wurden gezählt, die 885 Einwendungen gemacht haben, einige also mehrere gleichzeitig. Auch das Podium in der Stadthalle ist gut zu sehen, da sitzen die Behördenvertreter und rechts von ihnen seitlich sind Tische für die Tesla-Vertreter und ihre Fachberater aufgebaut. Jetzt sollte es losgehen, es geht aber noch nicht los, ein Eisenbahnzug rummelt wieder vorbei und als ich die Augen schließe, sehe ich plötzlich Steffen Schorcht vor mir und höre im Geiste wieder, was er mir zwei Tage vor dem Erörterungstermin erzählt hatte. Zwei Tage hätte das Landesamt für Umwelt für die Erörterung vorgesehen, aber das sei ja nicht zu schaffen. Er habe sich erkundigt, die Halle stünde drei Tage lang für die Erörterung zur Verfügung. Am Tag zuvor habe man die Saaltechnik aufgebaut. Aber wenn die Zeit dann nicht reichen würde, hatte ich ihn gefragt. Ja, wenn das nicht reichen würde, sie hätten als Einwender ein Vortragsrecht. Da könne man ja nicht einfach sagen, das ist erledigt. »Wenn wir sagen, dies Thema ist noch nicht ausreichend erörtert, muss das fortgesetzt werden und zur Not muss das Landesamt dann einen neuen Termin ansetzen.« Es könnte sich also hinziehen und ich wappne mich mit Geduld.

Für zehn Uhr ist der Beginn der Erörterung festgesetzt. 45 Minuten lang passiert aber gar nichts. Die vielen Einwender, die, wenn sie nicht Rentner sind, Urlaub nehmen müssen, brauchen Zeit, um durch die peniblen Kontrollen am Eingang hindurchzukommen und dann in der Stadthalle Erkner ihren Platz zu finden. Dann aber ist plötzlich doch die kräftige Stimme des Verhandlungsleiters Ulrich Stock vom Landesamt für Umwelt zu hören, jetzt kann es wirklich losgehen. Es geht zunächst um Livestream, um Wortprotokolle, um Ergebnisprotokolle. Es herrscht eine gereizte Stimmung, viel Unmut hat sich da angesammelt, viele Einwender fühlen sich nicht ernst genommen, abgeschnitten von transparenter Informationspolitik von Tesla, vom Landesamt für Umweltschutz.

Aus dem Wortprotokoll

Einwender mit der Kennung 270: Es geht ja hier um Persönlichkeitsrechte. Sie haben hier mehrfach darauf hingewiesen oder durch auch verschiedene Personen. Ich bitte mal die Einwender, aufzustehen, die keine Probleme mit einem Livestream haben.

Auditorium: Alle!

Auditorium: Die möchten keinen Livestream.

Einwender mit der Kennung 270: Gut, vielen Dank. Also es gibt ja doch eine große Anzahl, die damit einverstanden wären. Es gibt auch die Möglichkeit, das so zu klären, wie das jetzt, ich sage mal, bei Kongressen oder anderen Veranstaltungen möglich ist, dass man hier eine Trennung zwischen den Bürgern macht, die hier bereit sind, sich der Öffentlichkeit zu stellen, und anderen, die aus persönlichen Gründen das nicht möchten. Also das ist von vornherein schon aufgrund dieser Größe dieses Projektes, wo man ja auch so eine große Bedeutung beimisst, mit diesem großen öffentlichen Interesse aus meiner Sicht eine

Verpflichtung, dass hier sowas stärker in die Öffentlichkeit kommt. Als Zweites beantrage ich ein detailliertes Protokoll, kein Ergebnisprotokoll, sondern so, wie das in anderen (Applaus) Verfahren üblich ist, auch ein detailliertes Protokoll zu machen. Das ist heute mit einer automatischen Transkription aus dem mitgeschnittenen Text relativ einfach zu machen. So, einen weiteren Punkt habe ich hier noch: Mitglieder unserer Bürgerinitiative – Sie hatten das ja jetzt schon bei der Vorstellung gehört – wurden am Eingang aufgefordert, keinen Ärger zu machen. Das ist eine Einschüchterung. Es gibt hier überhaupt keine rechtliche Grundlage. (Applaus) Also ich bitte, von solchen, na ja, ich will mal sagen, Vorfällen, ich will das mal so formulieren, Abstand zu nehmen. Wenn es hier durchaus mal zu emotionalen Überreaktionen kommen sollte, womit ich mich eigentlich auch nicht ausschließen kann, ich bin hier auch stark betroffen als Privatperson –, dann bitte ich, das auch mal als Meinungsäußerung zu äußern. So, dann gibt es so noch ein paar kleinere Sachen jetzt, das ist die Getränkeregelung. Wir wurden ja aufgefordert, unsere Flaschen abzugeben oder nicht mit reinzunehmen. Wir haben jetzt, wenn ich hier zu TESLA rüber gucke, ja wirklich ein Leck-TESLA, was Flüssigkeiten betrifft. Da trifft es zumindest zu. Wie ist denn nun die Getränkeregelung? Ist es jetzt für einen Teil jetzt gestattet oder für alle oder, Herr Wittemann, laden Sie uns alle ein auf ein Glas Wasser? Das bitte ich, nochmal zu klären, weil wir hier auch eine Ungleichbehandlung haben. (Applaus)

Verhandlungsleiter Herr Dr. Stock (LfU, T 1): Zu einem Punkt sage ich: Wer wegen Flaschen nicht eingelassen wurde, der kann sich gerne bei der Tagungsleitung melden und dann klären wir das. Es gibt aber gute Gründe dafür. Also, ich sage mal, Sie können ja ahnen, warum wir dieses Verbot erlassen haben, Glasflaschen in die Halle mitzunehmen, ja? Es gibt leider Veranlassungen, anzunehmen, dass an dem

Erörterungstermin nicht nur Bürger teilnehmen, die die Absicht haben, friedlich zu diskutieren. Und, ich sage mal, von TESLA befürchte ich nicht, dass sie mit Flaschen werfen.

Einwender mit der Kennung 270: Herr Stock, das ist eine Unterstellung. (Applaus)

Verhandlungsleiter Herr Dr. Stock (LfU, T 1): So, zu dem anderen möchte sich Dr. Zschiegner äußern. Ich lasse jetzt keine Wortmeldungen aus dem Publikum zu.

Herr Dr. Zschiegner (LfU, T 1): Ja, Zschiegner, LfU. Zu der Frage der Öffentlichkeit: Selbstverständlich ist der Termin grundsätzlich öffentlich, wir wissen aber alle, dass angesichts der Pandemielage die Situation sehr speziell ist. Es war also im Vorfeld überhaupt die Frage, ob so eine Art von Termin durchzuführen ist unter diesen Voraussetzungen. Die Alternative dazu wäre nach dem Planungssicherstellungsgesetz gewesen, dass wir auf diese Online-Konsultation ausweichen, die definitiv ohne Öffentlichkeit erfolgt wäre und dann praktisch auch der Austausch zwischen den Einwendern und der Behörde deutlich erschwert gewesen wäre. Daher erschien es uns immer noch sinnvoller, eine persönliche Erörterung hier mit den Einwenderinnen und Einwendern vorzunehmen unter Ausschluss der Öffentlichkeit. Das ist aus unserer Sicht das mildere Mittel im Verhältnis zu der Variante, die der Gesetzgeber im Planungssicherstellungsgesetz vorgesehen hat. Das zu diesem Punkt. Und zu dem Ergebnisprotokoll: Maßstab ist hier der § 19 der 9. BImSchV. Der legt fest, welche Punkte in einem Protokoll zu einem Erörterungstermin vorzusehen sind oder aufzunehmen sind, und er schreibt eben ausdrücklich nicht vor, dass es sich um ein Wortprotokoll handeln muss, sondern es geht eben auch das Ergebnisprotokoll. Wir haben damit in der Vergangenheit sehr gute Erfahrungen gemacht. Wie gesagt, als Backup gibt es immer noch die Tonaufzeichnungen, insofern erfüllen wir hier genau

die Anforderungen, die die 9. BImSchV vorsieht, und ich sehe das also
aus der rechtlichen Sicht als unbedenklich.

Verhandlungsleiter Herr Dr. Stock (LfU, T 1): E270, wir haben seit
Langem kein Wortprotokoll mehr gemacht. Also in den Erörterungs-
terminen des LfU, soweit ich weiß, machen wir jetzt seit mehreren
Jahren nur noch Ergebnisprotokolle. Ich kann Ihnen gerne mal ein
Wortprotokoll zur Verfügung stellen und dann werden Sie feststellen,
wie bescheuert sich das liest. Also ich habe mal vor so einem Wortpro-
tokoll gesessen und habe gesagt: »Was? Diesen Quatsch habe ich er-
zählt?« Und dann kommt der Bearbeiter und sagt: »Trösten Sie sich,
das hat der Anwalt des Antragstellers auch gesagt.«

Es wird weiter gestritten. Schließlich einigt man sich doch auf ein
Wortprotokoll für die Erörterung. Und wer zahlt das? Auch hier
prallen Meinungen aufeinander. Tesla zahlt, ist die Auskunft. Ist
die Firma, die das Wortprotokoll dann herstellt, unabhängig? Ja,
ist sie. Das sei üblich, wird vom Landesamt erklärt, dass der Antragsteller diese Dienste engagiere und die Kosten übernehme.
»Aber das Landesamt für Umweltschutz wird lesen? Richtig?«,
wollen Einwender wissen. »Ist dann eine korrekte Wiedergabe
überhaupt möglich?«, so eine weitere Frage. »Das Landesamt für
Umwelt muss lesen, schließlich ist das Wortprotokoll auch eine
Grundlage für das Verfahren«, heißt es von der Verhandlungsleitung dazu.

Befangenheitsanträge werden gestellt, u. a. weil der Verhandlungsführer in einem Interview mit dem *rbb* gesagt habe, dass
potenzielle Genehmigungsfähigkeit der Tesla-Pläne bestehe,
weil schon mehrere positive Entscheide für die vorzeitigen Genehmigungen ergangen seien Das hieße doch, dass Ulrich Stock
befangen sei.

Aus dem Wortprotokoll

Einwender mit der Kennung 313: Ja, guten Tag. Habe nichts dagegen, dass es aufgezeichnet wird. E313 von den Naturfreunden Berlin. Herr Dr. Stock, ich möchte den Antrag stellen, dass Sie nicht die Versammlungsleitung führen dürfen. Sie haben uns bereits im rbb mitgeteilt, wie das Ergebnis Ihrerseits von den Einwendungen gesehen wird. (Applaus) Sie haben uns nämlich mitgeteilt, dass nach Ihrer Überzeugung vor der Erörterung bereits schon die Genehmigung erteilt sei, weil unsere Einwendungen nicht so tief seien, dass man es nicht genehmigen könne. Und ich denke, unter den Bedingungen – das hat nichts mit Ihrer sonstigen Qualifikation und sonstigem Wissen zu tun – würde es der Erörterung sehr guttun, wenn Sie nicht den Vorsitz führen würden, weil, voreingenommene Vorsitze werden nicht dazu führen, dass diese Erörterung gerichtsfest wird. In dem Sinne mein Antrag, dass Sie abgelöst werden als Vorsitzender. (Applaus)

Verhandlungsleiter Herr Dr. Stock (LfU, T 1): Ich möchte nur darauf hinweisen, dass ich im rbb wörtlich gesagt habe: »Das Genehmigungsverfahren ist offen.«

Einwenderin mit der Kennung 383: Nein, nein. Der rbb ist öffentlich zugänglich.

Auditorium: Genau!

Verhandlungsleiter Herr Dr. Stock LFU, T 1): Ja, ich habe es mir abgeschrieben. Aber wir können bei Bedarf – ich nehme an, der rbb ist anwesend, ich habe den Reporter auch gesehen, der das Interview geführt hat/

Einwenderin mit der Kennung 383: Er ist nicht anwesend, er ist außerhalb der Halle.

Verhandlungsleiter Herr Dr. Stock (LfU, T 1): Also ist er anwesend. Und wir werden jetzt eine Pause einlegen, die wir dafür nutzen, um diesen Befangenheitsantrag den dafür Zuständigen zu übergeben,

und dann warten wir das Ende ab. Ja, es tut mir leid, es ist ein Be-
fangenheitsantrag gestellt worden.

Einwenderin mit der Kennung 383: Wir stellen den Antrag nach
§ 24 Bundesverfahrensgesetz.

Verhandlungsleiter Herr Dr. Stock (LfU, T 1): Ja, daraufhin muss
ich jetzt unterbrechen.

Einwenderin mit der Kennung 383: Auch wegen Besorgnis der Be-
fangenheit.

Große Aufregung kommt im Saal auf, es herrscht ein aggressiver
Ton. Luft ablassen, denke ich mir, ist immer noch nötig. Der Befangenheitsantrag wird von einer Juristin des Landesamtes für
Umweltschutz, Frankfurt (Oder) geprüft. Wie auch noch zwei
andere an diesem Tag. Sie werden aus formalen Gründen, wie
auch die anderen an den folgenden Tagen, abgelehnt.

Dann ist man bei Verfahrensfragen angelangt. Wie lange darf
jeder reden, »10 Minuten« wird festgelegt, später im Laufe der
Erörterung wird diese Redezeit aber immer wieder überschrit-
ten, der Verhandlungsführer zeigt sich hin und wieder kulant. Es
wird gestritten, wie das Procedere der Wortmeldungen aussehen
soll. Mit Handzeichen wohl am besten, wer passt auf, wer notiert? Auch hier wird nach langem Hin und Her Einverständnis
hergestellt, ein »Handzeichen-Alphabet« wird vorgeschlagen.
Nicht praktikabel, heißt es. Später wird man dazu übergehen,
einzelne Wortmeldungen zu den einzelnen Tagesordnungs-
punkten zu sammeln und dann der Reihenfolge der Anmeldung
nach aufzurufen. Nicht mehr Kraut und Rüben durcheinander.
Und wenn es dann noch immer zu Unstimmigkeiten kommt, der
Verhandlungsführer behält seine Bierruhe, ist in vielen Erörte-
rungsterminen erprobt. Zwischendurch besinnt er sich auf seine

Rolle als Verhandlungsleiter, wenn es ihm zu bunt wird. »Ich entziehe Ihnen jetzt das Wort« ist dann eine seiner Formulierungen oder »Ich lasse Ihnen das Mikrofon abstellen«.

Nach einem hitzigen Vormittag geht es nach der Mittagspause des ersten Tages wieder um Grundsätzliches. Will Tesla eine Batteriefabrik auf dem Gelände in Freienbrink-Nord bauen, oder nicht? Der Argwohn von Einwendern, die diese Frage stellen, zeichnet sich in ihrem Gesicht ab. Mangelnde Transparenz von Tesla wird beklagt, es würden vom Werk zu wenig Informationen geliefert. Man gebe nur das preis, was ohnehin durch die Werksunterlagen bekannt sei. Also die Batterieproduktion? Tesla-Vertreter sagen, es würde keine Batterieproduktion geben, sie sei nicht Antragsgegenstand. Auch Fragen nach weiteren Ausbaustufen des Werkes werden mit diesem Argument gekontert. Schließlich gibt der Wortführer der Tesla-Riege ein allgemeines Statement zum Konzept des Werkes ab. Ich höre kalifornische Engel singen. In Grünheide würde die fortschrittlichste Fabrik von Tesla gebaut.

Erstmal ging es aber um die Produktion des Modells Y, ein SUV mit Elektroantrieb sei ja schon ein Fortschritt gegenüber den herkömmlichen dicken Brummern, die die Luft verpesteten. Presswerk, Gießerei, Karosserierohbau, Lackiererei, Antriebsfertigung, die »drive unit« würde nach modernsten Produktionskenntnissen entwickelt. Innovation, Tesla-Innovation. Es gäbe eine Abwasserbehandlung auf dem Gelände, eine Art Wiederaufbereitung, Platz für Logistik, Hochregallager, eine Energiezentrale, eine Teststrecke, ein Abfall und Gefahrstofflager, eine Umspannanlage ... Eine Fabrik aus dem Wunschkatalog, suggeriert er. »Was wollen die Leute eigentlich?«, das sagt er nicht. Sein Ton ist glatt, verbindlich, kontrolliert. »Goodwill« ist seine »Mission«. Jetzt geht es ums Wasser.

19. November 2019: Überflug über das Güterverteilzentrum mit Blick auf das Teslagelände – eine Woche nach Elon Musks Ankündigung

21. November 2019: Das Industriegleis verläuft durch einen Kiefernforst, rechts davon ist das Areal von Tesla

6. Januar 2020: Das Gelände wird in Korridore eingeteilt, um die Suche nach Munition besser zu koordinieren

6. Januar 2020: Suche nach Überresten aus dem Zweiten Weltkrieg. Per Detektor werden metallische Gegenstände auf dem 300 Hektar Areal abgesucht.

18. Januar 2020: Die »Bürgerinitiative gegen Gigafactory« demonstriert auf dem Markplatz Grünheide

18. Januar 2020: Demonstranten für und wider der Teslaansiedlung stoßen in Grünheide aufeinander

18. Februar 2020: Blick auf den späteren Haupteingang während der ersten Rodungsphase, circa 30 Harvester sind im Einsatz, einige auch nachts

7. April 2020: Der letzte Baum mit leerem Fledermausbau. Er ist einer der wenigen, die vorerst stehen bleiben mussten.

15. April 2020: Erste Schotterwege entstehen, das Gelände wird für andere Fahrzeuge passierbar

5. Mai 2020: Einer der ersten Züge, die für Tesla Material anliefern. Tesla nutzt als einziges Unternehmen im Gewerbepark das Gleis.

19. Mai 2020: Einer der ersten Testpfähle wird in den Boden gerammt

23. Juni 2020: Die Köcherfundamente der Lackiererei werden hergerichtet, in diese werden die Stahlbetonpfähle »eingesteckt« und fixiert

26. Juni 2020: Anlieferung von Stahlbetonfertigteilen per Zug

1. Juli 2020: Die ersten 25 Meter hohen Stahlbetonpfeiler werden im Bereich der Lackiererei aufgestellt

12. Juli 2020: Schweres Gerät kommt zum Einsatz, Max Bögl produziert die Fertigteile für einen Teil der Fabrik. Hier werden sie gelagert.

30. Juli 2020: Das Gebäude für die Antriebsfertigung, das von Goldbeck gebaut wird, nimmt Form an

1. August 2020: Phase 1 der Rodung – 90 von 300 Hektar. Von Osten aus circa 500 Meter Höhe fotografiert.

1. August 2020: Links die spätere Lackiererei mit sichtbaren Punktfundamenten, rechts die spätere Presse und ein Teil des Karosseriebaus

1. August 2020: Blick auf den Rohbau aus circa 300 Meter Höhe

13. August 2020: Eine Drohne schwebt über dem Teslagelände und dokumentiert den Aufbau der Antriebsfertigung. Erst später wird klar, dass in dem Gebäude zudem aus einzelnen Batteriezellen ganze Pakete zusammengebaut werden.

21. August 2020: Zu sehen ist der Bereich der Pressanlagen. Es werden Betonpfeiler für eine hohe Untergrundstabilität in den Boden getrieben. Dahinter entsteht der Karosseriebau.

21. August 2020: Das Unternehmen Max Bögl präsentiert sich prominent. Links die Lackiererei. Die Turmdrehkräne stehen auf Schienen für einen größeren Arbeitsbereich.

28. August 2020: Ein Teil der Lackiererei

3. September 2020: Zum Richtfest ist Elon Musk angereist und hält in Zunftkleidung auf einer Bühne in der Lackiererei eine Rede

4. September 2020: Durch die beiden Menschen vor der Halle der Lackiererei werden die Größendimensionen deutlich

23. September 2020: Die Stadthalle der Nachbargemeinde Erkner ist zunächst für drei Tage gebucht. Niemand ahnt, dass sich die Erörterung acht Tage hinziehen wird. Coronabedingt müssen große Abstände eingehalten werden.

29. Oktober 2020: Der Stahlunterbau für eine der großen Giga-Press-Anlagen wird zusammengeschweißt

29. Oktober 2020: Ein Dachträger, der für die Lackiererei bestimmt ist, wird vom Transporter gehoben

29. Oktober 2020: Blick von Nordosten auf die Lackiererei

20. November 2020: Die Endfertigung ist im Aufbau. Rechts ist das Gebäude der Antriebsfertigung bereits mit der Dämmfassade versehen.

24. Dezember 2020: Stahlbetonfertigteile liegen auf einer Lagerfläche, ein weiterer Teil der Kiefernplantage wird gerodet

12. Februar 2021: Langsam beginnen die Vorbereitungen für die zukünftige Batteriefertigung. Fahrzeuge stehen vor dem Gebäude der Antriebsfertigung bereit.

Aus dem Wortprotokoll

*Herr Riederer von Paar (TESLA): Wir haben nach der ersten Aus-
lage eine Reihe an Einwendungen zum Thema »Wasserverbrauch«
erhalten. Wir haben uns dieses Themas angenommen. Wir haben
unsere komplette Anlagenstruktur, vor allem das Kühlsystem, nochmal überarbeitet und haben dort eine Reduktion von 30 Prozent beim
Wasserbedarf erreicht. Ein ähnliches Thema war das Thema »Pfähle«. Als das ausgelegt wurde, wurde uns gespiegelt, dass das zum Teil
kritisch gesehen wird. Auch hier haben wir uns drangesetzt, unsere
Ingenieure, das nochmal zu überprüfen und auf ein absolutes Mini-
malstmaß zu reduzieren, was tatsächlich von 10.000 auf 500 Pfähle
möglich war, obwohl das für uns finanziell die absolut schwierigere
Lösung war. Aber wir haben uns gesagt, wir arbeiten auch da dran.
Wir sind hier mit einem Riesenteam heute für Sie, um alle Ihre Fra-
gen/*

(unverständlicher Einwurf aus dem Auditorium)

*Herr Riederer von Paar (TESLA): Genau. Wir sind heute mit ei-
nem Riesenteam hier, um Ihnen die Anlage vorzustellen, um Ihnen
die Fragen zu beantworten. Wenn Sie wollen, können wir auf die einzelnen Anlagenteile eingehen oder wir fahren jetzt fort und würden
das dann, im Rahmen der einzelnen Fachthemen würden wir dann
dazu Stellung nehmen und die Themen entsprechend vorstellen.*

*Verhandlungsleiter Herr Dr. Stock (LfU, T 1): Also ich möchte
schon darum bitten im Zusammenhang mit der Vorstellung der Anlage, die Anlage auch so zu beschreiben. Welche Betriebsteile gibt es?
Welche Gebäude werden errichtet, welche Anlagenteile und so weiter
und so fort? Ich sage mal, die Fachthemen sind ja übergreifend. Also
wir können jetzt nicht ein Fachthema einem Anlagenteil zuordnen,
deshalb, ein Überblick über die Anlagenkonfiguration wäre doch
schon recht sinnvoll.*

Herr Riederer von Paar (TESLA): Kann ich gerne geben. Es werden mehrere Anlagen und Betriebseinheiten gebaut werden. Ich gehe sie jetzt im Einzelnen durch. Das ist zum einen, ein Presswerk wird gebaut werden, in den Antragsunterlagen öfters mit »Stamping« oder »ST« abgekürzt. Wir werden eine Gießerei bauen, in den Antragsunterlagen öfters mit »Casting« oder »CA« aufgeführt. Wir werden einen Karosserierohbau …

Einwenderin mit der Kennung 322: Kann ich dazu bitte eine Frage stellen? Sind Sie überhaupt vorbereitet auf die Erörterung hier?

Verhandlungsleiter Herr Dr. Stock (LfU, T 1): Herr Riederer, setzen Sie bitte Ihre Ausführungen fort.

Herr Riederer von Paar (TESLA): Es gibt eine Lackiererei, die besteht aus einer Vorbehandlung, aus einer Versiegelung und einer Lackierkabine. Es wird eine Fertigung Antrieb geben. Es wird eine Endmontage geben. Dann wird es darüber hinaus weitere Hauptanlagen geben, das ist zum einen ein Hochregallager, es ist eine Ver- und Entsorgungsanlage, es ist eine Abwasserbehandlung, es ist eine Nebeneinrichtung, es ist eine Logistikfläche aufgeführt und es ist eine Teststrecke aufgeführt.

Noch einmal greift der Tesla-Vertreter in die Tasten und singt ein anderes Musk-Lied. Die Fabrik in Grünheide sei ein Beispiel für gelungene Symbiose mit der Umwelt und biete beste Arbeitsbedingungen. Im Saal herrscht während dieses Vortrags Schweigen. Allenfalls ein bisschen Gegrummel kann ich über die Lautsprecherboxen im Pressezelt hören, wenn nicht gerade wieder ein Zug vorbeidonnert. Mit elektrischem Antrieb versteht sich, die Strecke ist, wie fast alle Verbindungen in Brandenburg, schon lange elektrifiziert.

Es will schon Abend werden an diesem Nachmittag und endlich kommt man zu dem Thema, das vielen Einwendern auf den Nägeln brennt. Es geht um die Wasserproblematik, zum wiederholten Mal, auch jetzt hier in der Stadthalle in Erkner, es geht um Trinkwasserschutz, um den Wasserverbrauch der zukünftigen Fabrik, um die Pfahlgründung des Presswerkes nach Erteilung der fünften vorzeitigen Genehmigung, um den dadurch befürchteten Salzwasseraufstieg. Fragen, die die Firma immer wieder einholen werden, weil sie sich nach Ansicht der Einwender zu wenig um die Untersuchung des Bodens im Trinkwasserschutzgebiet gekümmert hat. Da sei auch enormer Druck aufgebaut worden wegen des rasanten Bau-Tempos, das die Firma vorgegeben habe.

Fragen, die wie ein Damoklesschwert über den Köpfen der hier versammelten Erörterer und Tesla hängen. Wird es eines Tages heruntersausen und wen wird es dann treffen? Das ist so eine Frage, mit der ich an diesem Tag nach Berlin zurückfahren werde.

Nach zehn Stunden endet dieser erste Verhandlungstag der Erörterung, die, wie Ulrich Stock ein bisschen kleinlaut zugibt, bestimmt nicht am darauffolgenden Tag, wie einmal vorgesehen, abgeschlossen sein wird. Der Zeitplan sei einfach durcheinandergeraten und man werde auch am Freitag nicht fertig sein. Wie es dann weitergehe, könne er noch nicht sagen. Eine Kritik an Tesla mag er sich nicht verkneifen. Die Firma habe 20 Mitarbeiter hier im Saal gehabt, die Auskünfte seien aber dürftig gewesen. Da hätten die Einwender mit ihrer Kritik recht gehabt. Aber sonst? Gereiztheit, eine aufgeladene Stimmung sei bei Verfahren dieser Art nicht ungewöhnlich. Bevor er in der Dunkelheit der Nacht entschwindet, verweist er noch auf eine Erörterung für eine Schweinemastanlage, die 13 Tage gedauert habe. Na, da kann auch auf mich noch einiges zukommen.

Pausengespräche an diesem Tag

Nach dem ersten Befangenheitsantrag wurde pausiert, die Erörterung unterbrochen. Das wird bei späteren Befangenheitsanträgen nicht mehr passieren, sie wird fortgesetzt werden, während eine im Saal anwesende Juristin sie prüft. Man steht so herum zwischen den Hinterausgängen der Stadthalle und dem Pressezelt, vertritt sich die Beine. »Er reißt das herunter, der Verhandlungsleiter, das wird nichts«, höre ich eine Stimme aus dem Hintergrund. Sie gehört Steffen Schorcht, der sich auch die Beine vertritt. Er malt jetzt ein Menetekel an die Wand der Stadthalle. »Das wird Auswirkungen haben im gesamten Stimmungsbild im Land, dieses Verfahren«, so seine Hoffnung. In der ersten großen Pause stelle ich mich zu mehreren Gesprächsrunden schnappe Gesprächsfetzen auf. »Ist doch klar, dass es sehr emotional zugeht, wenn es zu so einem Showdown kommt«, meint ein Beobachter. Er reklamiert »märkische Gelassenheit« für sich und stellt fest, dass bei einer Fabrik für Europa, die hier entstehen solle, 414 Einwendungen, wie er meint, doch überschaubar seien, er sagt: »wenige.« Ein anderer freut sich einfach über die Zahl der Einwendungen, er habe selber eine gemacht. Ich animiere ihn, sie mir vorzulesen »Der USA-Konzern«, liest er nun, »beantragt Fördermittel in Brüssel und Brandenburg, es liegt nach meinem Ermessen zurzeit kein Interesse an Massenproduktion von Elektroautos vor, [...] am ganzen Parkplatz in Erkner steht nicht ein einziges Elektroauto, habe ich kontrolliert. Können in diesem Werk Militärgüter für den US-Markt, mit Aufdruck ›Made in Deutschland‹, [...] wie z.B. hochmoderne Drohnen, bzw.

intelligente, weltweit geächtete Minen, die der amerikanische Präsident zum Schutz seiner Soldaten wieder produzieren möchte, [...]. Ich möchte, dass es strikt ausgeschlossen wird.« Auch der Bürgermeister von Erkner gerät zufällig vor mein Mikrofon. »Ich finde es schade, dass wir nicht zu den Themen kommen, dass hier wirklich nur Kraftspiele stattfinden«, ist sein Statement in der Mittagspause. Er ist natürlich auch Dienstherr der Stadthalle. Auch er kann sich nicht vorstellen, dass die Erörterung in drei Tagen über die Bühne geht. »Es ist schade«, sagt er noch, er wolle mit seinen Mitarbeitern noch Termine in der Stadthalle, »Auffangpositionen«, wie er sagt, für eine Erörterung über diese Woche hinaus besprechen. »Aber es wird spannend ...« Ich gerate an einen Vertreter des Ministeriums für Landwirtschaft, Umwelt und Klimaschutz des Landes Brandenburg, die Pressesprecherin macht mich derweil darauf aufmerksam, dass ich mein Namensschild sichtbar tragen soll, es seien schon Fragen aufgekommen, wer das denn sei, der mit seinem Mikrofon das Terrain hinter der Stadthalle unsicher macht. Ich verspreche Besserung und bekomme noch ein paar Äußerungen des Ministeriumsvertreters gratis. »Da gibt es natürlich die üblichen Leute, die auf Verzögerungen hinauswollen, was ich auch schade finde, es sitzen ganz viele Leute drinnen, die ganz wichtige Dinge zu sagen haben und die gerne noch mal ihren Einwand begründen möchten, und die kommen gar nicht zu Wort, weil ständig welche da sind, die sich selbst darstellen wollen. Ich finde es auch schade, weil die Behörde sozusagen drauf angewiesen ist, dass man hier noch Dinge zur Sprache bringt, die sie in die Lage versetzen, wenn sie dann vor der Genehmigungsentscheidung stehen, auch 'ne gute Entscheidung zu treffen. Das ist der hohe Anspruch hier.« Sagt er und verschwindet aus dem gleißenden Licht hier draußen in der von Neonlicht erhellten Welt in der Stadthalle zum weiteren Erörterungsmarathon. »Wir sind bei Tagungsordnungspunkt 1 Punkt 2« erfahre ich später, »wenn das so weitergeht, sitzen wir nächstes Jahr noch da«, ist die Meinung einer meiner Kollegen, der die Erörterung in Ton und Bild dokumentiert. 1. Punkt 2, ich schlage in der Tagesordnung nach: »Erläuterung des Ablaufs und Stand des Genehmigungsverfahren« heißt es da; ja, da hat er recht, wir sind noch ganz am Anfang des Verfahrens. »Elf Tage sind uns schon angedroht worden«, ist sein Abschiedsgruß an mein Mikrofon und ein wissendes Lachen.

Der Platz zwischen den Hinterausgängen zur Stadthalle und dem Pressezelt wird auch in den Nachmittagsstunden zu einem offenen Marktplatz für Meinungsaustausch. Die grelle Sonne wirkt wie Scheinwerfer, die die Szenerie beleuchten, Demokratie von unten oder Nörgelei? Heidemarie Schroeder von der Bürgerinitiative Grünheide benutzt diesen Marktplatz für ein grundsätzliches Statement: »Ich wohne hier und ich ärgere mich natürlich, dass da Großindustrie hinkommt, [...] und man sagt sich, das ist doch mitten in einem Wasserschutzgebiet, das geht doch nicht.« Sie geht auch ins Detail, Austrocknung der Moore im Löcknitztal, Pfählung auf dem Baugelände, Beeinträchtigungen der Wasserfassungen, sie meint die Brunnenanlage Hohenbinde, sie könne da nur persönliche Betroffenheit geltend machen, auch weil die neue Fabrik Tesla wie ein Katalysator auf die Trockenheitsprobleme wirke. »Ja, was tun?«, frage ich sie, die ehemalige DDR-Bürgerin, wie sie mir später verrät, die einen Ausreiseantrag in den Achtzigerjahren des vorigen Jahrhunderts gestellt hatte, lang, lang her. »Na ja, mit dem Kommunismus und der schönen Welt im Sozialismus wurde es sowieso nichts, jetzt will ich wenigstens ein ordentliches Rechtssystem.« Die Dinge gehen durcheinander, DDR-Vergangenheit, Tesla-Planung, Erörterung, die Einwender wollen ihr Recht auf Aufklärung wahrnehmen, sprechen von Ungereimtheiten bei der Planung, in der Außendarstellung der Firma, wie diese Ärztin hier. Elon Musk spreche immer von Giga Berlin, dabei läge nun einmal die Fabrik in Brandenburg. Wie könne denn so ein Mensch die Gegend und die Mentalität ihrer Bewohner begreifen.

Donnerstag, der 24. September: Der zweite Tag der Erörterung

Wieder bin ich mit der S-Bahn vom Bahnhof Zoologischer Garten in Berlin-Charlottenburg gekommen. Eine Stunde Fahrzeit, das schafft man mit dem Auto nicht. Eine Fahrt in den Osten, der Tiergarten gleitet an mir vorbei, das Regierungsviertel, Neubaukomplexe, unbebautes Gelände, Brachen, vollgestopft auch mit allerlei Zivilisationsmüll, die Jannowitzbrücke über die Spree, die mein Schwager, noch nicht mit der Schule fertig, im Endkampf um Berlin unbedingt verteidigen sollte. Diese Familiengeschichte geht mir auch durch den Kopf auf der Fahrt nach Erkner, und als ich endlich am Bahnhof ankomme, sehe ich schon Leute, die gleich wieder einsteigen werden, retour, zurück nach Berlin. Vom Bahnhof zur Stadthalle ist es nicht weit, über eine viel befahrene Straße, eine Treppe hoch, und schon sieht man diesen quadratischen Bau und die vielen Parkplätze davor. Ich bin früh dran, habe also reichlich Zeit und bummele durch das Gelände, wage auch einen Blick in die Stadthalle hinein, wo erst einige wenige Einwender sitzen, die in ihren Unterlagen blättern. Überhaupt macht der Ort, in dem gestern das Leben tobte, jetzt einen verlassenen Eindruck. Kein High Noon mehr, haben die Pistoleros Pause?, frage ich mich. Auch im Pressezelt sitzen nur noch wenige Kollegen, ich blicke in eine komfortable Leere. Haben die Journalisten am ersten Tag schon genug erfahren für ihre Schlagzeilen in der Tagespresse über die Erörterung? Am Fortgang des Geschehens scheinen sie wenig interessiert zu sein. Bevor ich mich der Einsamkeit im Pressezelt hingebe, wage ich noch einen Erkundigungsgang nach draußen, auf den freien Platz hinter der Stadthalle, ihr Hinterhof quasi. Der Ausflug scheint sich zu lohnen. Da steht mir nichts dir nichts der Verhandlungsleiter Ulrich Stock vom Landesamt für Umwelt vor mir, der gestern viele Befangenheitsanträge über sich ergehen lassen musste. Will vielleicht noch etwas frische Luft schöpfen, sich sammeln, was weiß ich. Ich nutze die Gelegenheit und spreche ihn einfach mal an: »Was erwarten Sie sich vom heutigen Tag?« – »Meine Hoffnung besteht darin«, sagte er, »dass wir zu einer sachlichen Erörterung kommen.« Wasser, Verkehr sei heute noch dran. Im Übrigen, wenn man auch morgen nicht fertig würde, müsse man neu überlegen, die Halle stünde dann nicht mehr zur Verfügung. Ich frage nach seinem Beharrungsvermögen, nach seinem »dicken Fell«, wie wird er das Erörterungsverfahren weiterschaukeln? »Man muss gewappnet sein, dass solche Befangenheitsanträge kommen, die ich auch in keiner Weise persönlich nehme.« Ein Mitarbeiter drängt zur Eile, man wolle jetzt anfangen. Und schon ist er in der Stadthalle verschwunden.

Nur 70 Einwender sind heute da, deutlich weniger als am ersten Tag. Aber das muss man verstehen, sie müssen größtenteils Urlaub nehmen, die Behördenvertreter und Tesla sitzen hier ihre Dienstzeit ab. Es fängt so an, wie es gestern aufgehört hat 383, eine Einwenderin aus Rheinland-Pfalz, macht wieder mobil.

Aus dem Wortprotokoll

Einwenderin mit der Kennung 383: Ich komme zur Sache. Ich habe die Fachaufsichtsbeschwerde eingereicht und insofern ist das mehr als einfach nur eine Rüge oder ein Antrag auf Befangenheit. Ich habe cc gesetzt das Innenministerium und das Justizministerium und die Fachaufsicht des Landtages, also in dem Fall die Opposition, die Fraktionen.

Verhandlungsleiter Herr Dr. Stock (LfU, T 1): E383!

Einwenderin mit der Kennung 383: Ich würde gerne zu Ende reden, bitte.

Verhandlungsleiter Herr Dr. Stock (LfU, T 1): Nein, ich möchte mal da einhaken. Die Opposition des Landtags ist niemandes Fachaufsicht.

Einwenderin mit der Kennung 383: Das ist die Fachaufsicht der Koalition.

Verhandlungsleiter Herr Dr. Stock (LfU, T 1): Niemandes! Die Opposition ist die Opposition.

Einwenderin mit der Kennung 383: Das sieht die Landesverfassung anders.

Verhandlungsleiter Herr Dr. Stock (LfU, T 1): Nein! Die Fachaufsicht über das LfU nimmt das Ministerium für Landwirtschaft, Umwelt und Klimaschutz wahr.

Einwenderin mit der Kennung 383: Da haben Sie recht, aber ich habe die Fachaufsicht des Umweltministeriums cc gesetzt.

Verhandlungsleiter Herr Dr. Stock (LfU, T 1): Das ist okay.

Einwenderin mit der Kennung 383: Danke!

Verhandlungsleiter Herr Dr. Stock (LfU, T 1): Ja, okay. Jetzt weiß der Saal, dass Sie eine Fachaufsichtsbeschwerde gegen mich gerichtet haben.

Einwenderin mit der Kennung 383: Richtig. Das heißt, es ist ein anderer Antrag als das, was die Dame hier nebenan gemacht hat. Ich habe eine Fachaufsichtsbeschwerde herausgegeben.

Verhandlungsleiter Herr Dr. Stock (LfU, T 1): Die Fachaufsichtsbeschwerde wird sicherlich von den drei Ministerien bearbeitet werden.

Einwenderin mit der Kennung 383: Das ist richtig und genau das, was heute geschieht, werden wir natürlich in diesem Zusammenhang überprüfen.

Verhandlungsleiter Herr Dr. Stock (LfU, T 1): Das steht Ihnen frei.

Einwenderin mit der Kennung 383: Vielen Dank! (Applaus)

Wieder schlechte Stimmung im Saal, stelle ich fest.

Aus dem Wortprotokoll

Einwender mit der Kennung 249: Geht es jetzt? Hallo? Ja, jetzt klappt es. E 249, Aufnahme und Wiedergabe ist okay. Also ich habe mich eigentlich zu dem anderen Vorpunkt noch gemeldet und möchte dazu noch einiges sagen. Hier sitzen Bürger, die interessiert sind an Aufklärung. Hier sitzen Bürger, die nicht Statisten sein wollen, und wollen endlich auch mal etwas dazu sagen, zu Ihrer ganzen Verhaltensweise, wie dieses Verfahren hier geleitet wird. Das ist eine Katastrophe!

Einwenderin mit der Kennung 383: Ja, genau.

Einwender mit der Kennung 249: Das kann nicht wahr sein! (Applaus) Das kann nicht wahr sein, dass Arroganz und Überheblichkeit hier vorwiegen.

Einwenderin mit der Kennung 383: Ja! (Applaus)

Einwender mit der Kennung 249: Dass die Rechtsanwälte, die hier sitzen, so empfindlich reagieren, ist ganz allein Ihr Problem. Sie verhalten sich derart parteiisch, dass man einfach mal wieder das Wort ergreifen muss. (Applaus) Ich bitte einfach mal Sie um Sachlichkeit.

Und wenn Sie Ihren Job, den Sie im Betrieb auszuüben haben, nicht
trennen können von diesem Job, dann sind Sie da fehl am Platz!
Einwenderin mit der Kennung 383: Ja. (Applaus)
Einwender mit der Kennung 249: Und dann noch eins: Lassen Sie
doch mal gleich jemanden hier mit dem Mikrofon stehen, dann brau-
chen die nicht laufend hin und her rennen. (Applaus)

Ulrich Stock unterbricht die Erörterung, die Entscheidung über
die Fachaufsichtsbeschwerde braucht Zeit. Schon wieder Pause,
das kann sich heute noch länger hinziehen als gestern, wenn so
grundsätzlich Argwohn geäußert wird. Ich begebe mich wieder
an die frische Luft, bitte um Auskünfte bei den Umstehenden
über die neuerliche Zwangspause. »Wir dürfen dazu nichts sagen als Behördenvertreter.« Das sei sogar eine Anweisung des
Ministeriums, nur die Pressestelle könne sich äußern und da
seien sie froh drüber, sagen sie mir. Ich gerate an einen Muti-
geren, der meint, der Wald in der Umgebung profitiere doch
von Tesla, Musk habe Aufforstung als Ersatz für die gerodeten
Flächen versprochen und noch etwas fügt er hinzu, was mich
verblüfft. Plötzlich kommt Napoleon ins Spiel: »Also, wenn das
Projekt Tesla grundsätzlich durch die Umweltverträglichkeitsprüfung des Landesamtes für Umwelt gegangen sei, greife kommunale Selbstverwaltung. Auswirkungen von der Herrschaft
Napoleons in Preußen, in der die Gemeinden ihre Planungshoheit bekamen, auch gegenüber der zentralen Regierung.« Der
Kaiser, stelle ich mit Verwunderung fest, sorgte auf diese Weise
für eine Dezentralisierung Preußens. Eine sonderbare Wendung
in der Geschichte. Auch zu China will er noch etwas sagen, die
Tesla-Fabrik in Shanghai sei ja so schnell fertig geworden, weil
das Land zentralistisch regiert sei. Kein Napoleon dort weit und

breit. Sein Resümee: »Das läuft mit Sicherheit anders als der Fabrikbau in China.«

11.25 Uhr Ortszeit in Erkner, jetzt geht es endlich um Sachthemen: Bodenschutz, Versiegelung der Fläche. Welche Erkundungen gab es auf dem Baugelände, wird gefragt, gab es geologische Untersuchungen des Grundwasserkörpers, drohe Salzwasseraufstieg? Für mich ein Zauberwort aus der Erdgeschichte. Hat schon jemand daran gedacht, Grünheide mit dem Meer zusammenzubringen, weil es in langer Vorzeit vom Meer bedeckt war? Der Salzwasseraufstieg aus dem Erdreich, tief unten im Verborgenen? Gar nicht so verborgen, Dietmar Brose, Leiter des Amtes für Hydrologie erklärt, dass es ein frühzeitiges Warnsystem geben werde, ein »Monitoring«, um Gefährdungen der Wasserqualität auszuschließen. Auch den Salzwasseraufstieg? »Monitoring« gegen Kontrollverlust, die Sache haben wir im Griff, will er damit sagen.

Aus dem Wortprotokoll

Herr Brose (LBGR): Da ist das TESLA-Gelände. Hier oben ist der Punkt der Bohrung und hier haben wir dieses Profil, das also mit so einer Software dargestellt ist. Sie sehen hier, von 170 bis 238 Metern ist der besagte Ruppelton also der Haupttrennhorizont zwischen Süß- und Salzwasserstockwerk. Hier oben haben wir die quartäre Schichtenfolge und das wäre im Prinzip das Quartär. Der Grundwasserleiter, um den es hier geht, also auf dem TESLA-Gelände sind also praktisch hier die oberen 30 Meter, der hier nochmal eine Geringleiterschicht hat. Der ist aber als einheitlicher Grundwasserleiter komplex zu bezeichnen. So, und dann haben wir im Liegenden, wie der Geologe sagt, sehr komplexe Lagerungsverhältnisse, bindige Schichten, dann werden nochmal sandige dazwischengeschaltet. Was E74 sagt, ist richtig. Wir haben sehr komplizierte geologische

Lagerungsverhältnisse, die kriegen Sie aber, wenn Sie mehrere Boh-
rungen abteufen, nicht geklärt. Eine Bohrung ist immer ein punktu-
eller Aufschluss und es kann Ihnen passieren an dem Standort, wenn
Sie eine Bohrung abteufen und 20 Meter daneben eine andere, sagt
die Ihnen im Untergrund ganz was anderes. Das heißt, die Erkennt-
nis, die wir haben, also es sind Grundwasserleiter da, nach unserem
Kenntnisstand vier insgesamt. Also davon sind zwei im Quartär, zwei
im Tertiär. Und die kommunizieren mehr oder weniger. Wir haben
ja, wie Sie sehen da an dem Schichtenprofil, sehr bindige Schichten
dazwischen. Aber die Fragestellung ist doch, es geht um den oberen
unbedeckten Grundwasserleiter, der hier der Betrachtungsgegen-
stand ist. Das ist einmal auf dem TESLA-Gelände, wo die Pfahlgrün-
dung ist, wo wir die Grundwasserhaltungsmaßnahmen haben. Und
ein ganz entscheidender Punkt: Der Grundwasserleiter aus dem das
Wasserwerk, also die beiden Wasserfassungen Neu Zittauer Straße
und Hohenbinde fördern. Das ist der Betrachtungsgegenstand und
da müssen wir aufpassen und das ist auch Ihre berechtigte Sorge, dass
da keine Verschmutzung stattfindet, keine Stoffeinträge, ist egal, von
oben oder von unten. Den müssen wir im Blick haben und den haben
wir. Und dann bringen wir, wenn wir jetzt da bohren wie die Welt-
meister, keinen zusätzlichen Erkenntnisgewinn, sondern das kann
man, was ich eingangs sagte, mit den Monitoring-Konzepten im obe-
ren Wasserleiter sehr gut überwachen und beherrschen. Danke schön.

Verhandlungsleiter Herr Dr. Stock (LfU, T 1): Nachfrage?

Einwender mit der Kennung 74: Herr Brose, danke, dass Sie diese
Bohrung gezeigt haben. Die ist erst mal nicht auf dem Gelände, was
gegenwärtig gerodet wurde bis jetzt.

Herr Brose (LBGR): Ja.

Einwender mit der Kennung 74: Ich vermisse zum Beispiel da dran
die Bohrlochmessungen, weil, aus der können Sie eventuell ableiten,

wo das Salzwasser 1962 war. Und ich denke, dass diese Bohrung (Applaus) auch durch Bohrlochgeophysik vermessen wurde. Warum habe ich das von Ihnen nicht gekriegt, als ich nach diesen gefragt habe? So, ich habe nicht bei Ihnen gefragt, ich habe beim LfU gefragt, aber ich will nochmal sagen: Sie können diese komplizierte Lagung nicht durch unendlich viel Bohrungen klären. Es gibt noch andere Verfahren, Bohrlochgeophysik gibt es, dann gibt es Oberflächengeophysik, das können Sie auch alles mit dort. Aber bevor Sie anfangen hier zu bauen, muss das klar sein, und das ist das, was ich hier anprangere. (Applaus) Und das wurde nicht gemacht und das haben Sie bis jetzt ... Ich weiß nicht, vielleicht stellen Sie es jetzt vor, dass TESLA diese Bohrungen machen muss. Bis jetzt weiß ich bloß von acht Pegeln, die irgendwie auch bis 10 Meter, ich glaube, nach der vierten vorzeitigen Genehmigung sind die gemacht worden. Ob sie fertig sind, weiß ich nicht, aber die waren dann in dieser Karte mit eingezeichnet. Aber die gehen auch bloß bis 10 Meter. Damit kriege ich das Problem Salzwasseraufstieg nicht geklärt. Sie müssen jeden Grundwasserleiter mit Pegeln besetzen, um überhaupt die Hydrostatik zu bestimmen, wie welche Drücke wo herrschen. Ansonsten können Sie dazu keine Aussagen machen, was passiert. Und das ist das Schlimme, dass man baut, ohne zu wissen, was passieren wird. (Applaus)

Noch zwei Stunden wird es so weitergehen, Salzwasseraufstieg eine Gefahr? Ja? Nein? Vielleicht? Geringe Gefahr? Und so weiter. Und immer wieder Befangenheitsanträge, die prompte Ablehnung der zugeschalteten Juristin.

Inzwischen ist es sehr windig geworden, Wolken haben sich vor die Sonne geschoben. Aufregung bei meinen Zufall-Gesprächspartnern, meistenteils sind es wieder Einwender, die sich Luft machen wollen. Wie wichtig die Wasserfrage sei, jetzt gerade in Zeiten der Trockenheit. Es gebe auch kein Recyclingkonzept der Firma, wird moniert: Elektroschrott in einem Werk, das für Klimaschutz E-Autos bauen will. Vermutungen, viel Argwohn, man bekommt keine klaren Antworten auf klare Fragen, heißt es. Gerade bei der Erörterung des Salzwasseraufstiegs. Eine Grünheiderin sagt mir, sie habe sich gemeldet: »Aber man kommt einfach nicht dran.«

Am Nachmittag macht Tesla noch mal mobil, ihre Vertreter schalten sich häufiger in die Erörterung ein. Tesla brauche eine Ausnahmegenehmigung für den Bau im Trinkwasserschutzgebiet, na klar, und bekomme sie nur, wenn entsprechende Auflagen eingehalten würden. An den Trinkwasserschutz halte man sich. Das Thema Forst wird abgehandelt. Frühzeitige Rodung bedeutete Tötungserlaubnis von Tieren dort, die streng geschützt sind, wie die Zauneidechse, meint die Einwenderin aus Rheinland-Pfalz, man habe nicht genügend Zeit für die Kartierung des Geländes verwendet. Auch das Thema »Altlasten« im Forst wird strittig diskutiert.

Ich sehe auf die Uhr. Es wird noch lange hin- und hergehen an diesem Tag. Man ist müde geworden, einige Fragesteller sind schon gegangen. Draußen zwischen Pressezelt und Stadthalle bin ich an diesem Tag noch Zeuge eines Small Talks. Bevor auch ich mich verabschiede, höre ich noch eine Anekdote. Ulrich Stock erzählt sie, vergleicht seine Behörde mit einem Wildschwein: »Ein Vergleich hinkt immer ein bisschen, aber was ich damit sagen will, ein Wildschwein wie eine Behörde kennt kein Gut, kein Böse.« Wenn man vom Wildschwein über den Haufen gerannt würde, sei es nicht so, weil es einem böse sei, »sein Instinkt sagt es ihm«. Gute Nacht also.

Freitag, der 25. September:
Der dritte Tag der Erörterung

Schwere Regenwolken hängen über Erkner und seiner Stadthalle. Es regnet in Strömen, unwirtliches Wetter auch vor dem Pressezelt, in dem es sich noch weniger Pressevertreter als am Vortag »gemütlich« machen. Auf das Zeltdach trommelt der Regen, die Video-Leinwand dokumentiert: auch weniger Einwender im Saal. Laut Pressestelle des Ministeriums sollen es jetzt noch 56 sein. Heute geht es um so wichtige Themen wie Wasserbedarfsplanung und Versorgungssicherheit des Werkes.

Bevor es dazu kommt, gibt es noch ein Geplänkel des Verhandlungsleiters Ulrich Stock mit den Einwendern.

Aus dem Wortprotokoll

Verhandlungsleiter Herr Dr. Stock (LfU, T 1): Ich nutze die Zeit schon mal für die übliche Zeremonie-Belehrung über die Corona-Anforderungen. Ich möchte Sie im Namen des Landesamts für Umwelt auf das allgemeine Schutzmaßnahmen- und Hygienekonzept hinweisen, welches für die Veranstaltung bindend ist und von jedermann beachtet werden muss.

Auditorium: Und jederfrau.

Verhandlungsleiter Herr Dr. Stock (LfU, T 1): Wie bitte? Nein.

Auditorium: Von Frauen nicht?

Auditorium: Nur von jedermann?

Verhandlungsleiter Herr Dr. Stock (LfU, T 1): Tja, deutsche Sprache, schwere Sprache.

Auditorium: Genau!

Verhandlungsleiter Herr Dr. Stock (LfU, T 1): Das Wort »jederfrau« ist in der deutschen Sprache nicht bekannt, nein.

Auditorium: Ihnen vielleicht nicht.

Verhandlungsleiter Herr Dr. Stock (LfU, T 1): Dann fragen Sie mal einen Germanisten.

Auditorium: Genau.

Man kommt erneut nicht zu den Sachthemen, Misstrauen der Behörde gegenüber wird wieder geäußert. Die Erörterung soll am Montag abgeschlossen sein, viele bezweifeln das, verlangen eine neue Ansetzung der Anhörung überhaupt, beklagen den Umstand, dass sie am Montag gar nicht da sein können, weil sie keinen Urlaub bekämen. Man argwöhnt auch, dass der Verhandlungsleiter seinen Urlaub antreten will und deshalb aufs Tempo drückt. Also das übliche Vorspiel, wie ich es nun schon kenne. Dann endlich – doch die Sachthemen. Tesla verbrauche mehr Wasser als andere Autoherstellers, heißt es. Wohin mit dem Abwasser? Die Lackiererei solle abwasserfrei sein, Tesla müsse den Wasserbedarf kontinuierlich reduzieren. Ein Antrag dazu wird eingebracht. Ein Fachbeistand der benachbarten Gemeinde Rüdersdorf führt aus, BMW betreibe eine abwasserfreie Lackiererei in Österreich, dort würde das Wasser recycelt, ja, und in Mexiko plane der deutsche Autohersteller eine Lackiererei ganz ohne Wasserbedarf. Man würde dort Umluft benutzen. Tesla beschwichtigt, man arbeite am Standort Grünheide mit einer anderen Fertigungstiefe, viel mehr Teile des Autos würden in der Fabrik selbst produziert als in anderen Autowerken. Zulieferung sei so reduziert. Im Übrigen ... Tesla setze auf die Entwicklung eines abwasserfreien Betriebs für die Zukunft, der Einwender gibt sich damit nicht zufrieden, er fordert einen abwasserfreien Betrieb jetzt.

Die Wasserversorgung des Werkes sei nicht gesichert, meinen andere, wieder geht es um die zunehmende Trockenheit der Region wegen des Klimawandels, der auch hier eben spürbar sei, in einem Antrag wird die Beteiligung von Berlin am Tesla-Verfahren gefordert, die Hauptstadt sei ja auch in ihrer Wasserversorgung von der Spree abhängig. Er wird abschlägig beschieden, wie so viele andere Anträge auch, die die Wasserversorgung des Werkes als nicht gesichert ansehen. Wasserrechtlich habe es bisher von den zuständigen Behörden keine Einwände zu der Wasserversorgung des Werkes gegeben, sagt Ulrich Stock noch. Als Ulrich Stock am Freitag um 16.32 Uhr den dritten Erörterungstag beendet, obwohl noch 22 Redner auf der Liste der Wortmeldungen stehen, sagt er als Begründung für den vorzeitigen Rauswurf, die Halle sei am Wochenende von der Partei Die Linke gemietet, sie wähle dann einen Direktkandidaten für die Bundestagswahl. Jetzt sei ein Drittel der Einwendungen abgearbeitet, das Hauptthema »Wasser« aber noch nicht abschließend besprochen. Aber wenn der Montag nicht reiche, dann wisse er auch nicht, wie es weitergeht. Vor mir liegt ein Wochenende der Ungewissheit.

Montag, der 28. September:
Der vierte Tag der Erörterung

Als ich vor der Stadthalle in Erkner ankomme, erwartet mich eine große Überraschung. Ich sehe kaum Menschen vor dem Gebäude. Habe ich mich in der Uhrzeit vertan? Um 10 Uhr soll es doch losgehen. Oder ist die Erörterung verschoben, wird nun neu angesetzt? Beim Näherkommen entdecke ich dann doch ein paar Menschen, die sich vor dem schmalen Eingang zum Saal in der Stadthalle drängeln. Ich entdecke auch einige Pressevertreter und Mitarbeiter der Pressstelle neben den obligatorischen Leuten eines Sicherheitsdienstes. Taschen werden untersucht, Ausweise kontrolliert, eine Adressenliste liegt bereit, die ich, wie auch schon an den Tagen zuvor, ausfüllen muss, wegen Verfolgung einer eventuellen Corona-Ansteckung. Hochsicherheitstrakt, denke ich mir, aber vielleicht nötig in diesen Zeiten. »Wo aber ist denn das Pressezelt?«, frage ich jetzt, in dem wir sonst saßen. »Ist abgebaut«, erfahre ich, »der Aufwand hat sich nicht gelohnt, bei den wenigen Presseleuten, die noch kamen.« – »Also einfach abgebaut?« – »Ja, ja«, wir könnten uns jetzt einen Platz in dem Vorraum der Stadthalle suchen, gleich hinter dem Eingang, rechts sei der. Ich komme dem nicht-öffentlichen Ort der Erörterung also ein Stückchen näher, im Vorraum stehen wieder ein paar Arbeitstische bereit und ein kleiner Monitor zur Übertragung des Geschehens im Saal. Von dort geht es auch einen Eingang hinein in das »geheime Refugium«, wir dürfen uns an die offene Tür stellen und zusehen, wie es dort allmählich wieder etwas voller wird.

»Wir sind jetzt bei 3. Punkt 2.2.2.«, verkündet der Verhandlungsleiter, Doktor Ulrich Stock. 18 Wortmeldungen von Einwendern müssten noch abgearbeitet werden. Es soll wieder ums Wasser gehen, bzw. um die Gefahr einer Kontaminierung mit Schadstoffen, volkstümlicher ausgedrückt, um die Verschmutzung des Grundwassers. Welcher Beton wird verwendet, um Rissbildung im Mauerwerk der Fabrik zu vermeiden oder auf der Bodenplatte? Wie kann das Betanken von Fahrzeugen und Maschinen auf dem Gelände ohne Auslaufen und Freisetzen von Schadstoffen erfolgen? Man betanke Fahrzeuge nur außerhalb des Werkes, sagt Tesla und verwende bei den Maschinen Schutzvorrichtungen. Davon sei auf Fotos, die man gemacht habe, aber nichts zu sehen, man habe auch Öllachen im angrenzenden Wald gefunden, heißt es. Tesla sagt, ein ökologischer Gutachter würde auf der Baustelle eingesetzt, der stichprobenartig kontrolliere.

Es gebe keinen Überflutungsschutz bei Starkregen, heißt es weiter. Tesla ginge von so einem Ereignis nur alle 30 Jahre einmal aus, wird gerügt. Laut Wasserverband Strausberg-Erkner käme das wegen des Klimawandels ja nun häufiger vor. Und dann, bevor es in die Mittagspause geht, verkündet Ulrich Stock zur großen Überraschung des Auditoriums seinen Abgang aus der Stadthalle in Erkner.

Aus dem Wortprotokoll
Verhandlungsleiter Herr Dr. Stock (LfU, T 1): Ich sehe jetzt einstweilen keine Wortmeldung mehr. Dann möchte ich die Gelegenheit benutzen – E074 war dran, Sie erhalten nicht nochmal das Wort –, ich möchte noch ein paar Anmerkungen machen. Ja, wir machen jetzt Mittagspause, aber vorher möchte ich noch ein paar Anmerkungen machen. Es wurde verschiedentlich angemerkt oder hinterfragt, ob es sich bei diesem Erörterungstermin um einen demokratischen Prozess handelt. Ich möchte darauf mich dahingehend äußern, dass dieser Erörterungstermin auf der Grundlage des Bundes-Immissionsschutzgesetzes und der 9. Verordnung zum Bundes-Immissionsschutzgesetz durchgeführt wird. Das sind Rechtsnormen, die nach einem verfassungsmäßig vorgeschriebenen Prozess zur Anwendung gekommen sind und umgesetzt wurden. Das sind die Prinzipien, nach denen in der Bundesrepublik Deutschland Demokratie umgesetzt wird. Insofern kann ich konstatieren: Jawohl, dieser Erörterungstermin ist ein demokratisches Verfahren. Ich möchte weiterhin anmerken, auch diese Frage wurde des Öfteren in den Raum gestellt,

die Verfahrensstellen des Landesumweltamtes sind weder Interessenvertreter der Einwender, noch sind sie Interessenvertreter des Antragstellers. Die Aufgabe der Genehmigungsverfahrensstellen besteht darin, auf der Grundlage der geltenden gesetzlichen Bestimmungen zu einer Entscheidung zu gelangen. Das Qualitätskriterium für diese Entscheidung ist für uns, dass diese Entscheidung einer möglichen späteren verwaltungsgerichtlichen Klärung standhalten muss. Das gilt nicht nur für dieses Verfahren, sondern für alle anderen Verfahren auch. Und es sind im Verlaufe des bisherigen Erörterungstermins doch aus meiner Sicht eine ganze Reihe von Hinweisen gekommen, die wir gerne entgegennehmen werden. Dafür sind wir auch ausgesprochen dankbar. [...]. Und ich denke, die letzten Stunden ab 10.30 Uhr haben doch auch gezeigt, wie fruchtbar fachliche Diskussionen sind, wenn konkrete Fragen gestellt werden, wenn wir uns beschränken können auf fachliche Erörterungen und konkrete Fragen ohne emotionale Aufwallungen, die zu einer inflationären Flut von Befangenheitsanträgen führen, ohne Wortklaubereien, ohne das Verbreiten von offensichtlichem Unsinn wie zum Beispiel, dass TESLA Kriegswaffen produzieren würde, und vor allen Dingen – auch diese Bemerkung kann ich mir nicht verkneifen – ohne dieses theatralische Gelächter, von dem die ersten Tage des Erörterungstermins gekennzeichnet waren. Warum erzähle ich Ihnen das alles? Das ist mein Abschiedsgeschenk für Sie. Ich werde jetzt den Erörterungstermin verlassen und Dr. Zschiegner wird an meiner Stelle ab der Mittagspause weitererörtern. Ich meine, es ist auch schon verkündet worden, wie wir jetzt weitermachen. Insofern, ja, ich weiß jetzt nicht so richtig, ob ich mich bedanken soll und bei wem, aber ich wünsche Ihnen noch weitere fruchtbare Diskussionen, noch weitere fachliche Aufklärung und – das ist jetzt, ja, mein ganz persönlicher Wunsch – wir sollten alle pfleglich miteinander umgehen. (Applaus) [...] Ich wünsche

Ihnen allen noch einen erfolgreichen Erörterungstermin. Damit gehen wir in die Mittagspause. (Applaus)

Eine Zäsur? Beginnen neue Zeiten beim Erörterungstermin? André Zschiegner, der vorher schon die Reihen des Landesamts für Umwelt verstärkt hatte, wechselt nun auf den Stuhl des Verhandlungsleiters.

Aus dem Wortprotokoll

Verhandlungsleiter Herr Dr. Zschiegner (LfU, T 1): So, meine Damen und Herren, ich würde gern fortfahren. Okay. Also ich darf Sie sozusagen durch den weiteren Termin als Ihr Verhandlungsleiter führen. Ich glaube, zu meiner Person muss ich jetzt nichts mehr sagen, wir wurden ja schon vorgestellt. Wie gesagt, mein Name ist Zschiegner, bin am Landesumweltamt in Cottbus Referent in der Genehmigungsverfahrensstelle. Das hat den Vorteil, dass ich erst mal primär mit dem Vorhaben nichts zu tun habe, was sicherlich im Zusammenhang mit einer Verhandlungsleitung eines solchen Erörterungstermins keine grundsätzlich schlechte Eigenschaft ist.

Die Trockenheit treibt die Einwender im Saal um, das Wasser würde in der Region immer weniger. Es klingt wie ein Beschwörungschor, was Einwender nach der Mittagspause vorbringen. Das Löcknitztal, ein Naturschutzgebiet, sei in Gefahr, wenn Tesla als neuer Wasserverbraucher hinzukäme. Eine Bewohnerin aus der Nachbargemeinde Erkner bemerkt, der Wasserspiegel der Seen würde sinken, die Spreewiesen lägen trocken. Tesla versichert zum wiederholten Mal, der Wasserbedarf sei überschaubar, außerdem würde das Wasser wieder recycelt und zurückgeführt. André Zschiegner, das bemerke nicht nur ich, pflegt als Verhandlungsleiter einen anderen Stil als sein Vorgänger. Er bescheinigt den Einwendern wiederholt eine wichtige Rolle im Verfahren wegen ihrer Ortskenntnisse, das sei für die Behörde hilfreich für ihre Umweltverträglichkeitsprüfung, im Gegensatz dazu kritisiert er auch mal Tesla, wirft der Firma schlechten Stil vor, wenn sie noch nicht einmal Gutachten für ihre vorgebrachten Entlastungsgründe dabeihat. Als ich an diesem Tag die Stadthalle in Erkner verlasse, sehe ich zum ersten Mal entspannte Gesichter. Wird es nun morgen sachlicher weitergehen?

Dienstag, der 29. September:
Der fünfte Tag der Erörterung

Der Eindruck vom Vortag hat nicht getrogen. Tatsächlich geht es jetzt freundlicher, aber auch zügiger zur Sache. Der Punkt Wasser ist noch nicht abschließend behandelt. Unter diesem Sammelbegriff verbergen sich Flächenverbrauch/Versiegelung, Altlasten, Stoffeinträge, in Klammern steht da Phenol, Salzwasser, Pfähle, Wasserhaushalt, Gefährdung Schutzgebiete durch Wasserentnahme, Wasserversorgung, Versorgungssicherheit, Abwasserentsorgung. Viele Einwendungen drehen sich ja um diese Problemfelder. Und wieder wird beklagt, dass das Baugelände vorher nicht gründlich geohydrologisch untersucht wurde, warum Pfähle, wenn man nicht genau weiß, wo hinein man sie genau rammt, Altlastenuntersuchung sei ungenügend gewesen, nur alte Messpunkte berücksichtigt, damals, als BMW das Gelände angeboten wurde, der Ausgangszustandsbericht dieser damaligen Firma sei berücksichtigt, berichten Firmenvertreter von Fugro, die die Untersuchungen von einst bereithalten. Aber ..., doch wieder viele »Aber« ... Wie sieht es um unsere Hausbrunnenanlagen aus, wenn Tesla in Zukunft zusätzlich Wasser verbraucht? Und immer wieder der Salzwasseraufstieg, der von vielen bei Pfählung des zukünftigen Presswerkes befürchtet wird. Durch Frischwasserzuführung könne die Auflast verstärkt werden und damit das sich in tieferen Schichten befindliche Salzwasser zurückgedrängt werden, sagt Tesla. Ich verstehe davon nicht viel, kann mir aber vorstellen, das Frischwasser wie Gewichte wirkt, die in den Boden eingelassen werden. »Und wenn es brennt?«, will ein Einwender wissen. »Gibt es Schutzkonzepte, Sprinkleranlagen, genug Brandmelder bei einer eventuellen Batterieproduktion vor Ort. Schutzvorrichtungen? Ist das Löschwasser bei dem Wasserbedarf mitgerechnet?« Man verhakt sich wieder in Details. Die angegebene Anzahl von Pfählen, richtig? Oder werden neue Angaben wieder verändert? Wird wieder korrigiert? Und die Phenolblase aus alten Zeiten in Erkner, Phenol, das ja krebsfördernd ist, auch das müsse mit Monitoring beobachtet werden. Um das Problem wisse man, ein Sondermesssystem, so Tesla, sei vorhanden. Viele Fragen bleiben unbeantwortet, die Antworten fallen oft vage aus. Die Dürrestudie des Helmholtz-Instituts bringt eine Einwenderin zur Sprache. Man müsse sie überall auslegen. Alarmierende Zahlen seien das. Eine dunkle Wolke scheint das Neonlicht in der Halle zu verdunkeln. Düstere Vorahnungen werden laut. Haben wir dann überhaupt noch Wasser für alle? Ein Zauberwort fällt noch: die Umkehrosmose, die Umwandlung von Schmutzwasser in Trinkwasser durch Filteranlagen. Könne man das Abwasser von Tesla über die Kanalisation ableiten und dann reinigen?

Aus dem Wortprotokoll

Einwenderin mit der Kennung 383: E383 mein Name, Sie dürfen auf-zeichnen. Ich würde gerne für diejenigen hier im Raum ein Gesetz vorlesen, damit auch wir alle auf dem gleichen Stand sind wie Sie.

Verhandlungsleiter Herr Dr. Zschiegner (LfU, T 1): Ich hoffe, Sie meinen nur einen Paragrafen und nicht ein ganzes Gesetz.

Einwenderin mit der Kennung 383: Natürlich nur einen Paragra-fen eines Gesetzes.

Verhandlungsleiter Herr Dr. Zschiegner (LfU, T 1): Gut, dann.

Einwenderin mit der Kennung 383: Das ist der §1 Bundes-Immis-sionsschutzgesetz. Erstens: »Zweck dieses Gesetzes ist es, Menschen, Tiere und Pflanzen, den Boden, das Wasser, die Atmosphäre sowie Kultur und sonstige Sachgüter vor schädlichen Umwelteinwirkun-gen zu schützen und dem Entstehen schädlicher Umwelteinwirkun-gen vorzubeugen.« Zweitens: »Soweit es sich um genehmigungsbe-dürftige Anlagen handelt« – und das ist ja hier gegeben –, »dient dieses Gesetz auch der integrierten Vermeidung und Verminderung schädlicher Umwelteinwirkungen durch Emission in Luft, Wasser und Boden unter Einbeziehung der Abfallwirtschaft, um ein hohes Schutzniveau für die Umwelt insgesamt zu erreichen, sowie dem Schutz und der Vorsorge gegen Gefahren, erhebliche Nachteile und erhebliche Belästigungen, die auf diese Weise herbeigeführt wer-den.« Das ist das Gesetz, von dem wir hier reden. Das ist der §1. [...] Jetzt muss ich dazu sagen, ich komme nicht aus Brandenburg, ich komme aus Rheinland-Pfalz. Ich wohne tatsächlich in Lud-wigshafen am Rhein. Dort gibt es die Firma BASF, die wird jedem bekannt sein, zieht jetzt ja auch gerade rüber in die Lausitz. Das ist die größte Chemiefirma der Welt und ich kenne diese Stadt nur unter diesem Zustand, dass diese BASF immissionsrechtlich oder wie auch immer Schadstoffe ohne Ende in diese Stadt hineinbläst, und ich sehe natürlich auch deren Schäden seit ungefähr 30 Jahren. Also ich beobachte das mit meinen eigenen Augen. Jetzt haben wir hier eine strukturell, also von der Infrastruktur her haben wir ein Erholungsgebiet und ein Touristengebiet und wir reden hier von einer Strukturänderung, ein Strukturwandel, der negativer nicht sein könnte als das, was hier in diesem Gesetz steht. Ich stelle Ihnen hiermit die Frage, ob das mit dem, worüber wir hier reden, über Kleinteile, über ein bisschen Luft und ein bisschen dies und ein bisschen das, überhaupt mit der Raumordnung zu vereinbaren ist, mit dem Raumordnungsgesetz. Wir haben hier einen Biotopenverbund, und wenn ich mir vorstelle, was hier geschieht, wenn irgendwann mal 50.000 Lkws durch diese Gegend donnern, dann brauchen Sie mir nicht erklären, ob das irgendwie gefiltert wird oder ob gemessen. Hier wird alles kaputt gehen, alles. (Applaus) [...] Ich stelle Ihnen die Frage als Landesamt für Umwelt: Was ist mit §1 Bundes-Immissionsschutzgesetz im Zusammenhang mit dieser gesamten Infrastruktur?

Verhandlungsleiter Herr Dr. Zschiegner (LfU, T 1): Ich würde mir anmaßen, für das Landesamt für Umwelt zu antworten. Also zum einen vielleicht der Hinweis am Rande: Die BASF ist uns Brandenburgern durchaus auch bekannt, ...

Einwenderin mit der Kennung 383: Ich weiß.

Verhandlungsleiter Herr Dr. Zschiegner (LfU, T 1): ... denn sie hat seit 1990 einen Standort in Schwarzheide.

Einwenderin mit der Kennung 383: Ich weiß.

Verhandlungsleiter Herr Dr. Zschiegner (LfU, T 1): Der zufälligerweise dann auch unter meine Tätigkeit mit fällt.

Einwenderin mit der Kennung 383: Aber auf einer Industriebrache gelegen.

An diesem Tag sehe ich auch einen alten Bekannten wieder. Ach was, alter Bekannter. Albrecht Köhler sitzt da im Vorraum zum Saal der Stadthalle und erkundet, was heute passiert. Auch für sein Netzwerk, für die Initiative GrünheideForFuture, ist er heute Kundschafter. Wir sitzen an einer Seitenwand der Stadthalle auf einem ausrangierten Sofa, das hier einfach so rumsteht. Wie sind seine Eindrücke heute, will ich von ihm wissen. Na, heute sei es doch sachlicher zugegangen, nicht Tumulte und Buhrufe wie am ersten Tag. Ja, die Wasserproblematik, das sei ja das alles bestimmende Thema, er sehe das aber ziemlich gelassen, anders als viele Einwender, die aus der Region kommen. Es gäbe auch technische Lösungen für die angesprochenen Probleme. Und die Phenolblase? Die sei Bestandteil des Lebens in Erkner. Schon lange: »Wenn man irgendwie einen schlechten Tag erwischt hat und übers Wasser schippert, dass das sehr ausgeprägt riecht und man es auch sieht«, weiß er zu berichten. Zur Erörterung selbst, wie schätzt er diese Veranstaltung ein? Kann sie Tesla noch kippen? Auch hier ist er ganz unaufgeregt und zuversichtlich. »Man wird die eingewandten Punkte jetzt mit aufnehmen und in die Fachbehörden tragen, [...] wird das analysieren und letzten Endes wird das dazu führen, dass noch andere Auflagen gemacht werden.« Also das Werk käme auf jeden Fall, vielleicht etwas verzögert, wegen ein paar Korrekturen am Bauplan. Und sein Verein, den er mit anderen einen Tag vor der Erörterung gegründet hat, hake ich nach. »Was wird er dann für eine Rolle spielen?« – »Mit dem Tesla-Werk ist das eine Zukunft, die wir gestalten können.« Da würde er sich wünschen, dass Menschen, die Tesla kritisch sehen, wie eben die Einwender, mitmachten. Und für den neuen Verein, der nun auch an den Netz-Werk-Laden in Grünheide angebunden ist, gäbe es schon Ideen für

Veranstaltungen. Die Teststrecke, die Tesla auf dem Gelände für autonomes Fahren einrichten will, wollten sie hinterfragen. Zum Beispiel beim Deutschen Zentrum für Luft- und Raumfahrt könne man sich ja über den Sachstand informieren lassen, ob so was in Grünheide Sinn mache oder nicht. Ja, ja, Albrecht Köhler wirkt ganz cool, als er mir das auf diesem abgestellten Sofa an einer Wand der Stadthalle erzählt. »Und vor mir donnert die Zukunft vorbei«, denkt er vielleicht, wenn wieder ein Zug heranrauscht.

Mittwoch, der 30. September:
Der sechste Tag der Erörterung

Immissionsschutz steht heute auf der Tagesordnung, 3 Punkt 3. Vielleicht kommt man heute noch zu 3 Punkt 4: Verkehr und Infrastruktur. Ich sitze nach der üblichen Einlassprozedur wieder an meinem Tisch im Vorraum, direkt vor dem Monitor, riskiere einen Blick in die Stadthalle. Heute verlieren sich die wenigen Einwender geradezu im großen Saal. Wirken wie verloren im grellen Neonlicht. Es gab da noch etwas, das wird heute vom Einwender Werner Klink in einen Antrag gegossen. Geohydrologischer Experte, wie mir andere aus dem Einwenderkreis gesagt hatten. Die Fugro-Unterlagen sollten überprüft werden, die Unterlagen der Firma, die die Geologie und Baugrundverhältnisse betreffen. Läge ja schon lange zurück. Auch beim Immissionsschutz gehen die Einwender ins Detail. Luftschadstoffe? Wie steht es um die Messungen? Gibt es weitere Emittenten? Warum soll der Schulkomplex in der weiteren Nachbarschaft des zukünftigen Werkes, das Löcknitz-Campus, bei Messungen nicht berücksichtigt werden? Schallschutzprobleme? Eine Lärmwand für die Wasserfassung Hohenbinde wird gefordert. Höheres Verkehrsaufkommen sei auf den umliegenden Landstraßen, auf der vorbeiführenden A 10 zu erwarten. Wie mit steigenden Lärmpegeln umgehen? Sind Geruchsbelästigungen zu erwarten? Lässt sich nur mit der eigenen Nase überprüfen. Wo werden die Nasenproben herkommen? Nicht nur im Werk, sondern im Umkreis von sieben Kilometern wird verlangt. Weiter wird akribisch nachgefragt. Erschütterungen bei Rammarbeiten auf dem Gelände seien mehr zu beachten als verstärkter Lkw-Verkehr. Dass würde man nur auf dem Werksgelände spüren, sagt Tesla, die Anlagensicherheit sei gewährleistet etc., und man würde als Schutz für Insekten die Außenbeleuchtung des Werkes entsprechend auslegen. Schließlich gäbe es auch ein Störfallgutachten. Aber wie ist man gerüstet, wenn der Strom ausfällt? Ja, die Störfälle, nun sind die Einwendungen nicht mehr weit entfernt von Bedenkenträgerei. Oder doch nicht? Wie könne man z. B. das Werk gegen Flugzeugabstürze sichern, schließlich sei der neue Flughafen Berlin-Brandenburg nicht so weit von Grünheide entfernt?

Aus dem Wortprotokoll

Einwenderin mit der Kennung 388: Ja, guten Tag! Die Nummer ist 388. Es geht jetzt nochmal um Emissionen, verstehe ich Sie richtig?

Verhandlungsleiter Herr Dr. Zschiegner (LfU, T 1): Es geht um Schallemissionen. Die restlichen Emissionen werden zum Teil noch bearbeitet oder sind zum Teil schon abgearbeitet.

Einwenderin mit der Kennung 388: Ich kann das vielleicht jetzt ganz schnell sagen, was mir nochmal am Herzen liegt, und zwar es geht um Emissionen grundsätzlich. Wir befinden uns hier, wie schon gesagt worden ist, in der Flugschneise vom Berlin-Großflughafen und der wird aufgemacht und dann ist hier oben mit einem erhöhten Flugzeugvorkommen zu rechnen. Meine Frage wäre, ob die Möglichkeit, die erhöhte Wahrscheinlichkeit eines Flugzeugabsturzes über dem Gelände der Fabrik berücksichtigt worden ist, ob das absichtlich oder per Unfall geschehen sollte? Weil – in diesem einen Fall wären große Immissionen zu befürchten von allen möglichen Arten, die dann die Bevölkerung hier beeinträchtigen werden. [...].

Verhandlungsleiter Herr Dr. Zschiegner (LfU, T 1): E339, Sie haben das Wort.

Einwenderin mit der Kennung 339: Ja, E339. Ton und Bild ist okay. Nun bin ich nicht ganz auf dem Laufenden, unter Umständen, weil ich gestern eine Dreiviertelstunde fehlte. Das ist viel Zeit hier. Insofern ist meine Frage eigentlich, diese Geruchsemissionen sind ja so eine Sache, wo ich gar nicht weiß, wie man die bewertet. Vielleicht wurde gestern darüber gesprochen, vielleicht auch nicht. Ich würde gerne mal wissen, welche Bewertungsmaßstäbe es dort gibt und welche Möglichkeiten für mich als Bürger bestehen, Messstationen aufzubauen, um am Ende nachweisen zu können, dass es eine Geruchsbelästigung gibt. Ich weiß aus dem Wohnungsbau, ist das immer sehr schwierig, da ist so eine, ja, liegt im persönlichen Ermessen, deshalb frage ich mich, es muss ja eine Bewertungsgrundlage geben, die ich aber einfach nicht kenne. Vielen Dank!

Verhandlungsleiter Herr Dr. Zschiegner (LfU, T 1): Also das ist ein ganz spannendes Thema, das habe ich schon mal praktisch erlebt und war da auch einigermaßen fast schon amüsiert. Vielleicht gibt es einen Experten bei uns, der das – Entschuldigung, ja, es gibt natürlich einen Experten. (lacht) Herr Wohlfahrt (LfU, T 14).

Wohlfahrt (LfU): Also, ja, das ist wirklich ein spannendes Thema und sicherlich in fünf Minuten hier in dem Rahmen schlecht *zu erklären. Ein Messverfahren, ein objektives, was Gerüche messen kann, gibt es im Moment nicht. Man bedient sich da tatsächlich der menschlichen Nase. Das ganze Verfahren nennt sich dann Olfakto-metrie. Das muss man sich so vorstellen, dass, wenn man jetzt Quellen vermisst, dort tatsächlich Probeluft entnommen wird, die wird entsprechend verdünnt und Probanden als Riechprobe verabreicht. Ja, das klingt jetzt ein bisschen ungewöhnlich, es ist aber wirklich ein genormtes Verfahren. Es gibt wirklich eine ganze Reihe von Richtlinien. Das ist auch in den letzten Jahren immer mehr verfeinert worden. Das sind tatsächlich anerkannte Verfahren mit Qualitätssicherung.*

Ungewöhnliche Dinge kommen da zur Sprache. Aber gehören sie nicht auch zu dem Punkt Immissionen oder Störfälle? Ich erinnere mich an die Diskussion um die Atomkraftwerke, die wir seinerzeit führten. Ist es sicher, wenn ein Flugzeug auf einen dieser Meiler fällt? Damals hatte man sich auch wegen dieses zwar sehr unwahrscheinlichen Schadenfalls unter anderem auch für die Abschaltung dieser Monster entschieden. Aber eine Autofabrik? Natürlich hinkt der Vergleich, aber dass so ein Flugzeug einmal vom Himmel auf Tesla fällt, ist so unwahrscheinlich nicht, nicht weit entfernt hat gerade der Großflughafen Berlin-Brandenburg seinen Betrieb aufgenommen und in Erkner hört man schon sehr deutlich die anfliegenden Maschinen.

In einer längeren Pause an diesem Tag bin ich mit Werner Klink verabredet. Er sei bei größeren Versammlungen immer so aufgeregt, hatte mir eine Frau aus der Bürgerinitiative verraten, er habe wirklich Ahnung von Grund und Boden des Geländes, er, der studierte Geohydrologe, und in einem ruhigen Gespräch sei er genau der richtige Mann, um mich über die Geheimnisse des

Grundes – oder ist es ein Ungrund? – des Tesla-Werkes aufzuklären. Ich bin gespannt und auch sehr neugierig. Endlich erfahre ich etwas Substanzielles über die verschiedenen Stockwerke der Erde da unten. Der Baugrund, ja, ja ... »Der Baugrund«, holt er zu einem kleinen wissenschaftlichen Vortrag aus, »ist sehr unterschiedlich. Man kann es in den Alpen noch sehen, wenn die Gletscher weg sind, [...]. Es gibt Sandhorizonte, [...] das sind eben die sogenannten Geschiebemergel, die sind sehr kalkhaltig, nahezu wasserundurchlässig, [...] und die dienen einmal dazu, Grundwasserleiter [...] nach unten abzuschirmen, [...] und es gibt auch lokale Tone, die sich ablagern können. Es schützt nach oben und nach unten, und es ist Vorschrift, man darf die Natur eigentlich nicht zerstören, man darf diese schützenden Schichten nicht durch, eh, das heißt, wenn ich bohre, bin ich verpflichtet, genau diesen Zustand wieder herzurichten.« Also, so verstehe ich ihn, man müsse Löcher, die man in den Boden ramme, wieder auffüllen, die schützenden Schichten jedenfalls durch andere Abdichtungen sichern. »So verpölen«, wie er sich fachmännisch ausdrückt, »dass keine Durchlässigkeiten entstehen.« Das seien Gesteinsformationen, die in der Eiszeit entstanden seien, »30 bis 200 Meter mächtig«. Er spricht dann von drei Eiszeiten, die sich bis nach Sachsen-Anhalt auswirkten, die Weichseleiszeit, die Saaleeiszeit, die Elstereiszeit, die Gesteine, die das Eis mit sich führte, bei Wärmeperioden dazwischen, frei gab. Darunter sei Ruppelbasissand, das seien feine Sande, die enthielten in der Regel Salzwasser. Ja, fällt mir jetzt wieder ein, hier war ja einmal in Urzeiten das Meer.

Immer wieder geisterte das Wort vom Ruppelton durch die Debatten. Was das denn nun sei, will ich wissen »Ruppelton, [...] der ist verbreitet von Hamburg bis fast in die Lausitz, flächendeckend, [...] das ist eine Schicht, die schützt alle Grundwasserleiter oberhalb, weil da drunter, ist ganz sicher Salzwasser.« Nun sind wir beim »Salzwasseraufstieg«, der befürchtet wird. Eine Gefahr, denke ich, nicht aus dem All, sondern aus den Tiefen der Erde, das Salz, wenn es nicht da bleibt, wo es jetzt ist. Wenn der Ruppelton in seiner Struktur durch Bohrungen gestört wird. »Ich habe Indizien, dass die Gefahren bestehen, man aber dazu keine Untersuchungen durchgeführt hat. Weder in der Vergangenheit noch jetzt, um zu klären, wie groß die Gefahr ist. Und wenn ich jetzt einfach ›blind‹ sage, ich setze das Werk da drauf, da kann man sicher sein, da passiert irgendwas, allein durch diese große Versiegelungsfläche aktiviere ich Wasserbewegungen im Untergrund.«

Malt mein Experte ein Menetekel an die Wand? Man habe zwar in der Erde ein bisschen herumgekratzt, aber Tiefenbohrungen hätten ja gar nicht genügend stattgefunden, auch Grundwassermessstellen seien Mangelware in unterschiedlichen Tiefen der Erde, »Stockwerke«, wie er sagt. In den Brunnen der Hohenbinder Straße in Erkner würde Trinkwasser aus den obersten Wasseradern gewonnen. »Wenn Salzwasser dort angekommen ist, ist alles zu spät, dann können sie nur noch alles zuschmeißen dort und woanders hinziehen.« Nicht Zukunft für Grünheide, Endzeit würde das dann für die Gemeinde sein, ist seine düstere Prophezeiung.

Donnerstag, der 1. Oktober: Der siebte Tag der Erörterung

An sieben Tagen hat Gott die Welt erschaffen, aber das Tesla-Werk in Grünheide wird an diesem Tag bestimmt nicht das Licht der Welt erblicken. Diesmal sind noch 24 Einwender in dem großen Saal der Stadthalle Erkner verteilt. Einsam ist es dort geworden, aber eine Einwenderin von gestern ist heute wieder da und sie beklagt die Ungleichbehandlung von Einwendern und Behördenvertretern bei Verfahren wie diesen »Erörterungen«.

Aus dem Wortprotokoll

Verhandlungsleiter Herr Dr. Zschiegner (LfU, T 1): So, einen schönen guten Morgen, meine Damen und Herren! Wir setzen unseren Erörterungstermin zum Vorhaben der Firma TESLA fort. Wir sind am Punkt »Verkehr«, immer noch. Ich habe jetzt noch genau drei Redebeiträge dazu, die würde ich noch zulassen und dann würde ich das Thema auch als hinreichend erörtert abschließen wollen vor dem Hintergrund dessen, was ich gestern schon sagte, dass die Fragen des Verkehrs jetzt nicht primär solche sind, die in dieses Verfahren gehören, sondern tatsächlich eher in das B-Plan-Verfahren, das ja noch läuft. [...]

Einwenderin mit der Kennung 184: Ich möchte noch was zum Verfahren sagen.

Verhandlungsleiter Herr Dr. Zschiegner (LfU, T 1): Dann in aller Kürze, also mit Mikro natürlich. Hat man einmal ein Mikro?

Einwenderin mit der Kennung 184: Ja, E184. Ich möchte das, was ich gestern ohne Mikro gesagt habe, hier nochmal wiederholen. Ich bitte darum, mehr Respekt für die Einwender hier entgegenzubringen und nicht zu sagen: »Vielleicht seid ihr ja morgen, wenn ihr Lust habt, noch da.« Viele Einwender haben nicht zusätzlich Urlaub gekriegt. Sie kriegen Ihre Arbeitszeit hier bezahlt, wir nicht, und da bitte ich doch um Respekt für die Einwender.

Verhandlungsleiter Herr Dr. Zschiegner (LfU, T 1): E184, ich hatte mir wirklich überlegt, ob ich dazu was sage, aber wenn Sie mich jetzt wirklich dazu herausfordern, dann will ich das gern tun. Das war gestern überhaupt nicht respektlos gemeint und gedacht. Ich kann Ihnen sagen, ich bin für diesen Termin hier tagtäglich mindestens fünf Stunden bis zu sechs Stunden mit dem Auto unterwegs, dann bin ich hier und meine Arbeitszeit endet nach zehn Stunden. Das heißt, ich mache hier auch jede Menge Überstunden, die ich nicht bezahlt bekomme. Das ist der erste Punkt. Ich sehe seit über einer Woche meine Kinder faktisch gar nicht mehr. Auch das bitte ich zu berücksichtigen. Und was ich noch sagen möchte: Es kommt durchaus auch mal vor, als Mitarbeiter des Umweltamtes ist man auch nicht davor gefeit, möglicherweise auch mal auf der Seite des Tisches zu sitzen, und ich kenne eine Menge Kollegen, die waren auch schon Einwender in einem Verfahren. Das heißt, ich weiß nicht, woher Sie den Anspruch nehmen, dass das für uns dann anders ist. Dann müssen wir auch Urlaub nehmen. Und insofern bitte ich auch, ein bisschen unsere Perspektive zu berücksichtigen, und damit ist das Thema für mich beendet.

Ein Donnergrollen, aber ein schwaches Donnergrollen, das Gewitter zog in der Ferne vorbei und André Zschiegner will sich nicht wie sein Vorgänger auf Provokationen einlassen, sondern den sachlichen Ton der Vortage beibehalten. Das wirkt dann auch und die noch offenstehenden Punkte können zügig abgearbeitet werden. Na, da war doch noch was, der Verkehr immer noch, Tesla gibt Auskunft, wie man sich auf mehr Verkehrsaufkommen rund um das Werk vorbereiten wird. Drei Schichten seien geplant, um Anfahrt und Abfahrt vom Werk zu entzerren, von sechs Uhr morgens bis 14 Uhr, dann von 14 Uhr bis 22 Uhr, dann wieder bis sechs Uhr morgens am nächsten Tag. Vorerst kämen viele Menschen mit dem Pkw, der Bahnhof Fangschleuse würde erst später hin zum Werk verlegt und auch neue Autobahnabfahrten seien geplant, eine temporäre Ausfahrt direkt zum Werk und zurück, aber nur für Angestellte. Deswegen würde sie mit einer Wendeschleife für Falschfahrer vorgesehen. 3.000 Pkw-Stellplätze auf Werksgelände würden eingerichtet, keine Angaben kann Tesla zu Radstellplätzen machen, die aber auch kommen sollen.

Es wird in Freienbrink-Nord und Umgebung der Bär toben, denke ich mir, wenn 4.200 Pkws pro Schichtwechsel auf den Straßen unterwegs sind. Beruhigung aus dem Tesla Lager: Landstraßen würden verbreitert, mehrspurig ausgebaut.

Bebauungsplan, Raumordnungsrecht, ein neuer Punkt. Wieder geht es um Grundsätzliches.

Aus dem Wortprotokoll

Einwenderin mit der Kennung 383: Wie auch immer. Ich war noch lange nicht fertig, was das Raumordnungsrecht betrifft. Jetzt muss ich nochmal zu Ihnen, Herr Christiani, kommen: Raumordnungsrecht. Also, ich weiß das von vielen Anwohnern hier, die gesagt haben, sie sind hierhergezogen, weil Sie als Bürgermeister mit dem Wohnen im Grünen geworben haben. Das kann ich vollkommen nachvollziehen. Das hätte ich wahrscheinlich dann auch gemacht, schön am See wohnen und so. Jetzt weiß man natürlich, dass einige Seen mit Grundwasser versorgt werden. Es gibt große, große Wasserprobleme und hier gibt es vom Januar, 17.01.2020, eine Äußerung von Ihnen gegenüber einer Zeitung. Hier liegt sie, hier ist sie. Da heißt es: »Vor 20 Jahren haben wir diesen Bebauungsplan für eine Industrieansiedlung gemacht.« [...] Da steht jetzt Industrieort. Also wir haben es nicht mehr mit einer Gemeinde zu tun, wir haben es mit einem richtigen großen Ort zu tun und ich zitiere Sie weiter: »Seitdem warten wir darauf, dass dies geschieht.« Jetzt frage ich Sie: Haben Sie die Anwohner, die hier gekauft haben, mit Wohnen im Grünen, darauf hingewiesen, dass Sie seit 20 Jahren darauf warten, daraus einen Industrieort zu machen? (Applaus)

Verhandlungsleiter Herr Dr. Zschiegner (LfU, T 1): E383, das ist/
Einwenderin mit der Kennung 383: Ist ein Raumordnungsthema.
Verhandlungsleiter Herr Dr. Zschiegner (LfU, T 1): Das ist kein Raumordnungsthema.
Einwenderin mit der Kennung 383: Herr Zschiegner, das ist ein Raumordnungsthema.
Verhandlungsleiter Herr Dr. Zschiegner (LfU, T 1): Nein, nein, das können wir bestenfalls beim B-Plan-Recht besprechen.
Einwenderin mit der Kennung 383: Das ist ein Plan.
Verhandlungsleiter Herr Dr. Zschiegner (LfU, T 1): Plan ist nicht gleich Raumordnungsrecht. Bebauungsplan hat nichts mit dem Raumordnungsrecht ...
Einwenderin mit der Kennung 383: Okay. B-Plan. Kann er sich bis dahin überlegen, was er antwortet.
Verhandlungsleiter Herr Dr. Zschiegner (LfU, T 1): Genau, dann machen wir das beim B-Plan-Gebiet.

Komplizierte, aber vor allem juristische Fragen sind das. Ich mache mir diesen Reim darauf: Wenn ein Raumordnungsverfahren ansteht, und in seiner Folge dann ein neuer B-Plan aufgestellt werden muss, kostet das Abstimmungsverfahren in beiden Fällen viel Zeit. Mehr Zeit, als Musk für sein neues Werk in Grünheide plant. Das brächte die ganze Planung durcheinander. Zöge sich dann Musk zurück? Für die Landesregierung in Brandenburg wäre das ein Super-GAU. Wird deshalb auch in Erkner nun so erbittert, aber auch leidenschaftlich gestritten? Wie kriegt man die Kuh vom Eis?

Am 23. Februar 2020 in Brandenburg hatten die Gemeindevertreter in einer öffentlichen Sitzung sich auf mögliche Veränderungen im Bebauungsplan verständigt, um so um einen neuen

B-Plan herumzukommen. Eine Täuschung, sagt ein Einwender. »Naturschutzgebiet wird zum Industriestandort« ist die These der Gegner. Einwender fordern eine neue Standortprüfung ein neues Raumordnungsverfahren, mit der Änderung des alten B-Plans, sei es nicht getan. Es geht hin und her. Ein anderer griffiger Spruch kursiert. »Grow Together«, sagen die Befürworter. Beim Landrat ist eine Steuerungsgruppe eingerichtet, um bei negativen Auswirkungen des Tesla-Werkes entgegenzusteuern. »Positiv denken«, heißt es, das Papier soll mit den Unterlagen zu Veränderungen im alten B-Plan veröffentlicht werden, heißt es auch vom Bürgermeister. So spät, monieren Einwender, eine Einwenderin spricht von Geheimverhandlungen.

Aus dem Wortprotokoll

Herr Christiani (Gemeinde Grünheide (Mark)): Christiani für die Gemeinde Grünheide. Also E383, ich kann nicht alle Argumente nachvollziehen. Ich versuche es mal mit dem Grow Together, wo Sie ja sprachen von Geheimverhandlungen mit dem Landrat. Es gibt eine Steuerungsgruppe beim Landrat mit den umliegenden Gemeinden des Landkreises Oder-Spree, wo, glaube, vom Dezember angefangen darüber beraten wurde: Welche Auswirkungen hat die beabsichtigte Ansiedlung des Investors in der Gemeinde Grünheide und den umliegenden Gemeinden? Da sind die Gemeinden und auch Ämter von Oder-Vorland, Fürstenwalde, Spreenhagen, Storkow, Schöneiche, Erkner, Grünheide und Woltersdorf involviert. Alle diese Bürgermeister, die die Gemeinden ja vertreten, haben gemeinsam mit dem Landrat und den entsprechenden Fachbehörden, unter anderem auch die Regionalplanung, beraten: Welches sind Ziele und Möglichkeiten und realistische Ziele und Möglichkeiten, von dieser Ansiedlung zu profitieren? Und wie können die möglichen

Auswirkungen für diese ganze Region, die ich gerade benannt habe, so bewerkstelligt werden, dass sie so wenig wie möglich Auswirkungen auf die Bevölkerung haben? Das war der Grundgedanke. Vom Dezember bis zum März ist dieses Grow-Together-Papier, von dem Sie sprachen, diese 76 Seiten, in dieser Steuerungsgruppe erarbeitet worden. Wenn Sie sagen, das ist nur aus der Presse bekannt, dann informieren Sie sich bitte richtig. Das war sogar Bestandteil einer öffentlichen Präsentation im Kreistag. [...] Da ist aus der Presse bekannt geworden, dass wir an so etwas arbeiten. Gucken Sie sich bitte das Erstellungsdatum an. Und es ist leider Gottes nicht zu der öffentlichen Präsentation in der Task Force beim Ministerpräsidenten gekommen, weil die Task Force seit der Corona-Pandemie ja nur noch in Videoschaltung war.

Einwenderin mit der Kennung 383: Der böse Corona.

Verhandlungsleiter Herr Dr. Zschiegner (LfU, T 1): E383. Herr Christiani (Gemeinde Grünheide (Mark)): Also/

Einwenderin mit der Kennung 383: Ist doch wahr!

Verhandlungsleiter Herr Dr. Zschiegner (LfU, T 1): Nein, nein, Moment, Moment. Wie gesagt, Sie fordern/

Einwenderin mit der Kennung 383: Ich meine, sowas kann man trotzdem veröffentlichen. [...] Na ja, ich meine, es wird sehr viel auf Corona geschoben. Ich halte das für unzulässig, tut mir leid.

Verhandlungsleiter Herr Dr. Zschiegner (LfU, T 1): Das können Sie gern für unzulässig halten, aber meines Erachtens ist das schon eine schwierige Situation zu dieser Zeit gewesen und ich finde das völlig nachvollziehbar, dass da bestimmte Dinge nicht stattgefunden haben. Also insofern würde ich mir bitte diesen Unterton verbitten. Sie können gern hier sachlich auftreten. Das tun Sie auch überwiegend, da bin ich auch sehr glücklich mit.

Einwenderin mit der Kennung 383: Das ist nett, danke.

Verhandlungsleiter Herr Dr. Zschiegner (LfU, T 1): Aber das Level brauchen wir hier nicht, ehrlich nicht.

Einwenderin mit der Kennung 383: Ist gut, kein Problem.

Verhandlungsleiter Herr Dr. Zschiegner (LfU, T 1): Gut, danke für Ihr Verständnis. Dann, Herr Christiani, setzen Sie bitte fort.

Herr Christiani (Gemeinde Grünheide (Mark)): Danke schön. Christiani für die Gemeinde Grünheide. Inwieweit die an den Gesprächen in der Steuerungsgruppe beteiligten Kommunen in ihren Gemeindevertretungen, Stadtverordnetenversammlungen, Amtsausschüssen dieses Grow-Together-Papier öffentlich der Bevölkerung bekannt gegeben haben, das entzieht sich meiner Kenntnis. Ich weiß aber auf jeden Fall, in der Gemeinde Grünheide ist es bekannt, [...]. Ein Resultat aus diesem Grow-Together-Papier ist unter anderem die IVV-Studie zum Fachbeitrag »Verkehr«, die der Gemeindevertretung in einer öffentlichen Sitzung in der Gemeinde Grünheide am 10.9. vorgestellt wurde, und die ich gemeinsam mit der Landesentwicklungsgesellschaft und dem vortragenden Ingenieur der IVV auch dem Infrastrukturausschuss des Landtages schon vorgestellt habe. Dass diese Unterlagen noch nicht veröffentlicht sind, bitte ich zu entschuldigen, aber das haben wir auch hier schon mal erläutert. Ab dem morgigen Tag, ab 2.10., werden Sie für die vorgeschriebene Frist in der Gemeinde Grünheide und im Internet der Gemeinde Grünheide veröffentlicht. [...] Danke.

In der Mittagspause dieses Tages stellt sich der nun nicht mehr so neue Verhandlungsleiter André Zschiegner den Pressevertretern. Er taucht in unserem Vorraum auf, auch TV-Kollegen sollen jetzt Gelegenheit zu einem Interview haben. Vielleicht draußen? Draußen heißt an einer Längsseite der Stadthalle. Dort baut sich ein Kamerateam auf. Wirklich wichtig bei diesem Gespräch mit den Pressevertretern ist die Frage, wann wohl eine Entscheidung über die endgültige Genehmigung fallen wird, wann die Umweltverträglichkeitsprüfung, um die es hier ja in erster Linie geht, abgeschlossen ist. »Auch das lässt sich ausgesprochen schwierig genau beurteilen, [...] es sind ja doch viele Einwendungen, ergänzende Hinweise vorgetragen worden. Das heißt, die Aufarbeitung dieses Termins wird sehr umfangreich sein, [...] das heißt kurzum, wir werden uns die Zeit nehmen, um alles wirklich rechtlich sauber zu prüfen.« Ob es eine Deadline gebe, will eine Kollegin wissen. Bei einem öffentlichen Verfahren gäbe es eine Entscheidungsfrist von sieben Monaten, referiert André Zschiegner. Also: Warten, abwarten, was beim Erörterungsverfahren herauskommt. Der Horizont für Entscheidungen hat sich ins Ungewisse verschoben. Warten auf Godot? Wer möchte jetzt Genaueres sagen?

Freitag, der 2. Oktober:
Der achte Tag der Erörterung

Am Vortag hatte André Zschiegner gesagt, es wäre doch ein schönes Ziel, wenn man Freitag mit der Erörterung zu Ende käme, bis dahin die Tagesordnung abgearbeitet habe. Ist heute also mein letzter Tag in Erkner? An die S-Bahnfahrten dorthin hatte ich mich inzwischen gewöhnt, sie sogar liebgewonnen. Auf ihrem Weg passiert die Stadtbahn Orte der Verheißung wie Karlshorst, Wuhlheide, Köpenick, Hirschgarten, Friedrichshagen, Rahnsdorf, Wilhelmshagen, grüne Perlen entlang der märkischen Kiefernwälder und Seen, eines der Naherholungseldorados für die geplagten Berliner Großstädter. Entspannt also war ich

ausgestiegen und hatte mich dann in das Getümmel in der Stadthalle gestürzt. Aber ein Getümmel war es ja schon längst nicht
mehr. Heute sind es noch einmal 36 Einwender, übermittelt uns
die Pressesprecherin. Zuvor aber, sagt der Versammlungsleiter
André Zschiegner, um vielleicht auch sie zu beruhigen, man würde auch am Montag in Erkner weiter erörtern, wenn es notwendig sei, und überhaupt, Beruhigung der Gemüter ist sein Ziel an
diesem achten Tag. Eine Einwenderin kommt zu Wort, die den
Ton heute vorgibt.

Aus dem Wortprotokoll
*Einwenderin mit der Kennung 339: Alles gut. Okay. Ja, auch von mir
nochmal einen wunderschönen guten Morgen in die Runde. Ich weiß
gar nicht, wer jetzt alles fehlt. Da es ja gestern doch alles ein bisschen hektisch war und offensichtlich auch zu erkennen war, dass
mir das nicht so lieb war, dass der Artenschutz da nochmal so rein-
gerumpelt ist, würde ich ganz gerne vorneweg nochmal so ein paar
Worte sprechen. Und zwar würde ich eigentlich gern nochmal daran
erinnern, dass alle Leute, die hier im Saal sitzen, eigentlich aus dem-
selben Grund hier sind und dass wir jetzt versuchen, irgendwie nicht
solche Fronten aufzubauen, sondern es geht uns eigentlich allen um
das Gleiche. Wir hatten alle in unserer Kindheit irgendwelche Erfahrungen, Naturbegegnungen, Sachen, die uns hierher gebracht haben,
weshalb wir hier sitzen. Jetzt sitzen wir in verschiedenen Positionen,
so ist es leider, aber grundsätzlich ist, glaube ich, geht es für uns alle
darum, dass wir die Zukunft und die Umwelt gut gestalten wollen
und dass wir versuchen wollen, unsere Welt besser zu hinterlassen, als
wir sie vorgefunden haben. So, vielen Dank dafür erst mal. (Applaus)
Verhandlungsleiter Herr Dr. Zschiegner (LfU, T 1): Also dem
möchte ich ausdrücklich zustimmen für meine Person.*

Einwenderin mit der Kennung 339: (lacht) Genau. So, ich würde ganz gerne mal kurz zusammenfassen, was ich gestern vorgetragen habe und wo ich jetzt auch dran anschließen wollte. Vielleicht nochmal zur Tagesordnung. Wir sind beim Artenschutz und befinden uns – ach so, Ton und Bild ist natürlich, wissen Sie ja, hoffe ich. Ist der aufgezeichnet schon? Ja, okay –, also, genau, wir befinden uns in der Bestandserfassung und ich würde mich ganz gerne zu dem Thema der Bestandserfassung äußern und ich tue das deshalb, weil die Lebewesen, um die es geht, hier leider nicht anwesend sind und nicht mitsprechen können. Deshalb würde ich ganz gerne oder ich würde jetzt erst mal grundsätzlich nur die Reptilien betrachten.

Der Artenschutz ist heute ein wichtiges Thema. 3 Punkt 6 Punkt 2. Die Kartierung des Geländes vor der Rodung war mangelhaft, wird gerügt, das Gutachten der Fachfirma »Natur und Text GmbH«, das von Tesla in Auftrag gegeben wurde, ebenso. Man habe sich zu wenig Zeit genommen für die Bestandserfassung, vor allem auch geschützter Tiere wie der Zauneidechse und der Schlingnatter. Und dies auf einem Gelände, das seit 1964 militärisches Sperrgebiet war, wo sich also Fauna und Flora ungestört entwickeln konnten. Was ist mit den streng geschützten Tieren während der Rodung geschehen, ruft die Einwenderin von Rheinland-Pfalz in den Saal, sie hat auch gleich ein Video und Fotos zur Hand, Bilddokumente also, die die verwüstete Landschaft nach der Rodung zeigen. Da sind nicht nur Bäume, sondern auch Tiere »getötet« worden, suggeriert sie mit ihrer Frage. Eine Nachbarin des Baugeländes erzählt vom Beginn der Rodungsarbeiten. Das sei ein schockartiges Erlebnis gewesen. In der Nacht sei sie vom Dröhnen der Baumfällmaschinen aufgewacht, am Morgen sei sie dann hinausgegangen, um nachzusehen, was da wohl passiert sei in ihrem geliebten Wald. Sie sei ein Stückchen hineingegangen und habe dann die Verwüstungen gesehen, die schon in einer Nacht angerichtet worden seien. Die Harvester hätten ganze Arbeit geleistet, die Wege zu Rodungsstraßen umgewandelt, und überall habe man schon die Baumstümpfe gesehen. Da habe sie sich einfach einmal hinhocken und bitterlich weinen müssen. Um »ihren Pilzwald« habe sie getrauert. »Ja, ja«, sagt Heidemarie Schroeder, eine Vertreterin der Bürgerinitiative Grünheide, »der Himmel war voller Krähen.« Wie gehen die Behördenvertreter mit dieser Schilderung um, wie die Tesla-Vertreter? Ich sehe auf dem Monitor in ihre Gesichter: Sie nehmen sie zur Kenntnis.

Später in einer Pause erklärt mir Heidemarie Schroeder, was mit dem Bild »Der Himmel war voller Krähen« noch gemeint sein könnte. Zu diesen Raubvögeln könne man durchaus auch die Menschen zählen, die scheibchenweise die Genehmigung der Autofabrik vorantreiben. »Und dann, was passiert dann«, will ich von ihr wissen. »Es kommt ja Riesiges auf die Umgebung zu. Wenn man mal durch den kleinen Ort Grünheide mit dem Auto fahren will oder durch Erkner. Man steht jetzt schon Schlange. Wenn jetzt 53.000 Beschäftigte dazukommen und schon in der ersten Ausbaustufe 5.000 Lkws im Nonstop-Verfahren, was das für die Lebensqualität der Anwohner bedeutet, das ist gigantisch.« Möchte man dann hier noch leben? Diese Frage lässt sie offen, mit dieser Frage fahre ich wieder nach Hause. Die Erörterung zog sich an diesem achten Tag noch hin, erfahre ich später, bis in den Abend hinein. Aber der Verhandlungsleiter André Zschiegner habe Wort gehalten und den Erörterungsmarathon glücklich ins Ziel gebracht.

Samstag, der 10. Oktober 2020:
Schöne Tage in Bad Saarow

»Faszination e-mobilität erleben« heißt es auf einem Plakat eines Autohändlers, der auch Elektroautos vertreibt und diese Veranstaltung rund um das E-Auto mit anderen lokalen Autohäusern organisiert hat. Rund um das E-Auto, das geschieht auf einer Freifläche hinter dem Hotel der gehobenen Preisklasse dieses Kurortes, südöstlich von Berlin. Ein Ort zum Verweilen bestimmt in den schönen Jahreszeiten, denn die Schwanenwiese, wie die Freifläche auch genannt wird, liegt direkt am idyllischen Scharmützelsee. Jetzt aber im Oktober ist es dort draußen schon recht kühl und auch die Sonne lässt sich nur manchmal blicken. »Markenübergreifende Ausstellung batterieelektrischer Fahrzeuge« haben die Veranstalter versprochen, Vorträge, Workshops, Aufbau von Ladestrukturen. Alles, was das Herz der E-Automobilisten begehrt, denke ich, als ich mich hinter dem Hotel unter die Schaulustigen und Experten mische. Da stehen die Wunderautos vieler Hersteller ganz brav hintereinander aufgereiht und auch Fahrräder, Dreiräder, seltsame Vehikel, Motoräder, alles das, was mit gespeichertem Strom angetrieben wird. Vor mir glänzt ein Roadster von Tesla in der matten Nachmittagssonne, eines der ersten Autos, die Elon Musk und seine Ingenieure entwickelt haben. Ein schwarzer Panther, denke ich, bereit zum Sprung. Ich gerate an zwei Männer, die sich auszukennen scheinen, vertieft in ein Fachgespräch. Ja, und einer von ihnen ist der, mit dem ich hier verabredet bin, bin sozusagen über ihn gestolpert, über Hans Kurzweg, er ist ein Tesla-Fahrer der ersten Stunde, ein Pionier, den diese Fahrzeuge mit dem neuartigen Antrieb nicht mehr losgelassen haben. »Das mache ich alles in meiner Freizeit, das mache ich alles ehrenamtlich«, versichert er mir, von Beruf sei er Versicherungsmakler. Er steht mit Thomic Ruschmeyer zusammen, sie fachsimpeln, wie gesagt, ich dränge mich in ihr Gespräch hinein. »Warum macht ihr die Aufkleber ab, [...] bevor ihr die wegschmeißt, die kommen auf mein Auto«, sagt er gerade. Er ist mächtig stolz auf seinen Roadster, auf diesen schwarz glänzenden Sportwagen mit einer Reichweite von 120 Kilometern. »Ist ja ein Traum von mir, mal das Auto auf einen Hänger zu laden und in die Alpen zu fahren und dort mit den Österreichern, den Schweizern Pässe-Touren zu machen.« Im Hintergrund wimmert ein Saxofon aus den Lautsprechern, Beschallung dieser Ausstellung, ja, man könnte auch »Messe« dazu sagen. Jetzt erklärt er mir sein Juwel. »2008 sind diese Fahrzeuge gebaut worden, 36 an der Zahl, nachgebaut dem Toyota Europa und da hatte man festgestellt, dass man mit Akku und Ladeequipment mit der Karosserie nicht auskommt, die ist also zwölf Zentimeter länger.« Das war also richtig Bastelarbeit. »Man hat am Anfang gedacht, dass man 70 Prozent vom Lotus Toyota verwenden kann, am Ende konntest du nur 30 Prozent verwenden.« Es wurden noch 2.500 Exemplare vom Tesla Roadster gebaut. Und Hans Kurzweg hat einen davon.

Ein »Urgestein der Elektromobilität«, wie Thomic Ruschmeyer von ihm genannt wird, meldet sich jetzt zu Wort. »Ich fahre seit 30 Jahren elektrisch – CityEL aus Dänemark«. Das Wort »irre« rutscht mir so raus, ja, es ist wirklich nicht zu fassen. Das CityEL sei ein dreirädriges Leichtfahrzeug mit Elektroantrieb für eine Person, das auch als Cabrio gefahren werden könne. Und damit sei er also herumgefahren. »Öko-Snob« habe man ihn genannt. »Konnte man aufklappen wie eine Auster«, sagt er noch. Wie mein erstes Auto, ein BMW Isetta, allerdings mit Verbrenner-Motor. Damit bin ich damals von München über die Alpen bis nach Spanien gefahren, immerhin mit unbegrenzter Reichweite, wenn man rechtzeitig eine Tankstelle fand. Und in Zürich bergabwärts zum See hinunter versagten die Bremsen und ich kam gerade noch vor dem Schaufenster einer Wäscherei zum Stehen, bevor es ganz steil wurde. Fällt mir gerade mal so ein, diese Geschichte aus meinem Automobilleben, von einem Elektroauto hatte ich damals nichts gehört. Wie auch. Dieser Antrieb mit Strom war in Vergessenheit geraten, dabei gehörten Elektroautos damals zu den ersten selbstfahrenden Fahrzeugen auf der Welt. Im Jahr 1888 baute eine Maschinenfabrik in Coburg einen »Elektrowagen«, Blei-Akkus wurden entwickelt. Die Feuerwehr schaffte Autos mit elektrischem Antrieb an, aber ab 1912 setzten sich Autos mit Verbrennungsmotoren durch, sie hatten eine größere Reichweite und die aufkommende Ölindustrie baute ein Tankstellennetz aus. Die Elektromobilität wurde zum Nischenprodukt, in den 1920er-Jahren sah man noch Nutzfahrzeuge auf den Straßen und öffentliche Verkehrsmittel fuhren mit Strom, da die geringe Reichweite im Stadtverkehr keine Rolle spielte.

Sein erstes Elektroauto sei 23 Jahre alt, erklärt mir Thomic Ruschmeyer. »Ein Citroën Saxo«, der Tesla von damals, die Franzosen hätten damals circa 5.000 Elektrofahrzeuge gebaut. »Die hatten 'ne Reichweite von 100 Kilometern und fuhren knapp 100 Kilometer schnell.« Das damals ein E-Auto nahezu unbekannt war, hat auch mit dieser makabren Geschichte zu tun, die Hans Kurzweg jetzt erzählt. »Es gab ein großes Projekt von General Motors, das ›EV‹, das man damals nicht kaufen, nur leihen konnte, ein in Serie gebautes Elektroauto.« Man hatte da ein Fahrzeug auf die Beine gestellt, was viele gern behalten hätten, aber die Fahrzeuge seien von General Motors zurückgeholt worden. »Und wurden tatsächlich der Schrottpresse zugeführt.« Vielleicht existieren noch ein, zwei Exemplare im Verborgenen. Mysteriös kommt mir diese Geschichte vor, aber sie ist wirklich passiert. Vielleicht war es so: Das »EV« war sehr erfolgreich, wurde nachgefragt, die Autowelt war aber eine Verbrenner-Motorenwelt. Und man wollte dieses Monopol nicht gefährden. Das habe sich nun aber geändert, und Tesla würde sicher einmal den Markt aufmischen.

Jetzt kommen meine beiden Experten auf die Gegenwart zu sprechen. »Wir haben heute die modernen Lithium-Batterien«, sagt Thomic Ruschmeyer, und die machten die Elektroautos konkurrenzfähig. »Die haben entsprechende Lebensdauer, entsprechende Leistungsdichte, und ich nenne es immer 3 L, entsprechende Leidensfähigkeit, sprich hochstromfest, [...] 300 Kilometer heute, das ist normal.« Auf dem Gelände gäbe es auch Ultraschnellauflader zu sehen, »die große Kiste, die VW dahingestellt hat«, sagt Hans Kurzweg. »Aber, aber«, so Thomic Ruschmeyer, die Schuko-Steckdose ginge nicht daran. Wir kommen noch einmal zurück zur Geschichte, zum ersten Objekt der Begierde von Hans Kurzweg. 2011 habe er es gekauft, den Roadster, er sei im Erstbesitz bis heute und »unverbastelt«, wie er sich ausdrückt. Er steigt hinein in seinen Roadster, eigentlich muss man sagen, er schlüpft hinein, »man sitzt quasi 15 Zentimeter überm Erdboden«. Man könnte auch sagen, in diesem Auto fährt man nicht nur auf der Straße, man kann sie knochennah spüren. Vielleicht hat man so ein Gefühl wie in den Rennwagen von Ferrari oder Mercedes. Ein »rassiger« Tiefsitzer also, Hans

Kurzweg hat es jetzt eilig, um vier Uhr heute Nachmittag ist er als Moderator in einem Gespräch mit einem lokalen Autoverkäufer eingeteilt. Wir gehen in Richtung Bühne, eine Freilichtbühne am Rand einer Freifläche, davor ist viel Platz für Zuschauer und Zuhörer, nur ist jetzt kaum jemand da. Viele Männer mittleren Alters gehen an den ausgestellten Fahrzeugen vorbei, im Hintergrund ruht still der See, den keiner heute so richtig wahrnehmen will. Man gibt sich entspannt und fachkundig zugleich. »Man trifft lauter interessante Leute hier, [...] die Kompetenz, die hier aufmarschiert ist«, sagt Hans Kurzweg zum Abschied, »oha, wenn Sie Interesse haben an Ladeinfrastruktur, an Photovoltaik, an Hausspeicher oder auch an Elektrofahrzeugen, dann finden Sie hier vor Ort Ansprechpartner, die Ihnen helfen können«, sagt's, entschwindet Richtung Bühne und lässt mich mit Thomic Ruschmeyer allein. Eine Frage habe ich mir noch für ihn aufgehoben: »Löst das E-Auto die Probleme mit Verkehrsdichte und Klimaschutz?« – »Man muss sich das überlegen«, sagt er »was brauche ich an Mobilität. Für mich ist das ideale Verkehrsmittel in Berlin mein Elektroroller, [...] wir hatten unser Büro in Mitte Friedrichstraße, mit dem Auto dahinfahren, ist albern, [...] da bin ich entweder gleich komplett öffentlich oder mit dem Roller gefahren.« Sein Arbeitsplatz ist jetzt das EUREF-Campus in Schöneberg. »Die Straßenbahn ist 600 Meter weg, steige ich in Schöneberg aus, dann rüber zum EUREF-Campus, ich sag 'ne Zigarettenlänge, zweimal 'ne Zigarettenlänge ...«

Sind die E-Autos nur ein Zwischenschritt zur mobilen Gesellschaft, per Fuß, Fahrrad, Roller und öffentliche Verkehrsmittel?, frage ich mich, als ich am späten Nachmittag Bad Saarow Electric verlasse.

Montag, der 19. Oktober 2020:
Besuch bei dem Minister für Landwirtschaft,
Umwelt und Klimaschutz des Landes
Brandenburg Axel Vogel

Auf diesen Besuch war ich besonders gespannt. Der Minister für Landwirtschaft, Umwelt und Klimaschutz in der Regierung des Landes Brandenburg gilt als ein Urgestein der Grünen. 1980, Gründungsmitglied, 1985 gehörte er zur Bundestagsfraktion der Partei, nahm nach der Wende das Angebot des damaligen Umweltministers in Brandenburg Matthias Platzeck an, wechselte in die Landespolitik und setzte sich in verschiedenen Funktionen für die Umsetzung des Nationalparkprogramms ein, das die Volkskammer der DDR noch auf ihrer letzten Sitzung beschlossen hatte. Ein Mann mit Erfahrungen, einer, der in Brandenburg blieb, vertraut mit den Bewohnern des Landes, mit ihren Regionen, der schließlich Minister wurde als Bündnis 90/Die Grünen eine Koalition mit SPD und der CDU eingingen. Und nun, so schien es mir, war er mit Tesla in eine Zwickmühle geraten, das Klientel der Grünen Partei, Naturschutzverbände, auch die Grüne Liga waren gegen Tesla in Grünheide, im Land aber unterstützte die Parteibasis und auch ihre Abgeordneten den Fabrikneubau im Wasserschutzgebiet. Gebe es Wege aus diesem Dilemma heraus? Kundige und geschickte Hände, die diesen Knoten, geschnürt aus vielen Widersprüchen, einfach auflösten? In der S-Bahn auf dem Weg nach Potsdam kam mir noch etwas anderes in den Sinn. Vielleicht sehen die Landesregierung, die Minister, ihre Staatssekretäre, die Abgeordneten der Koalition die Dinge aus sicherer Entfernung nicht so dramatisch? Eben auch realistischer. Von der Gigafactory in Grünheide wäre ja auch viel

Positives für das Land zu erwarten. Der »Rote Adler«, das Wappentier Brandenburgs, sollte hoch oben im Himmel kreisen.

Das Ministerium liegt nicht weit vom Hauptbahnhof Potsdam entfernt, ist ein Ensemble aus vielen Altbauten. In der Mitte hat sich ein Neubau breitgemacht, ein Rechteck aus Beton, Haus S genannt. Ganz oben, in luftiger Höhe, empfängt mich der Minister, dort hat man einen schönen Rundblick. »Ich habe schon konfrontativere Situationen erlebt«, erzählt mir Axel Vogel als Einstimmung in das Gespräch. E-Autos seien für die Umwelt, den Klimaschutz wichtig, da sei man sich ja im Landtag mit Ausnahme der AfD im Großen und Ganzen einig. Eine zukunftsweisende Technologie, die Aggregatswende für Kraftfahrzeuge, wenn man damit auch nicht die große Wende in der Verkehrspolitik schaffe. Man müsse vom Auto als Generallösung wegkommen, den Individualverkehr reduzieren, mehr auf öffentlichen Nahverkehr setzen, aber Autos würde man immer brauchen, allein für Krankentransporte, Polizei und Feuerwehr. Außerdem – die deutsche Automobilindustrie habe die Entwicklung verschlafen, da sei ein Produkt wie Tesla ein Vorbild. »Wie es anders gehen muss«, fügt er noch hinzu. Axel Steffen, Abteilungsleiter im Ministerium, kommt herein. Axel Vogel wollte ihn dabeihaben. Er sagt, dass Tesla in Grünheide für Europa plane. »Ja klar kommt der Kleinwagen«, weiß auch Axel Vogel. Lauter Gewissheiten, die ich hier erfahre, denke ich. Ungewissheiten, gibt es die? Axel Vogel erzählt von den Koalitionsverhandlungen. Am letzten Tag der Koalitionsverhandlungen habe der Ministerpräsident zu ihm gesagt: »Da kommt ein großes Vorhaben, das wird euch gefallen. Das geht in Richtung Antriebe, das geht in Richtung Energiewende, das geht in Richtung weg von fossilen Energieträgern, das wird sehr viele Arbeitsplätze ins Land bringen.« Was hätte er, Axel Vogel, auch dagegen sagen können. Die Tesla-Ansiedlung habe eine Vorbildfunktion, eine Innovationstreiberfunktion. Da sei er mit sich schon im Reinen. Auf den Standort von Tesla kommen wir nun zu sprechen, ja, das Gelände, daran entzünde sich der Streit mit lokalen Bürgerinitiativen, Grüner Liga und dem NABU, dem Naturschutzbund. »Freienbrink-Nord«, darauf sei er natürlich auch gekommen, die Gegend sei ja vorgesehen gewesen für BMW, damals habe man den »Roten Teppich ausgerollt«, aber BMW, ich weiß, wie die Geschichte damals ausging, zog Leipzig vor. Dass nun Freienbrink-Nord Tesla angeboten wurde, sei ja logisch. Es geht auch noch einmal um Bürgerbeteiligung, um Mitsprache. Ich erzähle meinen Gesprächspartnern von der Erörterung in Erkner und von den acht Tagen, die ich dort verbrachte. Ein Stichwort fällt: »Salinare Intrusion«, sagt Axel Steffen, da habe er auch lernen müssen, was das heißt. »Salzwasseraufstieg«. Das würde jetzt noch mal gründlich überprüft. »Denksportaufgaben«, sagt Axel Steffen dazu, die man im Umweltverträglichkeitsverfahren des Landesamts für Umwelt lösen muss. Und überhaupt: »Man kann heutzutage, wenn Sie über Industrieansiedlungspolitik sprechen […], es gibt nicht mehr die Möglichkeit, dass der Staat plant, wo Industrie hinkommt oder nicht, die Zeiten sind vorbei.« – »Wann kann man mit dem Abschluss der Unverträglichkeitsprüfung rechnen?«, will ich noch wissen. Auch hier gibt es die Gewissheit, dass der Ausgang ungewiss sei. Zum jetzigen Zeitpunkt. Wir streifen noch viele Themen, die Wasserknappheit, das Austrocknen Brandenburgs wegen des Klimawandels, das wurde in der Erörterung ja auch vorgetragen. Axel Vogel verweist auf Großstädte wie München und Stuttgart, die durch Fernwasserleitungen versorgt würden. Das sei auch in Grünheide, Erkner und anderen Nachbargemeinden machbar.

»Und das Tesla-Tempo?« Er verweist auf kommunale Selbstständigkeit und Selbstverwaltung und Axel Steffen auf schwierige Diskussionen, das könne man in Potsdam nicht durch »par ordre du mufti« lösen. »Wenn die Gemeinde jetzt anfängt, von sich aus zu sagen, wir wollen in Richtung Tesla-Gelände wachsen, da kann ich mir vorstellen, dass das genau die wesentliche kommunalpolitische Frage ist«, meint Axel Vogel. Der Ball liege auch auf dem Spielfeld der Gemeinde. Als ich später, viel später eine Pressemeldung des Ministeriums in die Hand bekomme, wird der Minister zitiert: »Böden sind zusammen mit Wasser und Luft unsere wichtigste Lebensgrundlage. Sie sind ein begrenztes und nicht vermehrbares Gemeinschaftsgut mit lebenswichtigen Funktionen für uns Menschen und die Ökosysteme.« Die Rede hielt er anlässlich des Weltbodentages. Gilt das nicht auch für Grünheide?

Samstag, der 14. November 2020: Was macht eigentlich Emil Senkel? Besuch bei einem alten Bekannten

Emil Senkel hatte ich nie aus den Augen verloren, immer mal wieder mit ihm telefoniert, wollte Neuigkeiten erfahren. War er noch »Tesla-treu« oder hatte er sich inzwischen ganz auf die Renovierung von Räumen zu einem Café verlegt, das er jetzt als kleine Imbissstube aufmachen wollte? Ja, er sei Tesla noch treu, hatte er mir erzählt, er verfolge jetzt das Geschehen in Grünheide aus der Ferne. Keine Zeit mehr da hinauszufahren, wie damals als die Entscheidung für Tesla fiel und er mit Bahn und Fahrrad ins Grüne zog, um die Anfänge auf dem Bauplatz mit Kamera und Video zu dokumentieren. Ja, einen Tesla würde er sich immer noch kaufen, er bewundere auch immer noch den Wagemut von Elon Musk, aber, na ja, nun sei er eben mit dem Imbiss beschäftigt, den er vor ein paar Wochen nach aufwendigen Umbauarbeiten eröffnet habe. Damals, hatte er mir erzählt, wollte er den Imbiss »Oma Friedel« nennen, aber das sei nun doch zu altmodisch dahergekommen, jetzt hieß er »Suite Seventeen«. Wir verabredeten uns zu einem Besuch an einem Samstagmorgen in der Bochumer Straße in Berlin-Moabit, da habe er »auf«, von 7.30 bis 15 Uhr.

Schon von Weitem ist es zu sehen, ganz einfach zu erkennen, sein »Suite Seventeen«, weil da viele junge Leute vor seinem Imbiss stehen und geduldig auf einen warmen Kaffee und ein Sandwich warten. In Berlin hat man schon wieder einen Lockdown ausgerufen, nicht ganz so heftig wie im Frühjahr, eher halbherzig, aber Restaurants, Imbissstationen und Cafés dürfen nur noch außer Haus verkaufen. So stehe ich nun also vor der Imbissstube von Emil Senkel, sehe durch ein großes Schaufenster in einen schmalen frisch gestrichenen Innenraum hinein, in dem er an einer Kaffeemaschine hantiert und zu mir herüber grinst. Nein, jetzt habe er leider keine Zeit für mich, jetzt sei wie jeden Morgen Hochbetrieb, weil die Studenten der gegenüberliegenden Technikerschule da Pause hätten. Ich müsse also warten, bis es im Laden ruhiger würde. Er macht fast alles allein, neuerdings helfen aber zwei Praktikanten ein bisschen mit. Zeit für mich, um mich mit der Gegend vertraut zu machen. Ein Lehrer der Schule stellt sich neben mich draußen in die Sonne und schlürft auch seinen Kaffee, wir kommen ins Gespräch. Er erklärt mir, da gegenüber sei die altehrwürdige Gauß-Schule untergebracht, eine höhere Fachschule für feinmechanische Technik und Elektrotechnik.

»Na, die Nachbarschaft passt ja zu dem bekennenden Musk-Fan«, geht mir durch den Kopf. Ich muss mich gedulden, immer wieder kommen neue Studenten zum Pausen-Frühstück vorbei, ja, der Laden brummt, so wie es aussieht. Schließlich werde ich eingelassen, Emil Senkel hat jetzt für mich Zeit. Hinter mir, im zweiten Raum, der durch einen Vorhang abgetrennt ist, summen hochmoderne Küchenmaschinen in Edelstahl und begleiten unser Gespräch. »Ja, das macht mir Spaß zu kochen, ich habe im Juni angefangen zu renovieren, [...] jetzt ist es fertig, ich kann richtig loslegen.« 20 Quadratmeter groß ist der Verkaufsraum mit einer großen Theke und ein paar Stühlen an der anderen Seite, alles wirkt noch sehr provisorisch, aber Emil Senkel ist zufrieden. Seine große Leidenschaft ist das Kochen, das hat er mir bei dem ersten Gespräch nicht erzählt, da gab es nur Tesla für ihn. Bei Praktika in Restaurants und Hotels hat er den Profis über die Schulter gesehen. Jetzt bietet er auch drei Tagesgerichte an, derzeit außer Haus, wegen Corona versteht sich. Heute gibt es Coq au Vin, eine Broccoli-Lachs-Quiche, eine Reblochon-Quiche. Das sei eine französische Käsesorte, erklärt er mir. »Suite Seventeen« ist gut im Schuss, auch ein erfolgreiches Projekt. Ob wohl Elon Musk mal vorbeikommt, eine reizvolle Vorstellung, werfe ich ein. Er lacht. Würde er sich dann noch bei Tesla anstellen lassen? Naja, jeder habe sein eigenes Projekt, und wenn er da Lagerarbeiter sei, wäre der Job trotz hoher Löhne unsicher. Er, als Ungelernter, die Arbeit würde bestimmt einmal von Robotern gemacht und überhaupt Tesla wolle alles »robotisieren«, dann sei auch er in ein paar Jahren obsolet. Er meint, überflüssig, sein Traum war immer das Kochen, von Jugend auf, erklärt er, und das hat er jetzt realisiert, er ist unabhängig und nicht auf den Goodwill anderer angewiesen. Er sei sein eigener Chef und das sei gut so. »Bei Tesla bin ich nicht der Chef«, meint er noch. Eine Nachbarin kommt vorbei und bestellt bei ihm Coq au Vin mit Kartoffelpüree. 6,50 Euro kostet das Gericht. Beim Hinausgehen sagt die Nachbarin: »Wir wohnen um die Ecke, das muss man unterstützen.« »Das« ist der Imbiss »Suite Seventeen«.

Oktober, November, Dezember 2020: Ein Hin und Her. Nachrichten von dem Unternehmen und seinem Bauplatz in der Gemeinde Grünheide

Es ist so wie immer, vom Management von Tesla erfährt man nicht viel. Rundfahrten für Journalisten über das Baugelände sind eingestellt. Aber in den Zeitungen steht dann doch so einiges. Tesla feiere das beste Quartal seiner Unternehmensgeschichte. Die Aktien hätten bereits über 400 Prozent zugelegt. 30 Millionen Autos will Musk im Jahr 2030 produzieren. Wir schreiben den 22. Oktober 2020. Zu lesen ist eine Meldung im *Tagesspiegel*, die wie ein Ausrufungszeichen wirkt: »Giga-Fabrik in Grünheide, Tesla entlässt Projektleiter«. Was ist da geschehen? Tesla habe eine Rechnung für das benötigte Bauwasser nicht bezahlt. Erst nachdem es abgestellt war, sei das Geld geflossen. Ist das der Grund für die Entlassung Evan Horetzkys, der ein bewährter Mitarbeiter bei Tesla war? Es ging ja nur um eine Summe von 15.000 Euro. Unwahrscheinlich dieser Grund? Man tappt im Dunkeln.

Am Freitag, den 6. November, ist der Chef wieder in Grünheide. Er führe Einstellungsgespräche, heißt es. Er suche Topingenieure. Man munkelt von einer Beschäftigungsoffensive. »Teslas

neuer Bauleiter«, wird am 17. November in den Zeitungen verkündet, sei Andre Thierig, bisher zuständig für die Lackiererei.
Tesla beklagt Verzögerungen beim Bau, alles würde nun neu jus-
tiert. Bei einer Konferenz der europäischen Batteriewirtschaft
Ende November hat Elon Musk einen Videoauftritt, in dem er
davon spricht, das weltweit größte Werk dieser Art in Grünheide
bauen zu wollen. Es wird auch berichtet, dass er bereits Personal
für die Batteriezellenfertigung in Grünheide sucht, und einen
Chef dafür. Bundeswirtschaftsminister Peter Altmaier spricht
von Fördermitteln der EU, auf die das neue Batteriewerk in
Grünheide einen Anspruch habe. Läuft es wie geschmiert?

Es läuft nicht wie geschmiert. Projektentwicklung ist für Elon
Musk ein Prozess, ein Orientierungsprozess, aber zu viel Spontaneität bei Veränderungen kann auch hinderlich sein und Pla-
nungsabläufe infrage stellen, so heißt es nicht nur bei Insidern.
Am 1. Dezember nimmt Elon Musk einen Preis des Springer-Ver-
lages entgegen, den »Axel Springer-Award 2020«, mit dem »sein
Erfindergeist und seine Innovationskraft« geehrt wird, wie es
heißt. Laudator ist Bundesgesundheitsminister Jens Spahn. Im
kleinsten Kreis, wie ich erfahre, wegen Corona-Teillockdown.
Nun sickert auch durch, dass das Landesumweltamt den geän-
derten Antrag auf eine zweite Rodung genehmigen wolle, auch
eine vorzeitige Genehmigung für den Einbau der Maschinen in
der Lackiererei stehe an. Wie Steffen Schorcht mir schon angekündigt hatte, legen die Umweltverbände Widerspruch bei
den zuständigen Gerichten ein, die wieder abgewiesen werden.
Unbeeindruckt von diesen Rechtsstreitigkeiten hat Tesla inzwischen zwei weitere vorzeitige Genehmigungen, u.a. für den
Innenausbau der im Rohbau fertiggestellten Hallen, beantragt.
Es geht munter hin und her. Und ein Ende ist nicht abzusehen.

Wenn der Bebauungsplan mit seinen Änderungen vom Gemeinderat abgesegnet ist und das Landesamt für Umwelt im Umweltverträglichkeitsverfahren sein Urteil gefällt hat, wird es vielleicht ruhiger um die Baustelle herum in Freienbrink-Nord werden. Dann besteht für alle Beteiligten in Grünheide mehr Rechtssicherheit, denke ich. Oder beginnt dann wirklich »Bürgerkrieg«?

Freitag, der 27. November 2020: Ein Dialog, der nicht stattfindet. Gespräche mit Albrecht Köhler und Steffen Schorcht

»So, da bin ich«, Albrecht Köhler ist am Handy. Was sagt er zu den Plänen einer neuen Batteriefabrik in Grünheide, die Elon Musk mittlerweile ja verkündet hat? 50.000 neue Arbeitsplätze würden dann dort entstehen, wenn man die Ausbaustufen der Autofabrik und die Batteriezellenfertigung zusammenrechnet. Aus Grünheide wird Wolfsburg. »Das ist in jedem Fall eine große Herausforderung«, sagt Albrecht Köhler. Entmutigt klingt er gar nicht. Er hatte schon in einem Podcast Informationen des Bürgermeisters bekommen, es gäbe ja Regelungen durch den Landesentwicklungsplan zum Zuzug der Bevölkerung, das Werk läge überdies in einem Naturschutzgebiet, also Bevölkerungszuwachs dieser Größenordnung müsste man wohl großflächig verteilen. »Der Verein«, frage ich weiter, »der Verein GrünheideNetzWerk, den er kürzlich mit anderen gegründet hat, wie wird der sich nun verhalten?« Zunächst mal seien sie mit sich sehr beschäftigt gewesen, Satzungsfragen und so, aber im nächsten Jahr würden sie schon der Gemeinde auf den Zahn fühlen wollen, man kenne ja da den einen oder anderen. Ja, und die hätten auch schon

Projekte in der Planung und da gäbe es großes Wohlwollen vom Bürgermeister. Erstmal will man sich um die kleinen Dinge kümmern, wie »Blühwiesen« z. B., zu denen man die Grünstreifen am Straßenrand machen wolle, aber auch Anleitungen für Vogelnistplätze sollten verteilt werden, die man dann überwachen könne. Grünheide bunter und schöner, transparenter, wer wollte da Albrecht Köhler widersprechen. Albrecht Köhler wohnt in Grünheide am Waldrand, hatte er mir mal gesagt, ein Haus, dahinter ein Garten, dann der Wald, die richtige Umgebung für seine Familie. Ob er da keine Befürchtungen hat, frage ich ihn. Da ist er ganz ehrlich. »Puh«, sagt er, »wie wird das werden in zehn Jahren?« Wieder kommt der Landesentwicklungsplan ins Spiel, der bestimmt, wie viele Menschen eine Landschaft verträgt. Das Neue hat viel Platz. Da hat er ja recht, man fährt immer durch viel Wald und dann kommt man immer wieder an eine Siedlung heran, die sind so wie kleine Tupfer aus Stein im Grünen. »Richtig«, sagt er. »Im grünen Dschungel«, male ich noch weiter am idyllischen Bild. »Wenn ich draußen bin, bin ich im Wald unterwegs und da trifft man auch keinen!«

Am selben Tag bin ich mit Steffen Schorcht verabredet, auch ein Handy-Gespräch. Ob sie mal zusammen vielleicht reden, will ich wissen. Mache das Sinn? Mal sehen, ist die ausweichende Antwort. Man ist ziemlich weit auseinander. Auch ihm stelle ich die Frage nach der Batteriezellenfertigung in Grünheide, die Elon Musk nun offiziell verkündet hatte. Er hätte nun die Katze aus dem Sack gelassen, immer scheibchenweise Genehmigungen erwirkt und nun sei der ganze Plan auf dem Tisch. Eine Gigafactory wahrhaftig, eine Menschenflut in Grünheide. Und der B-Plan mit seinen Veränderungen? Viele Absichtserklärungen, sagt Steffen Schorcht, unter anderem für ein neues Klärwerk, auch da gäbe es großen Widerstand in der Region. Wieder ein Objekt für Protest, südlich von Freienbrink solle es entstehen. Und der Landesentwicklungsplan? Na ja, zwischen Erkner und Fürstenwalde seien neue Ansiedlungen möglich, aber in Grünheide? Auf keinen Fall. Was hatte Albrecht Köhler mir gesagt, große Flächen, hin und wieder bebaut. Das ginge doch. Für Steffen Schorcht ist viel Fläche anderswo. »Da ist alles etwas angespannt und das ist auch ein erhebliches Risiko für die Kommune, und für den gesamten Landkreis, weil fraglich ist, wie sich das kurzfristig rechnet alles.« – »Und nun zum Persönlichen, kommen wir zum Persönlichen«, sage ich. »Bleiben«, wie Albrecht Köhler meinte, oder »gehen«, wenn die Gigafactory kommt? Albrecht Köhler wird weiter am Waldrand wohnen und auf sein Grünheide bauen. Er sieht Chancen, und die will er für GrünheideForFuture nutzen. Die »Future«, für Steffen Schorcht ein Albtraum. »Ich fühle mich hier als Bürger, ich muss es hier mal überspitzt sagen, übertölpelt, verarscht oder nicht ernst genommen. Ich schließe nicht aus, dass wir dann hier wegziehen.« Aus seiner schönen Karutzhöhe. Wie andere auch. Also dann gehen.

Und noch etwas, eine Veränderung bei ihm und auch in seiner Bürgerinitiative habe er festgestellt. Es ginge ja nicht mehr um die Kritik am Standort der neuen Fabrik allein, sondern auch um das Produkt. Die E-Mobilität, das Tesla-Auto. Es sei kein Beitrag für die Energiewende, Rohstoffe der Erde für die Batterien würden weiter geplündert und hochpreisig seien die Fahrzeuge allemal. »Wir haben den kapitalistischen Wachstumsmotor noch mal angeheizt. Es entstehen hier soziale Spannungen, wobei ich nicht sicher bin, ob es in Gewalt ausartet.« Nun doch Bürgerkrieg in Grünheide?

Sonntag, der 29. November 2020:
Besuch bei Familie Schrobback

Hinaus ins Grüne wieder, »Schrobback Immobilien« in Hangelsberg ist heute mein Ziel. Hangelsberg ist ein Ortsteil der Gemeinde Grünheide, ein langgezogener Ort und rechts die Müggelspree, ein Straßendorf, wenn man so will. »Schrobback Immobilien« steht am Zaun vor dem Haus, ein Unternehmen mit Geschichte. Die Eheleute Barbara und Detlef Schrobback wohnen schon lange im Ort, man kennt sie, sie kennen sich aus mit Grundstücken, mit Häusern, mit Wohnanlagen, Käufe, Verkäufe, sie beraten, sie sind Makler und haben den Überblick, was sich so tut auf diesem »Feld«. Sie haben ihr Geschäft von der Pike auf gelernt, von Haus aus sind sie Bauingenieure, sie hatten dann mit einer Baufirma von der Gemeinde ein Waldgrundstück abgekauft und in Bauland umgewandelt. Von der Urbarmachung des Geländes bis zur Schlüsselübergabe fertiger Häuser, das haben sie alles mit der Baufirma organisiert. »Wir waren in diesem Prozess gut drin, wir kannten uns aus«, sagt Barbara Schrobback rückblickend, sie hat sich noch weiter fortgebildet im Bereich »Wertermittlung« und sie hat in einer Immobilienakademie weiteres Fachwissen gesammelt. Gut gerüstet seien sie für das, was auf sie zukam, als die Pläne für Tesla bekannt wurden. »Das unterschätzen ja immer viele, die denken, ein paar Bildchen ins Internet gesetzt, die Tür aufgeschlossen, hier bitte, ›Peng‹, und dann Geld kassiert.« Von dieser Maklerei im Schnellgang haben sie sich immer abgesetzt, sie wollten ihr Geschäft solide betreiben, »eine gute gesetzestreue Beratung für Verkäufer und Käufer«, wie Barbara Schrobback sagt, mit Kenntnissen über

Baurecht, Vertragsrecht, Finanzen, besonders wichtig in der neuen Situation. Investoren hätten ihnen gleich »die Bude« eingerannt, eine E-Mail-Flut war über sie hereingebrochen. »Kaufen Mehrfamilienhäuser, Grundstücke querbeet über alle Segmente des Bauens oder der Immobilien.« Ein »run« auf die Region, so lässt sich ihre Schilderung der Anfangsmonate auch interpretieren. Aber ein Ausverkauf der freien Flächen für Wohnungsbau fand nicht statt. Da sei der Flächenentwicklungsplan der Hauptstadtregion ein Hindernis gewesen, der am 7. Juli 2019, vor dem Bekanntwerden der Musk-Pläne, verabschiedet wurde. »Gedeckelt«, wie es Barbara Schrobback drastisch ausdrückt, »wir können ja nicht einfach sagen, 10.000 Quadratmeter Wald weg und noch 'ne paar Wohnhäuser hin.« – »Wir dürfen nur wachsen um 1.000 Einwohner pro Hektar«, ergänzt Detlef Schrobback. Eine Folge sei natürlich das Steigen der Grundstückspreise, von 32 Euro bis 45 Euro pro Quadratmeter 2015 zu jetzt 119 Euro in Grünheide mit steigender Tendenz. Da sei übrigens nicht Musk allein der Urheber, sondern auch Corona, viele Berliner würden verstärkt etwas im Grünen suchen. Ich ziehe den Bebauungsplan aus der Tasche, in dem »wohnungspolitische Umsetzungsstrategien« angeführt sind. Zustande gekommen sind sie in einer Umfrage bei den Ortsteilen von Grünheide, in denen Bauflächen von den Ortsbeiräten genannt werden sollten, die bei einer Ansiedlung von Tesla infrage kämen. Natürlich gebe es jetzt auch Trittbettfahrer bei der gesteigerten Nachfrage, die ihr Ackerland in Bauland umwandeln wollten und dann statt einen Euro pro Quadratmeter 150 Euro pro Quadratmeter bekämen. Das sei natürlich verlockend, auch für Leute, die nach Vierraumwohnungen suchten, die sie untervermieten könnten, einzeln pro Zimmer und damit an Einnahmen auf das Dreifache ihrer Miete kämen. Ja, ja, so was gäbe es auch. So könne man auch einen Reibach machen.

»Was bleibt, wie sehen die Prognosen für Wohnen und Leben in Grünheide und seinen Ortsteilen aus?«, will ich wissen. »Was ich persönlich befürchte«, sagt Barbara Schrobback, »dass sich dieser ländliche Raum verdichten wird.« Trotz Landesentwicklungsplan. Aber das hätte auch Vorteile, es würde mehr Bildungseinrichtungen, mehr Einkaufsmöglichkeiten geben. Eine Urbanisierung der Region, folgere ich. Nun doch ein neues Wolfsburg, das einmal im Nirgendwo gebaut wurde? Nein, das müsse man positiver sehen, eine Infrastruktur sei ja schon vorhanden, Grünheide könnte auch familienfreundlicher werden, wenn die jungen Leute wegen Tesla wieder zurückkämen, oder wegen anderer Firmen, die sich dann am neuen Industriestandort Grünheide ansiedelten. Und noch eine Utopie entwickeln beide für ihr Grünheide, man könne doch Wohnungen in der Nähe des Gewerbegebietes bauen, Mietwohnungen, warum nicht, es brauche ja nicht jeder ein Grundstück und ein Haus, der neu hierherkäme. Eine Trabantenstadt vielleicht, werfe ich ein »Tesla-City.« Das würde natürliche Ressourcen sparen und käme ja auch den Gegnern der Tesla-Fabrik entgegen. Daran würden wohl bisher die Entscheidungsträger nicht denken, meint Barbara Schrobback. »Nicht, dass ich wüsste.«

Mittwoch, der 9. Dezember 2020: Besuch in der Agentur für Arbeit Frankfurt (Oder)

Ein Gespenst geht durch Europa. Das Gespenst sind schlechte Nachrichten aus Kalifornien. Vor den Toren des Stammwerkes von Tesla in Fremont, Kalifornien trifft der *ARD*-Korrespondent Marcus Schuler den Boss der lokalen Transporter-Gewerkschaft. Doch der darf nicht rein. Das Profitrezept von Musk seien niedrige Löhne und bitte keine Gewerkschaften im Werk, weiß Marcus Schuler. Sein Gesprächspartner liefert Fakten zu dieser Annahme. Man respektiere das, was er erreicht habe, aber er wolle keine Gewerkschaft im Betrieb und zahle auch niedrige Löhne, 16 Euro umgerechnet pro Stunde. Auch deswegen sei die Fluktuation im Werk ziemlich hoch, viele gingen, wenn sie in der Nachbarschaft 19 Euro pro Stunde verdienten. Auch die Zahl der Arbeitsunfälle und chronischer Erkrankungen sei bemerkenswert hoch, nach Berechnungen einer Arbeitsschutzorganisation im benachbarten Oakland um 31 Prozent höher als in der sonstigen US-Autoindustrie. Die Chancen, dass sich daran etwas ändere, seien ausgesprochen schlecht. Musk habe sich die Art und Weise, wie man ein Unternehmen führt, von der Tech-Industrie in Silicon Valley abgeschaut, erklärt der Soziologieprofessor von der Universität California Chris Benner dem Korrespondenten.

»Schlechte Aussichten auch für zukünftige Arbeitsplätze in Freienbrink-Nord in der Gemeinde Grünheide?«, wird eine meiner Fragen an Jochem Freyer, Vorsitzender der Geschäftsführung in der Arbeitsagentur Frankfurt (Oder), sein.

Nun also wieder unterwegs, diesmal von Berlin nach Frankfurt (Oder) wieder im RE 1, den ich ja inzwischen kenne. Die Strecke führt über Fangschleuse nahe am entstehenden Werk entlang. Aber es ist so trübe, dass ich außer Forst gar nichts sehe. Ich komme durch Orte, deren Namen ich zum ersten Mal höre, nein, besser gesagt, sehe. Die Stationen Berkenbrück, Jacobsdorf (Mark), Pillgram zum Beispiel, unscheinbare Schilder, die kaum entdeckt, schon wieder verschwunden sind, wenn der Zug für einen kurzen Moment hält. Die Bahnhöfe mit jeweils zwei Gleisen, ein paar lang gestreckte Gebäude, die den Ort markieren, Bauernhöfe, alles wird schnell wieder von grauem Herbstdunst verschluckt, wenn der Zug weiterfährt, schließlich erreiche ich Frankfurt (Oder), ein Hochhaus grüßt von Weitem, schließlich die Arbeitsagentur. Nicht weit vom Bahnhof entfernt, in einer ruhigen Seitenstraße gelegen und gegenüber schimmert viel Grün durch den jetzt schon dämmrigen Nachmittag. Der Eingang ist verschlossen, ich soll an einer Nebentür klingeln, dann würde ich abgeholt und zu Jochem Freyer geführt. Corona-Zeiten.

»Keine Angst vor Gespenstern«, scheint sein Lächeln zu sagen, als er mich empfängt. Sein Betätigungsfeld ist jetzt wieder in der Gegend, aus der seine Familie kommt, das Oderbruch, die Grenzlandschaft zu Polen. Wie hat es denn angefangen? Seine Eltern stammen aus Ortwig, Gemeinde Letschin, besaßen Landwirtschaft und sollten 1953 in die LPG eintreten. Sie teilten das Schicksal vieler Bauern damals, die ihren Besitz nicht vergesellschaften lassen wollten, flüchteten schließlich mit der Schwester nach Westberlin. Ihr Reisegepäck war ein Koffer und ein Kinderwagen, Bauernhof, Ställe und alles andere, was zu einer Landwirtschaft gehört, ließen sie zurück. »Sie haben bei null wieder angefangen«, sagt heute ihr Sohn, der in Lindlar bei Köln 1964 geboren wurde. Im Juni 1990 ging er als Aufbauhelfer für Ostberliner Arbeitsämter zurück in die Nähe seiner alten Heimat. Das sei eine spannende Zeit gewesen, sagt er heute, in der Bundesagentur für den Aufbau neuer Arbeitsämter in der ehemaligen DDR tätig zu sein. 2009 schließlich sei er nach Frankfurt (Oder) gekommen. Ein Kreis hatte sich geschlossen. Was fand er vor? Wie viel Stellen gab es, wie viel Arbeitslose, 2009 im tiefsten

Osten, ein Steinwurf entfernt von Polen? Der Tiefpunkt sei der Jahreswechsel 2005/2006 gewesen, dann ging es langsam, aber stetig aufwärts mit der Ostbrandenburger Wirtschaft. 2006 habe es 46.000 Arbeitslose gegeben, heute seien 14.000 in der Arbeitsagentur Frankfurt (Oder) arbeitslos gemeldet. »Das ist schon ein toller Weg«, sagt Jochem Freyer. »Braucht man da Tesla noch mit seinen vielen neuen Arbeitsplätzen«, frage ich, »bei umgerechnet 6 Prozent Arbeitslosigkeit?« – »Die pure Zunahme an Arbeitsplätzen durch Tesla ist aus meiner Sicht gar nicht der entscheidende Gewinn und Vorteil«, sagt Jochem Freyer. Die Vorteile seien besser bezahlte Arbeitsplätze als bisher und es seien Industriearbeitsplätze in dieser Region eine Mangelware. Sein Resümee: »Ich rechne damit, dass sich durch Tesla eine Strukturverbesserung entwickelt, bei den Arbeitsplatzangeboten und durch eine größere Vielfalt in der Wirtschaft insgesamt. Wir werden Kaufkraftzuwächse verzeichnen, und im übrigen Deutschland, in Europa und in der Welt wird die Erkenntnis wachsen: ›Mensch, da gibt's ja Brandenburg, da gibt's noch Gewerbeflächen und da gibt's offensichtlich auch noch Arbeitskräfte und es gibt eine wirtschaftsfreundliche Politik und Verwaltung, die gut funktioniert. Wenn Tesla innerhalb eines Jahres ein solches Werk errichten könne, dann spricht das für die Region und deshalb mache ich mein Geschäft künftig auch dort.‹« Mit anderen Worten, Tesla schafft Imagegewinn, für Jochem Freyer ist das das Gegenteil von dem, was Bürgerinitiativen beschwören, Tesla sei ein Imageverlust. 2.700 Euro brutto, habe ich in der Zeitung gelesen, würde das neue Werk für die niedrigste Lohngruppe im Monat bezahlen. Das seien Kracher-Gehälter, hatte die Arbeitsagentur Frankfurt (Oder) das kommentiert. Jochem Freyer ergänzt, auch Arbeitslose oder Quereinsteiger würde Tesla einstellen, formale Abschlüsse seien für Amerikaner nicht so wichtig. Bei Tesla, hatte ich erfahren, herrscht die Philosophie vom prozesshaften Bauen eines Werkes und vom prozesshaften Produzieren. Da scheint die Bereitschaft, dazuzulernen, geradezu erwünscht. Wie gestaltet sich nun die Zusammenarbeit zwischen Tesla und der Arbeitsagentur? Tesla ist ja für die Auffassung, alles gehöre in eine Hand, bekannt. Auch die Stellenangebote? Es gäbe eine Kooperation mit Tesla, meint Jochem Freyer, zu beiderseitigen Nutzen. Es gäbe zwar 200, 300 Stellen auf der Tesla-Seite, »weil Tesla grundsätzlich über die eigene Homepage rekrutiere«. Aber bei diesem Projekt gäbe es eine Ausnahme und die Ausnahme sei die Arbeitsagentur. Man habe Tesla eine Zusammenarbeit angeboten, schließlich seien sie eine bundesweite Agentur mit Informationen und Zugang zu Jobsuchenden an Autofabrikstandorten in allen deutschen Regionen. Wer sucht einen Job in diesem Arbeitsfeld, wer will sich weiterqualifizieren, so stelle ich mir diese Informationen vom Arbeitsmarkt vor. Und davon profitiere natürlich auch Tesla. Man habe nun in dieses Netzwerk 30 Stellenprofile von Tesla übernommen, in ihrer Jobbörse Stellenausschreibungen ins Deutsche übersetzt. »Wir helfen damit Tesla, helfen damit unseren Arbeitslosen und auch der Region.« Er nennt jetzt Einzelgeschichten, die ihm seine Kollegen berichten und die dem Standort Brandenburg nach dürren Wendejahren wieder zu einer Zukunft verhelfen. Qualifizierte Fachkräfte, die nach Veränderung suchen und sagten: »Hey, ich bin eigentlich Frankfurter, bin bei BMW oder bei VW, ich habe gehört, ihr habt jetzt auch so was, wie sieht es denn aus? Ich würde vielleicht zurückkommen, meine Eltern, jetzt im Ruhestand, könnten auf die Enkel aufpassen. Ich will meinen guten Verdienst bei VW nicht für Mindestlohn tauschen, wenn ihr da jetzt auch ein

Automobilwerk habt, dann überlegen wir uns das.« Tesla sorgt für Rückkehr der Jüngeren in ihre alte Heimat, so sieht Jochem Freyer das. Und die Polen? Sie kämen in eine neue Heimat. Der Durchschnittslohn liegt im Nachbarland, bei 1.000 Euro, »dann sind natürlich 2.700 Euro enorm attraktiv«, schätzt er die Lage realistisch ein. Aber Tesla erwarte fließend Englisch oder Deutsch mindestens mit dem Niveau B1. Wie sich das auswirke, das müsse man abwarten. »Fakt ist, dass wir in Ostdeutschland [...] sehr wenig Unternehmenszentralen haben. Die Zentrale eines Weltunternehmens oder die Europa-Zentrale, die in Brandenburg sitzt, finde ich per se erst mal gut, so und jetzt muss man gucken, was sich daraus entwickelt.« Vorsichtiger Optimismus von Jochem Freyer, den nehme ich mit nach Hause. Vorerst wolle man sich auf Stellen im Produktionsbereich, der Lagerhaltung sowie in den Tesla-Büros konzentrieren, werde ich später erfahren. Bis zum Sommer wolle man in Grünheide etwa 7.000 Mitarbeiter einstellen, so eine erste Schätzung des Werkes.

Montag, der 21. Dezember 2020: Ein Griff in die Wunderkiste

Bei dem Wort »Kiste« fallen mir meine ersten Kindheitserlebnisse mit Rennwagen ein. Holzkisten-, Seifenwagenrennen, die auf einer großen, leicht abwärts führenden Straße in meiner Nachbarschaft in Kassel stattfanden. Oh, was haben wir Jungen da gestaunt. Andere Jungs saßen bewehrt mit Helmen und Autofahrerbrillen (oder waren es Motorradbrillen?) in ihren rechteckigen Holzungetümen und stürzten sich unter großem Gejohle und Klatschen der Zuschauer in die Rennschlacht. Das war der einzige Lärm, den sie hervorriefen. Kein Motor summte oder brummte, nur von den großen Rädern, mit Gummi an der Laufoberfläche beschichtet, kam ein Geräusch, wenn sie über die Straße fuhren. Die Welt lag nicht mehr unbewegt vor mir, sie war mit den schnellen Kisten in Bewegung geraten, wenn die Jungs, meistens waren es Jungen, wie Rennfahrer vorbeisausten und ihre »Geschosse« mit einer Seillenkung auf Spur hielten.

Die nächsten Rennen, an die ich mich aus meiner Jugendzeit erinnern kann, waren die berühmten Motorradschlachten rund um den Herkules. Der Mann mit der Keule thronte auf seinem Felsenschloss über dem Bergpark Habichtswald und die schweren Motorräder, auch die Kategorie Motorräder mit Seitenwagen war dabei, drehten ihre Kurven auf abfallenden oder steigenden Straßen des Parcours. Die Motoren heulten auf, im Wald stank es nach Benzin. Aber wenn der Mann im Seitenwagen sich flach nach außen legte und sein Körper jeden Moment die Straße zu berühren schien, blieb mir wie den anderen Zuschauern der Atem stehen. Das muss so 1950/51 gewesen sein und ich vergaß den Benzingestank. Später, viel später waren Autorennen im Fernsehen ein Quotenbringer. Da langweilte es mich schon, die Ferraris, die Alfa Romeos, die Maseratis, oder wie sie sonst so hießen, mit ausgefeilter Sicherheitstechnik bei 300 Stundenkilometern immer im Kreis fahren zu sehen. Meine Kindheitsträume bekamen neue Nahrung, als ich den Roadster von Tesla auf den E Days in Bad Saarow sah.

Und nun? Im *Tagesspiegel* vom 15. Dezember stand es. »Friedhof der Träume« titelte eine Journalistin ihren Bericht über die Erlebnisse eines Tesla-Käufers beim Abholen seines Wagens, »rustikal« nannte sie es. Und der Käufer war ja nicht irgendwer, kannte sich mit E-Autos aus, Michael Clausecker,

Unternehmensberater und Inhaber eines Motorradfachhandels. Ein Profi, dachte ich mir, ein Profi, was den Vertrieb betrifft und das Einkaufsgeschehen im Autogeschäft. Ließ Tesla nun blicken?

Ich fahre raus zu ihm in sein Geschäft. Er ist Generalvertreter für eine berühmte italienische Motorradmarke. Wir reden über eine Wiese, zunächst. Ja, »Wiese«, ich habe richtig gehört. »Über die Wiese habe ich gelächelt«, sagte er zur Begrüßung. Auf dieser Wiese habe ihm ein Tesla-Mann eine Checkliste mit über 30 Punkten in die Hand gedrückt, mit der er bei der Übergabe sein Auto kontrollieren sollte – und das Autokennzeichen dazu. Zum Checken habe er eine halbe Stunde Zeit gehabt. Ein Bild stelle ich mir vor, ein Bild der Automoderne, sein weißer Tesla Modell 3, den er bestellt hatte, davor Michael Clausecker, er macht sich nun ans Werk, um seinen Tesla unter die Lupe zu nehmen. Mit seiner Checkliste geht er um das Auto herum, wirft einen Blick in den Innenraum, geht wohl auch in die Knie, überprüft andere Teile, die in der Tesla-Welt schon als kritisch bekannt sind, wie z. B. die Spaltmaße bei Chromleisten. Michael Clausecker hatte Glück, bei ihm waren es nur fünf, sechs Dinge, die er zu beanstanden hatte. Zum Beispiel eine schief eingebaute Motorhaube. Die linke hintere Tür, die nicht richtig schließt. Eine Chromleiste, nicht auf Stoß montiert. »Und noch ein paar Kleinigkeiten«, fährt er fort. Alles wurde auf dem Tablet des Verkäufers notiert, ein neuer Service-Termin festgelegt. Diesmal nach Schönefeld, die Umgebung sei einladender gewesen als beim Übergabetermin. Die Liste mit den Mängeln lag schon parat. Mit der freundlichen Duldsamkeit war es jetzt aber vorbei, Ärger kam auf. »Die Karosseriethemen kann ich hier nicht machen«, sagte der Service-Mann, »wir haben keine Karosseriebauer hier.« Außerdem, das käme bei Tesla schon mal vor. Eine ungewöhnliche Antwort auf eine einfache Frage, wie man denn das vom Werk gelieferte Auto reparieren könne. Er zuckte mit den Schultern. Ich auch, als ich jetzt diese Geschichte höre. In einer Lounge da draußen trank er erst einmal einen Kaffee und wartete ab, was ihm der Tesla-Mitarbeiter noch an Überraschungen bieten könne. Nach einer Weile hieß es dann, mit der schiefen rechten Hintertür hätten sie was versucht. Die ginge jetzt, mit der Motorhaube, da könnten sie nichts machen, er solle sich an einen anderen Karosseriebauer in Michendorf wenden. »Tesla-erprobt.« Und wenn er Glück hätte, koste es auch nichts. Ich versuche zu verstehen, der Käufer bei Tesla soll für einen Schaden an seinem vom Werk ausgelieferten Neuwagen zahlen? Donnerwetter. Greift jetzt der US-Kapitalismus nach Europa und untergräbt Rechtsvorschriften im Autohandel. Michael Clausecker wird sich auch seine Gedanken gemacht haben. »Das ist doch ein Mangel am Neuwagen, ich will mich mit Ihnen nicht streiten, das ist doch Ihre Sache.« Er streitet sich nicht, er fährt auch nicht nach Michendorf, irgendwie ist er doch bekennender Tesla-Fahrer geblieben. 500 PS bringe das Auto auf die Straße, unter die »Haube«, wie man früher sagte, der Super-Charger sei super, Tesla habe eigene Ladestationen. Mach mal eine kleine Pause, dann hat deine Batterie wieder genug Energie für die nächsten 300 Kilometer. Service-Termine höchstens alle zwei Jahre, was sollte bei einem E-Auto auch kaputt gehen, 6 Euro Strom für 100 Kilometer, niedriger Stadtverbrauch, und, und, und. Was aber passiert, wenn der Abstandsregeltempomat versagt? Den kann man ausschalten. Und wenn nicht, was dann? »Jetzt fahren Sie auf der Stadtautobahn. Mit 90, keinerlei Auto vor Ihnen rechts, neben Ihnen kein

Auto da, plötzlich wird das Auto langsamer, [...] das passiert regelmäßig, irgendwie sieht der Tesla ein Hindernis, das ist schon komisch [...], ich hab einmal, da kann ich mich erinnern, da bin ich aus dem Tunnel Tegel Ortskern heraus in die Stadt, da hab ich den Tempomat auf 80, 90 gemacht und da fuhr einer relativ dicht hinter mir her, und komme raus aus dem Tunnel die Rampe hoch, plötzlich fährt das Auto so, es macht keine Vollbremsung, es ist nur als ob Sie vom Gas gehen, durch dies elektrische Rekuperieren, ja, das war schon, würde ich sagen, der musste schon gut aufpassen, dass er mir nicht reingefahren ist, hinten, das ist schon komisch.«

Wenn auch nicht komisch, zumindest nicht handelsüblich ist auch der Weg, wie Michael Clausecker zu seinem Tesla Modell 3 gekommen ist. »Alles am Handy, alles online, aus dem Bestand«, meint er, da brauche man keine Vorbestellung. »Bestand« hieße, das Auto sei schon im Land. Das ginge dann sehr schnell. Dann gäbe es eine Rechnung, elektronisch, die müsse man zahlen, dann gäbe es einen Brief für die Zulassung, einen Termin für die Auslieferung. Tesla-Tempo denke ich auch hier, aber auch ein Sparmodell von Übergabeverfahren, die normalerweise personalintensiv sind. Warum dann der hohe Preis, den immer mal wieder nicht nur die Kunden bemängeln. Der Tesla Modell 3 sei günstig im Vergleich mit entsprechenden Limousinen von Mercedes, Audi oder Ford. »So um die 62.000 Euro inklusive Mehrwertsteuer und Extras«, erfahre ich verblüfft. »Das passt schon zum Preis, da ist es eher ein gutes Angebot.« Jetzt staune ich. Schließlich bekäme er einen Umweltbonus von 3.000 Euro, plus Mittel aus dem E-Auto-Fördertopf des Bundeswirtschaftsministeriums in Höhe von 5.000 Euro gutgeschrieben. Dann koste das Wunderauto Tesla Modell 3 nur noch 54.000 Euro.

Freitag, den 8. Januar 2021: Ein Gespräch mit dem Minister für Wirtschaft, Arbeit und Energie des Landes Brandenburg Jörg Steinbach

»An dieser Stelle«, das sagt er oft, als wir uns an einem Freitagmittag im Ministerium in Potsdam gegenübersitzen. Jörg Steinbach, der Hauptakteur bei dem Plan, Elon Musk nach Brandenburg, genauer nach Grünheide zu locken, um dort eine Gigafactory zu bauen. »An dieser Stelle«, sagt also der Minister und entwickelt mir mit seiner Vorstellung von der Zukunft Grünheides ein optimistisches Bild. Dass er sich so entschieden für die Ansiedlung von Tesla eingesetzt hat, passt zu seiner Vision Brandenburgs. Brandenburg soll auch außerhalb des Landes als Industriestandort wahrgenommen werden. Seine Vision von Tesla: Es wird eine erste Ausbaustufe geben, gewiss, eine weitere ist möglich, »im Markthochlauf«, wie Elon Musk Jörg Steinbach sagte. Das bedeute dann 1 Million Fahrzeuge pro Jahr, später könnten es auch 2 Millionen werden und dann erst könne man von 40.000 Beschäftigten ausgehen. Autostadt Grünheide, wie Wolfsburg, das sich aus dem Nichts entwickelte. Jörg Steinbach sagt: »Deshalb spreche ich immer von einem Brandenburger Wolfsburg.« Grünheide gehöre dann zu einen der großen Produktionsstandorte in Deutschland, nach VW an zweiter Stelle, im Reigen mit BMW, Audi und Mercedes. Grünheide sei in Zukunft eine Gemeinde, »die einen dörflichen Anker behalten wird«, schwärmt der Minister. Brandenburger Tagträume, die auch die des Bürgermeisters von Grünheide sind. Auch er möchte den beschaulichen Kern der Gemeinde erhalten, die Dinge können sich drum herum entwickeln, hatte er gesagt. »Wir werden Satellitenausbuchtungen von Grünheide haben«, sagt jetzt der Minister. Meint er damit auch Satellitenstädte, werfe ich ein. Die Frage steht im Raum und führt dort ihr Eigenleben. »Wir sind auf einem guten Weg, man hat Brandenburg auf der Landkarte gefunden«, fährt er fort, »in fünf Jahren verschicken sie Postkarten und da ist ein Logo von Tesla oder irgendein Bild der Fabrik von Grünheide auf der Postkarte.« So könnte es sein, trotz Kollateralschaden, wie er auch meint. »Kollateralschaden«, lese ich in der Definition von *Oxford Languages*: »Substantiv maskulin, bei einer militärischen Aktion entstehender Schaden, der nicht beabsichtigt ist und nicht in unmittelbarem Zusammenhang mit dem Ziel der Aktion steht, aber dennoch in Kauf genommen wird.« In Kauf genommen, was wird in Kauf genommen? Dazu sagt der Minister nichts.

Wie sind sie nun zusammengekommen, Elon Musk, der jetzt als reichster Mann der Welt gilt und ein paar Milliarden für eine Autofabrik in Grünheide ausgibt, und die Landesregierung, die ihm mit Grünheide eine Naturidylle angeboten hat? Es ranken sich viele Geschichten um diese Begegnung, die inzwischen zu einer Legende der Entstehungsgeschichte geworden sind. Also, Jörg Steinbach holt aus, es war einmal, sagt er nicht, aber er skizziert ziemlich genau die Chronik der Ereignisse. Das sei so gewesen: Tesla schrieb aus, Grünheide bewarb sich neben vielen anderen Standorten um den Zuschlag. Dann kamen die Tesla-Leute, ungefähr fünf bis sechs an der Zahl, nach Potsdam, die Landesregierung schickte fast zwei Fußballmannschaften, 20 Mitarbeiter saßen der Tesla-Bank gegenüber. Punkt für Punkt ging man die Ausschreibung durch und da ging es gleich um das Eingemachte. Was hat das Land an Ressourcen, an Mitteln zu bieten, wie sieht der Standort aus, was spricht für ihn? Sie wollten Auskünfte noch am selben Tag der jeweiligen Besprechungen, nicht erst in zwei, drei Wochen. »Eine sportliche Übung«, wie der Minister im Nachhinein findet, eben amerikanisch. Mit ausschlaggebend für Grünheide, das dann auf einer Shortlist mit zwei anderen Bewerbern stand, war eine ganz simple Idee. Warum sich nicht mal den zukünftigen Standort der Fabrik von oben ansehen? Aber was sieht man da, außer 300 Hektar Forst? Jörg Steinbach: »Die Idee war, wir wollen das Gelände auch zeigen, [...] dann war ein Kollege auf die Idee gekommen, da machen wir was Richtiges für die Amis, dann nehmen wir so einen alten Doppeldecker [...], der kann auch so schön langsam fliegen, der kann auf der Stelle drehen und dann sind wir mit dieser alten Antonow losgeflogen, [...] man konnte wunderbar zeigen, [...] wir sind über den BER rübergeflogen. Du kannst sofort die Nähe zu Berlin zeigen, es war traumhaftes Wetter an dem Tag, Riesensicht, im Norden die Eisenbahn zeigen, dass die Autobahn da war, es war eine optimistische Form der Darstellung.« Einfach und genial. Diese Idee hat wohl die zwei anderen Bewerber ins Hintertreffen gebracht. Nun verabredete man absolute Vertraulichkeit und bediente sich eines Codenamens. Erst hieß Tesla in den Ministerien »Projekt T«, und da dieser Name sehr sperrig war, bekam das Projekt einfach den Namen des Doppeldeckers »Anuschka«. Das klang unverfänglicher. Man hielt auf allen Seiten dicht. Fast wäre die Sache aber noch geplatzt und Jörg Steinbach sieht sich als Schuldigen. Es war ja so: Zum Abschluss des Verhandlungsmarathons, das war dann im November 2019, wollte Elon Musk mit Jörg Steinbach und Ministerpräsident Dietmar Woidke persönlich sprechen. Der große Unbekannte zeigte Gesicht und Stimme in einer Videokonferenz. Und dabei wäre es fast zum Eklat gekommen. »Elon Musk begann das Gespräch am Telefon, er wäre völlig aufgeregt, diese Gigafabrik in Berlin bauen zu können und ich kann meine Klappe nicht halten, habe zärtlich an der Stelle gesagt: ›Fast. Brandenburg. Fünf Zentimeter daneben, neben Berlin.‹ Schweigen im Forst. Später, zwei Tage danach, meldete sich der Europa-Chef von Tesla bei dem Minister ›Du, bei uns hängt der Haussegen schief, also Tesla kann mit dem Titel ‚Gigafactory Grünheide‘ nicht leben, wir wollen das Ding ‚Gigafactory Berlin‘ nennen.‹ Und dann habe ich gesagt, das kann ich nachvollziehen, aber ›Gigafactory Berlin‹ ist genauso ein No-Go für uns.« Man sprach also wieder miteinander, dann gab es nach langem Hin und Her die Lösung »Gigafactory Berlin-Brandenburg« Darauf waren sie durch den Namen des neuen Flughafens gekommen. Inzwischen weiß Elon Musk, was Grünheide ist und wo es liegt, er war ja auch schon mehrmals da, und aussprechen kann er den Namen auch mit leidlichem Akzent. Aber die Autofabrik in Grünheide ist inzwischen bei ihm wieder Giga Berlin. So nennt er sie in seinen Tweets. »Na, Schwamm drüber«, scheint man im Ministerium dazu zu sagen, »der offizielle Name ist auch zu lang.«

Jörg Steinbach hat sich mehrmals mit Elon Musk getroffen. Er ist ein Musk-Kenner, wenn man so will, aber wer kennt ihn wirklich? Dass man an ihn schwer herankommt, ist allgemein bekannt, Jörg Steinbach ist dies gelungen. Dabei hat er so manche Überraschung erlebt. Auch die Geschichte im Berliner Hotel Adlon gehört zum Legendenschatz. Er wollte mal neben Woidke und Steinbach auch die Leute kennenlernen, die im Projektteam auf Brandenburger Seite dabei waren. Die Begegnung wurde generalstabsmäßig vorbereitet, der genaue Ort in der Hotellobby bestimmt, wo er seine Gäste begrüßen wollte. Fast schien es so, als sei er hier Hausherr und Jörg Steinbach eben »Gast«. Dass Elon Musk ein Kontrollfreak ist, sagt man ihm nach. »Gute

Kinderstube«, sagt der Minister. Man habe sich dann auch über das »Mindset« der Leute unterhalten, wie sie »so ticken«. Es gehe ihm eben um ihre Denkweise, nicht um Diplome. Andere Charaktereigenschaften, die Jörg Steinbach an Musk auffielen, seien seine große Spontaneität, die Detailbesessenheit, das »Tiefbrettbohren« und natürlich auch Empfänglichkeit für Anerkennung. Das wolle er auch schon mal, dass man sein Engagement in Grünheide wertschätze. Man habe sich bei den Treffen übrigens auch immer mal wieder über Physik unterhalten und beide seien ja vom Fach, Ingenieure eben. Die Geschichte von einer Begegnung auf dem Bauplatz zeige noch eine ganz andere Seite von ihm, seine Bodenständigkeit. Er habe ihm ein paar Dosen deutsches Bier mitgebracht und als die wichtigen Punkte der Unterredung dort abgehakt waren, hätten sie ein Picknick im Bauwagen gehabt, Döner mit Dosenbier deutscher Provenienz.

Ein Lieblingsthema habe ich mir bei der Unterredung noch aufgehoben. Wie hält es Jörg Steinbach mit der Opposition vor Ort, den Bürgerinitiativen, den Umweltverbänden, den einen oder anderen alarmierten Bürger? Sein schönes Grünheide, die Ruhe, der Wald, die Seen, alles unwiederbringlich verloren? Er sei ja den Diskussionen nicht aus dem Weg gegangen, auch nicht unangenehmen Fragen, die er ehrlich beantworten würde. Von folgendem Dialog erzählt er: (Bürger) »Können Sie mir garantieren, dass Grünheide so dörflich bleibt, wie es ist?« (Steinbach) »Habe ich gesagt, ich verspreche Ihnen das Gegenteil. [...] Jetzt lasst mal die Kirche im Dorf an der Stelle, fangt mal an, das als Chance zu begreifen. [...] Wenn Tesla hier nicht gekommen wäre, würde von der ganzen regionalen Entwicklung, dem Landesentwicklungsplan Brandenburg, mit euch niemand über weitere Schulen, weitere Kindergärten ... sprechen.« Meine damalige

Ausdrucksweise war »dümpeln«. »Dümpelt weiter vor euch hin.« Das war nicht sehr geschickt und er musste sich nachher dafür entschuldigen. Und auch dieser Meinung hat er immer widersprochen, Tesla sei ja okay, aber bitte lieber in der Lausitz, in den aufgelassenen Braunkohlegruben. »'Nen Kuchen haben, aber nicht essen wollen«, sagt er dazu, das ginge nicht. So umschreibt er das altbekannte Sankt-Florians-Prinzip »Verschone mein Haus, zünd' andere an«.

Was geht? Es ging in den letzten Tagen vor unserer Verabredung vor allem um die Sicherheitsleistung von 100 Millionen Euro, die Tesla hinterlegen sollte, falls der Rückbau wegen einer negativen Entscheidung der Genehmigungsbehörde fällig würde. Fristen für die Hinterlegung seien verstrichen, schließlich habe man sich auf den 15. Januar als letzte Frist geeinigt. »Das Problem ist vom Tisch«, gibt Jörg Steinbach Insiderkenntnisse preis, die Einigung kam Heiligabend, mehr will er nicht verraten. Der Minister redet sich in Rage. Man könne doch einen Unternehmer, der schon 500 bis 600 Millionen Euro Kapital investiert habe, nicht mit einer Sicherheitsleistung kommen, wo doch die Genehmigungsprognose des Oberverwaltungsgerichtes bei der letzten Klage der Grünen Liga gegen vorläufige Genehmigungen im Bauprozess eine klare Sprache spreche.

Am Anfang des Gespräches hatte Jörg Steinbach ein kleines Holzauto vor mich auf den Tisch geknallt, Mr. Tesla stand auf der Seite, ein Geschenk seiner Mitarbeiter. Nun steht es wieder auf dem Tisch, Jörg Steinbach umfasst es fast zärtlich mit seinen großen Händen und grinst mit ihm in die Kamera meines Handys. Oder soll ich nicht doch lieber sagen, hat ein lausbübisches Gesicht aufgesetzt, wie ein kleiner Junge, der sich über sein Spielzeugauto freut.

Wieder zu Hause angekommen, gehe ich auf Google und mache die Seite »gesammelte Informationen der Staatskanzlei« auf. Dazu hatte mir die Pressesprecherin des Ministers geraten, wenn ich Informationen über Fördergelder von Land, Bund und der Europäischen Union für das Tesla-Projekt haben wolle. Dort seien die Fakten übersichtlich zusammengestellt. Und dann wüsste ich auch, was von den Gerüchten zu halten sei, die die Gegner der zukünftigen Autofabrik verbreiteten. Ich lese: »Die Investition soll laut Tesla für die Autofabrik bei etwa 5 Milliarden Euro liegen.« Für Tesla stünden, wie bei jedem anderen Unternehmen, Fördermöglichkeiten bereit mit einer gestaffelten GRW-Investitionsförderung (Gemeinschaftsaufgabe »Verbesserung der regionalen Wirtschaftsstruktur«). Dann werden im Detail prozentuale Beteiligungen des Landes bei Investitionen bis 100 Millionen Euro aufgeführt, Prozentsätze liegen bei 20, 10 und 6,8 Prozent je nach Höhe der Investitionen. Bei Summen von über 100 Millionen Euro Förderung sei eine Notifizierung der EU-Kommission erforderlich, heißt es weiter. Und: »Zu einer Auszahlung der Fördermittel könnte es erst nach Bewilligung des Antrags und Produktionsbeginn kommen.« Als ich das Gespräch mit Jörg Steinbach führe, schreiben wir den 8. Januar 2021. Die Produktion liegt noch in weiter Ferne, noch muss Elon Musk sein Werk mit eigenen Mitteln realisieren. Oder doch nicht? Hoffnung kommt auf. Die Batteriezellenfertigung in Grünheide soll mit 1,2 Milliarden Euro der EU gefördert werden. Zukunftsversprechen, die aber jetzt schon deutlich machen, dass Elon Musk mit erheblichen Mitteln vom Steuerzahler in Europa bei der Errichtung seiner Gigafactory rechnen kann. Und die anderen Fördermittel, die angeblich so üppig sind? Da gäbe es noch eine Weiterbildungsförderung zur Fachkräftequalifizierung bis zu 50 Prozent, die Tesla auch zugutekäme, Mittel des Landes für die Gemeinde für ihr Infrastrukturprogramm, auch das wird sich einmal auszahlen …

Januar 2021: Endspurt? Versuch einer Bilanz

Wie in einem Knoten schien alles miteinander festgezurrt. Und keiner in Sicht, um ihn wie den gordischen Knoten durchzuhauen. War das meine Halbzeitbilanz? Ich selbst musste mich daran erinnern, im Juni 2020 hatte ich mit der Recherche angefangen, nach ausführlichem Studium von Presse und anderen Quellen. Tesla, Musk und Grünheide bestimmten ja schon seit November 2019 die öffentlichen Diskussionen. Im Juni 2020 also hatte ich mich auf den Weg gemacht, verschiedene, oft auch konträre Meinungen zum Gigaprojekt registriert, das im Forst bei Grünheide entstehen sollte. Die Leute hatten nicht hinter den Berg gehalten, und auch Politiker aller Couleur machten aus ihrer Meinung kein Geheimnis. Als hätte Musk die Leute verzaubert, sie öffneten alle bereitwillig ihren Mund. Selten hatte ich als Journalist bisher diese Auskunftsfreude erlebt. Heimat, die Verbundenheit mit ihr, schien ein unüberbrückbarer Gegensatz zu der Heimat mit Tesla-Zukunft zu sein. Baugenehmigungen wurden vorzeitig vom Landesamt für Umwelt ausgesprochen, Bürgerinitiativen und Umweltverbände klagten dagegen, Gerichte wurden bemüht. Am Ende baute König Musk weiter im Grünheider Forst und bald stand der Rohbau der neuen Fabrik trotz der vielen Einsprüche. In Erkner, nicht weit vom Geschehen entfernt, fand eine achttägige Erörterung statt, in der alle Einwender des Projekts zu Wort kamen, die gegen die Fabrikpläne von

Tesla, die öffentlich auslagen, Kritik vorbrachten. Es wurde ein Schauspiel in mehreren Akten in der Stadthalle von Erkner gegeben, fast ein Theaterstück, jedenfalls ein Lehrstück in Staatsbürgerkunde. Immer wieder war ich da draußen und zog tief beeindruckt von dem Engagement der Einwender von dannen. Da mischte sich sachliche Kompetenz mit Leidenschaft für die Aufklärung der Dinge hinter den Dingen. Und auch die Behörde, die sozusagen diesem Gericht vorsaß, wollte dem Austausch von Argumenten nicht im Wege stehen. So ging es in den Herbst mit neuen vorzeitigen Genehmigungen und das Werk wuchs weiter. Im Gemeinderat passte man den alten Bebauungsplan an neue Gegebenheiten an, er wurde mit großer Mehrheit verabschiedet und damit auch die Pläne für eine neue Verkehrsinfrastruktur. Wenn Tausende und Abertausende Tesla-Mitarbeiter ab Juli 2021 die Gegend um das Werk fluten sollten, musste auch geklärt sein, welche Rolle Bahn, Bus und Auto spielen könnten. Immobilienmakler vor Ort waren meine Auskunftspersonen, die zuständige Arbeitsagentur in Frankfurt (Oder), Tesla Fahrer, die mit Stolz ihren Tesla durch die Gegend fahren und auch mal meckern, weil ihr Neuwagen auf der grünen Wiese ausgeliefert wird, mit ein paar übersehbaren Macken. Schließlich war ich auch Chronist für die Argumente der Grünen Liga, anderer Naturschutzverbände und der Bürgerinitiative gegen das Werk. Ich besuchte die Landesregierung und einige ihrer Minister in Potsdam, die mit ihrem Bekenntnis »Pro Tesla« nicht nur für die Zukunft der Region, sondern auch für die Brandenburgs streiten wollten.

Jetzt also ist Halbzeit, die Mannschaften sind in der Kabine und entwerfen den Schlachtplan für die zweite Hälfte des Spiels. Die finale Genehmigung der Gigafactory durch das Landesamt für Umwelt, das Ergebnis der Umweltverträglichkeitsprüfung nach Paragraf 8a des Bundes-Immissionsschutzgesetzes steht noch infrage, es wird wohl positiv ausfallen, sagen die meisten Beobachter des Geschehens in Grünheide. Die Gegenseite wird das Urteil gründlich prüfen, vielleicht ergeben sich aus dem Studium noch Klagen oder Verbesserungen, die in die Genehmigung aufgenommen werden. Aber Tesla baut unbeeindruckt weiter. Die Lackiererei wird gerade mit Maschinen ausgestattet, ein neues Verfahren soll ausprobiert werden, die temporäre Aus- und Einfahrt zur Baustelle von der Autobahn aus wird das Baugeschehen beschleunigen, beim Landkreis Oder-Spree liegt ein Antrag auf Baugenehmigung für eine Lagerhalle auf dem Fabrikgelände vor, die einmal für die Batterieproduktion genutzt werden könnte. Also weiter dagegen kämpfen? Noch ist sich die Mannschaft der Gegner der Tesla-Pläne über ihre Taktik nicht im Klaren. Wie wird sie aus der Pausenkabine kommen? Musk ist schon auf dem Platz, unsichtbar zwar, aber seine Worte haben alle Beteiligten im Ohr. »Deutschland rocks« hatte er bei einem Besuch auf dem Bauplatz gesagt. Nicht Grünheide, nicht Brandenburg, nein Deutschland will er zum Tanzen bringen. Und, kein Schelm, der so etwas denkt, er will auch Europa und die ganze Welt »rocken«. »Hey guys«, Tesla in Grünheide ist erst mein Anfang.

Januar 2021: Gibt es eine Lex Tesla? Vermutungen von Michael Ganschow und Steffen Schorcht

Den Verdacht gab es schon lange bei Bürgerinitiativen in Grünheide, der Grünen Liga und Naturschutzverbänden, die gegen das Tesla-Werk opponierten. Allerlei Ungereimtheiten in Genehmigungsverfahren bedürften einer Aufklärung. Michael Ganschow von der Grünen Liga meint in unserem Gespräch, das Hin und Her mit der Sicherheitsleistung brächte ihn zum Grübeln. Erst hatte das Landesamt für Umweltschutz eine Frist bis zum 17. Dezember gesetzt, der Tesla nicht nachgekommen war. Dann war Behördenvertretern der Kragen geplatzt, wie er sagt, und sie hätten kurzfristig einen Baustopp verhängt, dann sollte, nach seinen Worten, am 4. Januar nun endlich über den Weg einer Bankbürgschaft oder durch die Zahlung auf ein Konto des Landes Brandenburg die Überweisung von 100 Millionen Euro erfolgen, dann hieß es plötzlich, nein, als Frist sei nun eine Frist bis zum 15. Januar gesetzt und von direkter Zahlung war auch keine Rede mehr, so Michael Ganschow. Da kenne sich ja keiner mehr aus, er vermute, dass die Fachaufsicht des Ministeriums Stopp gesagt hätte und dass dann am 23. Dezember die neuen Bedingungen ausgehandelt worden seien. Mit der Aussicht, dass die hundertprozentige Tochter von Tesla, das deutsche Unternehmen Grohmann, die Sicherheitsleistung erhielte und damit eine Garantieerklärung abgeben könne. Da mache sich einer einen Reim drauf. Es hieß auch, weiß er, dass wegen Bilanzschwierigkeiten Tesla Kalifornien so zögerlich bei der Anweisung der geforderten Summe gewesen sei. Mutmaßungen, Spekulationen um die Sicherheitsleistung, dies ominöse Wort, das in den Behörden inzwischen ein Eigenleben führte, und noch anderes »Ominöses« ist ihm bei einem Ortstermin auf dem Baugelände in Freienbrink-Nord aufgefallen. Der Bau der temporären Ausfahrt vom Baustellengelände zur nahe gelegenen Autobahn sei mit dem Straßenbauamt besprochen worden. Da wolle man mit Tesla-Tempo bauen, die Genehmigungen kämen schon noch.

»Da habe ich nur den Kopf schütteln können«, sagt er dazu. Da würde von oben nach unten etwas durchgestellt und das Etwas hieße Tesla. Was tun? Michael Ganschow lässt im Gespräch durchblicken, dass man sich überfordert fühle und schließlich hätte seine Grüne Liga auch noch andere Probleme zu lösen.

Auch Steffen Schorcht von der Bürgerinitiative Grünheide hatte das dringende Bedürfnis, mit mir zu reden. Es gäbe so viele Neuigkeiten da draußen im Forst. Wir telefonierten uns einige Tage später zusammen.

Er hat eine Merkliste aufgestellt, die er mit mir abarbeiten will. Offene Fragen natürlich und wie weiter im Land Brandenburg mit Elon Musk? Das Wasser, natürlich, noch immer keine Lösung in Sicht. Die Wasserressourcen sind knapp, reichen nicht für den Wasserverbrauch des neuen Werkes. Man könne ja das Wasser von weiter weg mit Fernleitungen zuführen, hatte einmal der Bürgermeister von Grünheide gesagt. Eisenhüttenstadt, z. B. Frankfurt (Oder), Strausberg/Buckow, Königswusterhausen/Wildau, Fürstenwalde oder gar Berlin. Die Trinkwasserversorgung leide in der ganzen Region wegen jetzt schon Jahre anhaltender Trockenheit, die Grundwasserbildung ginge generell zurück. Auch ein letzter Ausweg aus dem Dilemma sei fragwürdig, Hangelsberg, ganz in der Nähe von Grünheide, hydrologisch zu untersuchen, aber dann drückt vielleicht das Wasser der Müggelspree hinein mit seinen Uferfiltraten. Also auch Fehlanzeige. Schließlich, meint Steffen Schorcht, bliebe nur eine Lösung. »Wenn man nachhaltig etwas machen will, muss man einen geschlossenen Wasserkreislauf im Werk machen.« Das sei ja technisch möglich, Frischwasser in die Fabrik und dann das Abwasser wieder zu Frischwasser machen. So ginge das doch, von Tesla habe er in der Sache aber nichts gehört.

Der B-Plan hatte die Gemüter in Grünheide bewegt, der Bebauungsplan mit Änderungen, den der Gemeinderat verabschiedet hatte. 19 gegen zwei Stimmen, ein überzeugendes Votum. Und nun läge er zur Unterschrift im Landratsamt Oder-Spree, sei noch nicht veröffentlicht, also nicht gültig. Die Corona-Fälle dort, das dauere.

Auch die Sicherheitsleistung wird aus der Büchse der Pandora gezogen. Nebelschwaden in Südwestdeutschland. Die Firma Grohmann erbringe die Sicherheitsleistung. Nun gut, wie sieht die Garantieerklärung für die geforderte Summe aus? Nichts Genaues weiß man. Und die Batteriefabrik selbst? Von Anträgen wüssten das Ministerium und das Landesamt für Umwelt laut *Berliner Zeitung* bisher nichts Genaues. Was ist mit der temporären Anschlussstelle zur Autobahn? Die wäre zunächst als Baustellenausfahrt geplant, später sei sie dann die »finale Anschlussstelle«, wie sich Steffen Schorcht ausdrückt. Da gäbe es auch einen Antrag, in der Formulierung »alles ganz schwammig«, sagt Steffen Schorcht. Er war bei der Begehung in Freienbrink Nord dabei. »Sie können sich nicht vorstellen, was wir für einen Druck von oben haben«, hätte eine Mitarbeiterin vom Straßenbauamt gesagt. Nun gäbe es noch eine Besonderheit, genau an der Stelle, an der die temporäre Anschlussstelle geplant sei, habe man wieder Reptilien gefunden, die Zauneidechse also und die Schlingnatter. »Stirbt Tesla wegen einer Zauneidechse?«, hieß es damals in einem Tagesschaubericht. Mit dem Spott könne er leben, die Tiere seien nun mal streng geschützt. Aber im Moment könne man wenig ausrichten, nicht nur der Tierchen wegen. Solange der neue Bebauungsplan auf dem Schreibtisch im Landratsamt liege, Baugenehmigungen nicht entschieden seien, auch der Umweltverträglichkeitsbescheid noch ausstehe, gäbe es keine juristische Handhabe. Man muss abwarten.

13., 14., und 15. Februar 2021: »Ach du grüne Neune«. Mutmaßungen und Gewissheiten in Grünheide

Ich kenne sie ja schon lange, Christine de Bailly, die in Grünheide ihren Netz-Werk-Laden betreibt, Albrecht Köhler, der GrünheideForFuture gegründet hat, Lothar Runge, der seine Heimatstube mit viel Herzblut betreibt, andere nennen es das »Heimatmuseum von Grünheide«, Steffen Schorcht, der nicht lockerlässt, Tesla mit seiner Bürgerinitiative das Leben schwer zu machen ... Sie alle haben von der neunten vorzeitigen Genehmigung des Landesumweltamtes für Tesla gehört, die Firma könne nun weitere Anlagenteile für die Lackiererei, das Presswerk und den Karosseriebau in den fertigen Rohbau in Freienbrink-Nord installieren. »Ach du grüne Neune«, würde wohl Steffen Schorcht sagen, und der zehnte Antrag auf vorzeitige Genehmigung würde gewiss auch bald kommen, da sind sich alle einig. Wird das immer so weitergehen? Man weiß nicht so recht, von einer endgültigen Genehmigung nach dem Bundes-Immissionsschutzgesetz Ende März ist jetzt die Rede. Aber die Hand dafür ins Feuer legen, will in diesen Wintertagen keiner.

Christine de Bailly beschäftigt sich nicht mit Weissagungen, sondern mit konkreten Dingen. Am 18. August 2020 hatte ich sie das letzte Mal besucht und sie hatte von der Gründung eines neuen Vereins gesprochen. GrünheideNetzWerk e.V. sollte er heißen und »die Tür weit öffnen für mehr Kommunikation unter den Bürgern. Farbe bekennen«. Für wen, für was, war meine Frage gewesen. Jetzt haben sie eine Satzung. »Wir wollen die Grünheider Region lebendiger und liebenswerter machen, Demokratieverständnis und Zusammenhalt fördern, für Wissenschaft begeistern und Visionen wahr werden lassen«, sollte es in der Präambel des Vereins heißen, das war so angedacht und im September 2020 wurde dieser Plan dann Wirklichkeit. Etwas später stieß auch Albrecht Köhler mit seiner Initiative GrünheideForFuture zum Verein. Nun waren die Gutwilligen zusammen, die Grünheider Bürger, die die Tesla-Fabrik als Chance begriffen. »Wenn Veränderungen dieser Größenordnung anstehen, muss man sein Engagement neu definieren, verbreitern und sich selbst auch verändern«, sagte mir Christine de Bailly damals.

Wie sieht es nun heute aus, mitten im Corona-Lockdown? »Wir kommunizieren täglich miteinander«, erzählt sie mir, natürlich digital, online, auch die Vorstandssitzungen, Mitgliederversammlungen des Vereins werden so abgehalten. Man hat Anleitungen für Nistkästen online gestellt und das Projekt Blühwiesen für die Rettung der Bienen vorangetrieben. Umweltthemen sind ihr wichtig, damit will der Verein in Grünheide auf sich aufmerksam machen. »Wir sind kein Tesla-Verein«, sagt sie, »nur weil wir nicht gegen Tesla demonstrieren.« Aber Tesla sei Fortschritt und Entwicklung der Gesellschaft und dafür seien sie halt. Es hätten sich auch schon einige auf diesen »Fortschritt« eingestellt und Wohnungen und Häuser zur Miete oder zum Verkauf »an Tesla-Personal« angeboten.

Wie die Stimmung so ganz allgemein in der Gemeinde ist, will ich wissen. Na ja, da gäbe es auch ein paar Wermutstropfen, man höre so einiges. Es hätten sich schon viele bei Tesla beworben, aber Zusagen zu Einstellungsgesprächen kämen nur tröpfchenweise. Stottert der Tesla-Motor? Zum Abschied lädt sie mich zu einer Vereinssitzung ein, im März soll sie stattfinden, wieder online, versteht sich, einen Link will sie mir schicken, dann könnte man sich auf dem Bildschirm wiedersehen.

»Ein niederschwelliges Projekt«, sagt Albrecht Köhler, den ich am 14. Februar anrufe, auch wegen Corona, ich bin noch nicht zweimal geimpft. Er meint die Sache mit den Nistkästen, die Sache mit den Blühwiesen, sie hätten jetzt ja eine Webseite und würden sich austauschen, sich gegenseitig Tipps geben, wie man so einen Nistkasten artgerecht baut. Mit »Tipps« meint er ein Diskussionsforum, wenn man so will, auf dem die Mitglieder sich nun über die Baupläne von Nistkästen austauschen. »In den alltäglichen Dingen auch mal die Wissenschaft zu betrachten«, sei auch so ein Ziel.

Albrecht Köhler hat ja nicht nur diesen Verein ins Leben gerufen, er ist auch weiter rund um das Baugelände mit seiner Drohne aktiv oder mit der Kamera unterwegs. Sich selbst bezeichnet er auch mal als Foto-Dokumentarist. Da würde er gerne mehr mitmachen, neben seiner Tätigkeit in der Rettungsstelle des Rüdersdorfer Krankenhauses. »Wie sieht es jetzt an der Baustelle aus?«, will ich von ihm wissen. Werden die Maschinen für die Lackiererei, für das Presswerk jetzt eingebaut? Was ist mit der Giga-Press, der größten Hochdruckguss-Maschine der Welt, die in Grünheide zum Einsatz kommen soll? Kann man das Monstrum schon sehen?

Es ist ja so: Für Elon Musk ist Tesla in Grünheide auch ein Experimentierfeld für die Autoproduktion von E-Autos. Gemeinsam mit der italienischen Firma Idra Group war eine erste Giga-Press entstanden, die er im amerikanischen Stammwerk Fremont installierte. Eine Giga-Press, die mehr als 400 Tonnen wog und die er im Freien aufbaute, weil sie in keine der damaligen Hallen passte. Dann baute er eine neue Halle um das Monstrum herum. Aber das war noch nicht alles. 2016 bestellte der Autobauer bei Idra eine Druckgussmaschine für die Fertigung von Fahrzeugkomponenten in einem Arbeitsgang. Heute produziert Idra die größten Maschinen der Welt mit einem Pressdruck von 5.500 und 6.200 Tonnen. Mit Pressen dieses gigantischen Ausmaßes soll auch bei Tesla in Grünheide der Unibody von Modell Y aus einem Guss hergestellt werden. »Sind sie schon da?«, frage ich neugierig, »und was ist mit den Robotern, die die Tesla-Tochter Grohmann mitentwickelt hat?«

Albrecht Köhler hält sich in unserem Gespräch an Fakten, die seine Drohne aufspürt. »Da sieht man jetzt regelmäßig Lkws anfahren, die Bauteile ablagern und die in die entsprechenden Gebäudeteile verbracht werden.« Große Lackieranlagen vom nahe gelegenen Güterverteilzentrum in Freienbrink würden in das Werk geschafft, Teile der Giga-Press, die aus verflüssigtem Aluminium die Karosserie in einem Arbeitsgang pressen soll, stünden schon bereit. Das Monstrum wird pressen, wie Albrecht Köhler weiß, es stände schon in Teilen auf dem Baugelände. Ein Monstrum, wohlbemerkt, noch in Einzelteile zerlegt.

Auf das Rettungszentrum, das bei Tesla entstehen soll, komme ich noch zu sprechen, das müsste Albrecht Köhler doch auch interessieren, ihn als gelernte Pflegekraft. Vielleicht will er zu Tesla wechseln? »Ein kleines Hospital mit einer Röntgenabteilung«, sagt er, wolle man auf dem Werksgelände einrichten, mit Betriebsarzt und Pflegern, da gäbe es dann schon einiges zu tun, »sicherlich viele Bagatellunfälle, ein gequetschter Daumen und so was«. »Auch Arbeitsunfälle von anderem Kaliber?«, frage ich. »Da kommt schon einiges zusammen, gerade wenn man an Maschinen und Robotern arbeitet«, gibt er zu. »Ich strecke da so ein bisschen meine Fühler aus, vielleicht kann man da was verbinden, zu 75 Prozent in der werkseigenen Klinik angestellt und zu 25 Prozent als Foto-Dokumentarist.« Das wäre doch was für seine eigene Zukunft.

Verbunden mit seiner Heimat trotz Tesla fühlt sich Lothar Runge, mit dem ich an einem Februarmorgen telefoniere. Ich habe noch seine Stimme im Ohr, mit der er am 1. Oktober in der Stadthalle von Erkner seine Einwendung vorbrachte. »Ja, E166 aus Grünheide. Ich bin dort im Ortsbeirat tätig und Vorsitzender vom Heimatverein.« Vor allem ging es ihm wieder um das Verkehrsaufkommen in der Gemeinde, wenn Tesla mal mit der Produktion anfängt, um den Baustellenverkehr, der jetzt schon spürbar sei, ob man da nicht Abhilfe schaffen könne.

Mit dem Verkehrsproblem hat er es auch heute. Das lässt ihn nicht los. Zum Beispiel der Bahnhof Fangschleuse. Da gäbe es Schranken, die zweitweise den Straßenverkehr stoppten, »ein Nadelöhr«, hatte er mir in einem früheren Gespräch erzählt. »Der Bahnhof ist jetzt schon über hundert Jahre alt und da hat sich ja ein bisschen der Ort drumherum entwickelt.« Und wenn der verlegt würde, nahe zum Werksgelände von Tesla, wie es die Planungen ja vorsähen, dann liefe keiner mehr zum Bahnhof. »Es ist einfach so, der Bahnhof soll um zwei Kilometer verschoben werden, da läuft keiner mehr, es sind ja beinah fünf Kilometer [...], im Moment hat man bis zur Ortsmitte 2,1 Kilometer [...] Es ist eigentlich ein Jammer, wir müssen den Ort verschieben«, sagt er noch. Wird wegen Tesla Grünheide neu erfunden? Es wurde schon viele Male neu erfunden. Er erinnert an die Stasi-Vergangenheit des Ortes, zu der jetzt eine umfangreiche Dokumentation erschienen ist. »Die Logistik der Repression« ist diese Studie überschrieben, die die Bundeszentrale für politische Bildung veröffentlicht hat. »Da, wo der amerikanische Autokonzern Tesla in Brandenburg einen Produktionsort errichten will, existierte früher eine umfangreiche Zentrale Versorgungsbasis für das MfS. Das 200 Hektar große Sperrgebiet war unzugänglich und erfüllte für die Staatssicherheit mehrere Funktionen, sei es als Logistikzentrum, Ausbildungsstätte, Hundeschule oder Stasi-Kinderferienlager«, heißt es in der Studie. Schon einmal schien dieses Gelände für große Unternehmungen geeignet zu sein, wenn auch in diesem Fall für einen staatlichen Investor, für den DDR-Staat.

Die neunte vorzeitige Genehmigung ist natürlich auch bei der Bürgerinitiative in Grünheide und bei den Naturschutzverbänden wieder Thema. Steffen Schorcht berichtet am Telefon. Neben Pfahlgründungen auf dem Baugelände, möglicher Salzwasseraufstieg als Folge ist ihm jetzt das Thema von eventuellen Störfällen besonders wichtig. Da gäbe ja mal wieder keine genauen Angaben zu möglichen Emissionen vom Werk. Deswegen zöge sich auch die Umweltverträglichkeitsprüfung hin. Wenn zum Beispiel Schadstoffe in das Grundwasser kämen. Ein Schreckensszenario. Was dann? Eine prekäre Situation auch für das Landesumweltamt. »Es ist wohl so, dass sich keiner dem Herrn Steinbach zu sagen traut, dass eine neue Auslage notwendig ist.« – »Also Zeitverzug«, folgere ich. »Da ist jetzt offen, wie es so weitergeht.« Und weitere Verwirrung gäbe es um die geplante Lagerhalle. Tesla habe seinen Antrag auf Errichtung einer Lagerhalle beim Bauamt in Beeskow wieder zurückgezogen. »Wie es auch da weitergeht, wissen wir nicht.« In diesen Februartagen ist offensichtlich einiges in Unordnung geraten, auch mit der temporären Autobahnabfahrt ginge es nicht weiter. Auf der gerodeten Fläche herrsche Frost. Was ist mit dem Artenschutz von Schlingnattern und Zauneidechsen auf dem Gelände? Auch ein Dauerthema. Eine Nachricht habe ich dann fünf Tage nach dem Gespräch mit Steffen Schorcht aufgeschnappt. Der *rbb* meldet am Samstag, den 20. Februar, um 10.10 Uhr: »Zauneidechsen und Schlingnattern sorgen für Streit auf der Baustelle des Tesla-Werks in Grünheide. Die Staatsanwaltschaft Frankfurt (Oder) ermittelt, nachdem Tierschützer dem Autobauer die Tötung und Verdrängung von geschützten Tierarten vorgeworfen haben. [...] Hier stehen durch Rodungsarbeiten von Tesla Eingriffe in den Lebensraum der Zauneidechsen und bestimmter geschützter Natternarten im Raum.« Geht alles wieder von vorne los?, frage ich mich. Die Erörterung in der Stadthalle von Erkner, sie wirft lange Schatten.

Speedy Elon Musk – die Welt ist eine Tesla-Welt

Eventuelle Zeitverzögerungen beim Bau der Autofabrik in Grünheide schrecken Musk nicht. Es stand ja zum Jahreswechsel 2020/21 in den Zeitungen und die Meldungen häuften sich. Ganz im Gegensatz zu Steffen Schorcht und anderen Kritikern, die Elon Musk wegen zunehmender Konkurrenz auf dem E-Automobil-Sektor Schwierigkeiten voraussagen, zeigte er sich optimistisch. Da hieß es ja, er wolle im Jahr 2030 20 Millionen Teslas produzieren, das würde die gesamte Jahresproduktion der bisher weltweit größten Autohersteller, VW und Toyota, noch übertreffen. Bisher ist Tesla ja, nach Fertigungszahlen gerechnet, ein kleiner Autoproduzent. Das solle sich ändern, schon 2021 könne das Wachstum bei mehr als 50 Prozent liegen. Große Zahlen, führte er ins Feld. Grünheide spiele dabei neben Shanghai und der neuen Fabrik in Austin/Texas eine Schlüsselrolle. Bald würde man an die Stückzahl von einer Million produzierter Autos heranreichen. Das sei zwar noch keine »Masse«, wie VW seinen Jahresausstoß von weltweit 9,3 Millionen Autos beziffere, aber Musk plane Zukunft. »Bytes statt Blech« überschreibt *Der Spiegel* am 9. Januar 2021 einen Bericht über die Autobranche im digitalen Zeitalter. Und da kommt Musk gut weg, zur Unternehmenspolitik gehöre auch der Vorsprung bei der eingebauten Software im Auto. Man arbeite an selbstfahrenden Autos, demnächst würden die Tesla-Besitzer mit einem »Full Self Driving«-System für ihre Autos ausgestattet, die Kunden würden dann selbst zu Testfahrern des neuen Systems, hätten aber immer die Möglichkeit auf handgesteuerte Bedienung zu wechseln. Jetzt schon habe er die Möglichkeit über das Internet, wie in Smartphones üblicherweise vorhanden, Updates zu aktualisieren. Voraussetzung sei ein Zentralrechner, mit der alle Systeme im Auto gesteuert werden. Insider meinen spaßeshalber, Tesla sei ein Computer mit Karosserieverkleidung. Tatsächlich hat Elon Musk von Anfang an das Hauptgewicht auf die Software und nicht auf die Hardware bei der Entwicklung seiner Autos gelegt. VW, BMW und Mercedes rüsten nun nach, wie *Der Spiegel* am 9. Januar 2021 berichtete. VW habe beispielsweise eine eigene Abteilung gegründet, eine hauseigene Car.Software-Org., die auf dem digitalen Sektor nicht nur mit Tesla gleichziehen, sondern die Firma langfristig auch übertrumpfen solle. Die Gewichte verschieben sich auch bei anderen Autoherstellern immer mehr. Automechaniker gehören zu einem aussterbenden Beruf, IT-Spezialisten gehört die Zukunft. Die deutsche Konkurrenz hat konkrete Pläne, erfahre ich im März 2021 aus dem Blätterwald, um den Vorsprung von Tesla aufzuholen. »Electric first« heißt es bei BMW. Ende 2025 will der Konzern zwei Millionen Elektroautos ausliefern, ab 2030 soll jeder zweite weltweit verkaufte BMW »elektrisch« fahren. VW hat analog zum Battery Day von Elon Musk einen Power Day ausgerufen, berichtet *Der Tagesspiegel* am 15. März 2021. Was haben

Konzernchef Herbert Diess und Technologie-Vorstand Thomas Schmall zu verkünden? »Please note. This is not a car presentation.« Was aber dann? VW will Milliardenbeträge in die Batterieproduktion und den Aufbau einer Ladeinfrastruktur stecken. Sechs Zellfabriken in Europa sind das Ziel, um die Pole-Position im Rennen um die Weltführung von Elektromobilität und Batterietechnologie einzunehmen. »Unser Wandel wird schnell und beispiellos sein«, sagt der Konzernchef, eine Kampfansage an Elon Musk, mit dem er früher gern kooperiert hätte, um den Software-Vorsprung von Tesla auszunutzen. Ein weltweites Produktionsnetz von Batterie- und Autofabriken soll erweitert und ausgebaut werden. Dadurch sollen große Stückzahlen, wie bei VW in der Vergangenheit üblich, angestrebt werden. Stehen ab 2030 zehn Millionen E-Autos von VW an der Verkaufsrampe? Sicher ist, der Kleinwagen, der »Käfer mit Batterieantrieb« wird kommen. Elon Musk muss sich also sputen, wenn Tesla seine Vormachtstellung behalten will. »Schnell, schneller, Tesla«, erklärt sich auch so das Motto der Autofabrik in Grünheide?

Anfang März 2021: Entscheidungsblues

Erst hatte es geheißen, das Landesamt für Umwelt würde die finale Genehmigung im Dezember 2020 verkünden, dann im Januar, dann im Februar 2021, jetzt heißt es allgemein, der März sei der Monat der Entscheidung. Die Behörde lässt sich Zeit, sie überprüft die Einwendungen bis ins Detail, sie will ihre Entscheidung gerichtsfest machen. Umweltverbände und Bürgerinitiativen vermuten, sie würde mit der Genehmigung noch zusätzliche Auflagen für Tesla verbinden. Die Spannung steigt.

Ich entschließe mich zu einem Besuch in Grünheide, trotz Corona-Lockdowns. Es ist der erste Besuch in diesem Jahr. Einen schönen, nein, einen strahlenden Tag habe ich erwischt. Bei der Abfahrt Freienbrink geht es von der B1 auf eine Landstraße, die nach Grünheide führt. Und schon steht da das Werk im gleißenden Licht. Der Rohbau von Tesla erstreckt sich auf der gerodeten Fläche, jetzt wohlgeordnet und wohlsortiert, ja, jetzt kann ich mir hier eine Autofabrik vorstellen.

Zunächst mache ich noch mal eine Reise in die Vergangenheit von Grünheide, den Ort, der erst seit 1934 Grünheide heißt. Eberhard Rüdiger erzählt mir davon in der Heimatstube, in die Lothar Runge ihn gebeten hat, um dem Autor aus Berlin etwas über die Bootsbauertradition der Gemeinde zu berichten. 1934 sei das gewesen, da habe man die Gemeinde Werlsee in Grünheide umbenannt. Ein deutscher Name für einen Namen slawischen Ursprungs musste her. Eberhard Rüdiger stammt aus einer alten Bootsbauerfamilie, vor 128 Jahren vom Großvater gegründet und jetzt weitergeführt vom Urenkel. Jetzt heißt die Bootswerft »Marina«. Dass sich hier die vielen Bootswerfen ansiedelten, sei ja logisch. Die Löcknitz, die Seen, die Verbindung auf dem Wasserweg nach Berlin. Alles hing mit Berlin zusammen, meint er, »Berlin wurde aus dem Kahn gebaut«. Die rasch wachsende Stadt, die mit den Millionen der französischen Reparationen nach dem gewonnen Krieg 1870/71 immer größer wurde, sich zur Millionenmetropole auswuchs. Das Baumaterial wurde über die Spree auf Lastkähnen herangefahren. Als die Sechs-Tage-Woche eingeführt wurde, der Acht-Stunden-Tag kam, fuhr der Berliner ins »Grüne« raus, und sie kamen natürlich auch nach Grünheide, logierten sich ein oder bauten auch hier ihre Ferienhäuser an den schönen Seen. Wer sich dann noch ein Boot leisten konnte, hatte das große Los gezogen und konnte die schöne »Jejend« vom Wasser aus erkunden. Es herrschte Hochbetrieb und Hochkonjunktur bei den Bootsbauern, die sich zumeist an der Löcknitz ansiedelten. In der Heimatstube gibt es Schautafeln, auch Bootsmodelle zu diesem Kapitel der Geschichte Grünheides zu sehen, und ein Foto, das die Feierlichkeiten anlässlich der Umbenennung des Ortes festhält. »Auch ein Schild, »hier Bootsbau Paul Rüdiger«, dieses Schild wurde 1906 gemalt und hängt seit 1906 an derselben Stelle«, sagt Eberhard Rüdiger und sein Stolz auf die Familie ist nicht zu überhören. »1893, da steht mein Großvater, hier ein Arbeitstag von 1908, Ruderkähne geklinkert.« Ja, so war das, sagt sein Gesicht. Und er freut sich, er schmunzelt. »Und das ist das Meisterstück meines Vaters, eine 15er Wanderjolle.« Und heute? Wie geht es dem Betrieb nach Wendezeiten und anderen Umstellungen. Baut man denn überhaupt noch mit Holz? Oder eher mit Plastik? »Wir haben lange Wartelisten. Zum Glück, wie Tesla.« Und schon ist er in der Gegenwart angekommen, Tesla und Bootsbau, wie geht das zusammen? Die seien wohl alle erfinderisch gewesen, die Bootsbauer, wie seine Familie, jetzt setze Tesla die Tradition fort. Irgendwie. Eberhard Rüdiger hat nichts gegen die neue Autofabrik.

Mein zweiter Termin an diesem Tag ist der Netz-Werk-Laden am Marktplatz, ein Besuch bei Christine de Bailly, die den Ladenraum aufgeschlossen hat. Sonst ist er jetzt meist zu und die Veranstaltungen des Netzwerkes gehen nur online. Wegen Corona immer noch. Irgendwie ist das eine Zwischenzeit, die nicht enden will. Man rührt sich aber nach wie vor, man will ja zeigen, wir sind noch da, und auch der neu gegründete Verein GrünheideNetzWerk e.V. nutzt das Internet vermehrt, diskutiert, wie man die Zusammenarbeit verbessern, eine Struktur

10. März 2021: Erste Roboter sind im Gebäude der Karosseriefertigung zu sehen

11. März 2021: Die Gigafactory bei Nacht. Blick auf das Presswerk, im Vordergrund die A10.

14. Mai 2021: Die Schornsteine stehen bereit zum Transport

15. Mai 2021: Schornsteine werden per Hubschrauber aufs Dach gehoben

19. Mai 2021: Abwasserdruckleitungen werden circa 5,5 Kilometer durch den Ort Erkner verlegt

21. Mai 2021: Fundamentvorbereitungen für das Gebäude der Batteriezellenfertigung. Hier sollen in Zukunft neue Zellen mit Trockenelektroden gebaut werden.

6. Juni 2021: Im Herzstück der Fabrik stellen Druckgussmaschinen aus flüssigem Aluminium und mit 6.000 Tonnen Druck drei Karosserieteile her: Vorder-, Mittel- und Hinterteil – ein Novum

6. Juni 2021: Das Fundament der Batteriefertigung entsteht. Das Stahlgeflecht ist circa 1,80 Meter hoch.

27. Juni 2021: Teslabesitzer aus ganz Europa treffen sich zum 50. Geburtstag von Elon Musk

27. Juni 2021: Blick nach Südwesten aus circa 400 Meter Entfernung. Erkennbar ist ein großer Teil der 2. Rodungsphase. Ein Gericht hat entschieden, dass einzelne Bäume, die potenzielle Lebensräume für Reptilien sind, vorerst stehen bleiben müssen.

27. Juni 2021: Das gesamte Werksgelände. Zu sehen ist die erste von vier Ausbaustufen, im Hintergrund die Seen von Grünheide.

27. Juni 2021: Sicht von Norden auf das Gebäude für die Fahrzeug-produktion

4. August 2021: In wenigen Wochen wird hier mit dem Anbau für
den Haupteingang begonnen

8. September 2021: Immer mehr Stahlbetonfertigteile ragen in den Himmel. Hier sollen bald Batteriezellen produziert werden.

21. September 2021: Stahlbetonpfeiler des Batteriezellenfertigungs-
gebäudes

21. September 2021: Die erste final befestigte Straße wird angelegt.
Auf ihr können Besucher am Tag der offenen Tür erleben, wie Tesla-
Fahrzeuge des Typs Model Y beschleunigen.

7. Oktober 2021: Zwei Tage vor dem Tag der offenen Tür steht das Riesenrad

9. Oktober 2021: Elon Musk hält auf Deutsch eine kleine Ansprache, es ist sein sechster Besuch auf dem Gelände

11. Oktober 2021: Zum Tag der offenen Tür werden die ersten Grün-anlagen angelegt

23. Oktober 2021: Blick auf die Lackiererei. Am Gebäude sichtbar die RTO-Einheit (Regenerative Thermal Oxidiser – Abgasreinigung).

11. Oktober 2021: Die temporäre Autobahnauffahrt und -abfahrt auf dem Teslagelände

23. Oktober 2021: Regenauffangbecken (links) und die zukünftige Parkfläche für die fertigen Fahrzeuge (rechts) werden hergerichtet

29. Oktober 2021: Die zukünftige Fabrik für die Batteriezellenproduktion

29. Oktober 2021: Links entsteht ein Auffangbecken für Regenwasser. Das Treppenhaus im Bild rechts ziert eine künstlerische Darstellung von Umgebungssensordaten eines Teslas.

29. Oktober 2021: Straßen und Beleuchtungen werden gebaut. Im Vordergrund ist die Brücke »Alte Poststraße« über die A10 zu sehen. Blick von Nordwesten.

29. Oktober 2021: Tanklager sowie Brücken für Leitungen und Kabel werden aufgebaut

11. Januar 2020: Das Teslagelände vor der Rodung

15. April 2020: Das Teslagelände nach der Rodung

26. September 2021: Das Gebäude für den Fahrzeugbau (rechts) und die Antriebsfertigung-Batteriezusammenbau (mittig). Ganz rechts entsteht die Batteriezellenfertigungsfabrik.

11. November 2021: Mehr Parkplätze entstehen, und der spätere Haupt-eingang wird angebaut (links). Der Bereich rechts hinten wird für Logis-tikflächen vorbereitet.

2. Juni 2020: Blick von Norden auf das Teslagelände zu Beginn der Bauphase

11. Juni 2021: Blick von Norden auf das Teslagelände ein Jahr später

einziehen kann. Wie können wir unser Engagement »alltagstaug-
licher« machen, ist ein Stichwort, das sie oft erwähnt. Jetzt trifft
man sich eben drei- bis viermal in der Woche am Bildschirm.

Im Tannenweg ist Steffen Schorcht auch schon lange im
Homeoffice. Ich mache eine Biege nach Erkner, Ortsteil Karutzhöhe. Wie lange war ich schon nicht mehr hier. Schöner und
ruhiger kann man nicht wohnen, eine kleine Straße, Einfamilienhäuser links und rechts, dahinter der Wald. »Trotz Corona,
ich habe keine Langeweile«, so begrüßt er mich. Mich hatte die
Meldung in *Antenne Brandenburg* zu ihm geführt. Da hatte es
geheißen, Sascha Gehm, Baudezernent beim Landkreis Oder-
Spree habe für das Fundament der Lagerhalle nun doch eine
Genehmigung erteilt. Das sei juristisch sehr bedenklich, erzählt
mir Steffen Schorcht. Wenn in der Lagerhalle dann produziert
würde, gehöre der Komplex in das Verfahren nach dem Bundes-
Immissionsschutzgesetz, wenn dort das Batteriewerk hinkäme,
brauche es ein ganz neues Verfahren. Es hakt an allen Ecken und
Enden, das will er damit wieder sagen.

Der Zukunft zugewandt bleibt Albrecht Köhler, mit dem ich
an diesem Tag noch raus zur Baustelle fahre. Er will wieder seine Drohne steigen lassen. Jetzt könnte er mir vielleicht erklären,
was man auf der Baustelle im Detail sehen kann. Heute Morgen
hatte ich beim Vorbeifahren ja nur einen Panoramablick gehabt.
Albrecht Köhler stapft mit uns an der vielbefahrenen Landstraße
L 38 entlang, in Richtung einer Brücke. Auf ihr haben wir Höhen-
blick und den Höhenkick. Immerhin zehn Meter über dem Gelände können wir in den Rohbau hineinsehen. »Wir gehen jetzt
zum Bereich der neuen Lagerhalle.« Da sind schon Bagger unterwegs und wühlen sich in die Erde, um eine Baugrube für die
Fundamente zu schaffen. Man sieht auch ein Gleis am Waldrand

und davor eine Freifläche. Albrecht Köhler ist jetzt »Insider«, er erklärt: »Dann wird wahrscheinlich hier die Anladefläche sein, für die Maschinen später. [...] Davon gehe ich aus, dass wir viele Container mit Maschinen sehen werden, die dann hier gelagert und in die Hallen hineingefahren werden. [...] Dahinter ist der eigentliche Gebäudekomplex mit der Fertigungsstraße, mit der Lackiererei, dahinter ist die Pressanlage, an der Westseite zieht sich ziemlich lang die ›Body in White‹, das ist der Karosseriebau, unten der Teil Endfertigung, Montage und dazwischen, zwischen Endmontage und Lackiererei, ist die Gießerei, die Gießerei ist so das Herzstück der gesamten Fabrikanlage, weil dort die großen Front- und Rückteile gegossen und gepresst werden.« Ich stehe auf der Brücke und staune wieder einmal. Dieses vermaledeite Tesla-Tempo. Irgendwann werden viele Menschen diese Bauklötze, die nebeneinander und hintereinander dastehen, miteinander in Beziehung setzen und zum Leben erwecken und erst dann wird man sich vorstellen können, was für eine Fabrik Tesla wirklich ist.

März 2021: Da braut sich was zusammen. Ein Film, ein Brief und eine Sitzung mit Tesla-Vertretern

Ist Steffen Schorcht ein Held?, frage ich mich. Oder einfach nur ein kritischer Bürger, der lieber fragt als zu schweigen, wenn es um Veränderungen in seiner Heimat geht? In der *ZDF*-Reportage Frontal 21 vom 16. März 2021 über Tesla, eine Art Langzeitbeobachtung mit dem schönen Titel »Turbo, Tempo, Tesla – Elon Musk in Brandenburg« hat er seine Bedenken erklärt. Sein

Hauptargument, das Wasser und das Wasserschutzgebiet, der falsche Ort für die »grüne Fabrik«, die Tesla mit der Produktion von E-Autos so gerne sein will, dies Argument wiederholt er immer wieder. Eine Mitstreiterin bringt es noch auf einen anderen Punkt. Trixi Hundertmark ist Frührentnerin und ist gerade wegen der Natur hierhergezogen. »Ich denke, dass man hier eine ökologische Katastrophe bewusst herbeiführt. Denn wir wissen, dass gerade Ost-Brandenburg von Dürre und Waldbrand am meisten betroffen ist.« In der Reportage kommen auch der Chef des Wasserverbandes Strausberg-Erkner André Bähler und der Landrat des Landkreises Oder-Spree Florian Lindemann ausführlich zu Wort. André Bähler nennt Fakten, die auch Tesla wissen müsste. Bei einem jährlichen Verbrauch von 1,4 Millionen Kubikmeter Wasser würden zehn Prozent der Gesamtmenge, die der Wasserverband fördern kann, verbraucht. Wenn die Produktion dann in den Jahren 2022/23 hochgefahren werde, wäre nicht mehr genug Wasser für die Bevölkerung der Region da. Es gäbe dann Einschränkungen für die Verbraucher. Er nennt die Zahl 3,6 Millionen Kubikmeter, das seien 30 Prozent der Fördermenge nur für das Werk. »Also, wir können das Wasser auch nicht zaubern, [...]. Das ist kein synthetisches Produkt, ich kann nicht einfach Wasser herstellen«, sagt er. Axel Vogel, der zuständige Minister, erklärt im Film, dass für den Produktionsbeginn genug Wasser da sei, mit einer Einschränkung: »Und wenn es noch darüber hinausgehen sollte, dann könnte es sein, dass Entwicklungen nicht stattfinden.« Ein Schlüsselsatz in der Frontal-21-Sendung. Dass Wasser ein limitierender Faktor für den Fabrikausbau sei, wisse auch Tesla. Kann man dem glauben? Steffen Schorcht hat da seine Zweifel, zumal es Äußerungen aus dem Ministerium gäbe, die das Gegenteil erzählten.

Der Film spricht noch von anderen Ungereimtheiten, laut Steffen Schorcht. Landrat Rolf Lindemann hätte da erklärt: »Es bringt der Region nichts, wenn die Leute, die bei Tesla arbeiten, alle aus Berlin kommen oder sonst woher kommen. Und wenn die ganzen Effekte, die wir erwarten, nicht eintreten, dann haben wir uns nur Infrastrukturprobleme eingekauft.« Und formuliert vorsichtig: »In einem halben Jahr wird Produktionsbeginn sein, dann wird allen anderen schlagartig klar, dass wir da unter Umständen doch nicht so gut aufgestellt sind, was die Bewältigung gerade dieser Konfliktsituation anbelangt, und dann wird ein Watschenmann gesucht und für diesen Watschenmann stehe ich nicht zur Verfügung«, so sein abschließendes Statement im ZDF-Bericht. Steffen Schorcht nennt mir den Namen der Redakteurin der Sendung, die könne vielleicht noch mehr erzählen. Elon Musk sei »not amused« gewesen, wird sie mir am Telefon verraten. Die Redaktion habe ihn im Gegenzug aufgefordert, sich einem Interview zu stellen. Eine Antwort sei aber ausgeblieben. Immerhin, sagt Steffen Schorcht noch, aber das sei mal ein kritischer Bericht gewesen, wo doch sonst viele Jubeltöne in den Medien zu hören und zu sehen seien.

Die Niederschlagsversickerung, ja, was ist mit der Niederschlagsversickerung? Steffen Schorcht erläutert es mir. Ja, es hätte Ärger gegeben wegen eines Konzeptes zur Niederschlagswasserversickerung.

»Niederschlagswasserversickerung«, dieses Wortungetüm hatte schon während der Anhörung in Erkner eine Rolle gespielt, wie mir Steffen Schorcht nun erklärt. Wasserversickerung sei intensiv diskutiert worden. Regenwasser, was bis dato im Wald versickert war, müsse nun aufgefangen werden. Aber wie und wo, war ein Streitpunkt, da der Boden durch Tesla weiträumig versiegelt sei. Ein zentrales Versickerungsbecken nahe dem Bahndamm war in Planung, das das Regenwasser außerhalb des Wasserschutzgebietes in Richtung Löcknitz abgeleitet hätte. Allerdings auch mit Schadstoffen der Fabrik, die in die Luft abgegeben würden trotz vorgeschalteter Filter, belastet. Schließlich wäre dieses Regenwasser auf diesem Weg dann auch in den Brunnen der Nachbarn gelandet. Ich erinnere mich, wie heftig diese Diskussion gewesen war. Viele Einwender fürchteten auch um die Qualität des Trinkwassers, weil durch die Versiegelung des Bodens unter der Fabrik, der Untergrund »trocken« fiele und Salzwasser in den Grundwasserleiter aufsteigen könne. Nun habe man die Planung des Werkes offensichtlich geändert, die jetzt der Unteren Wasserbehörde zur Prüfung vorliege, ein Verfahren mit Öffentlichkeitsbeteiligung sei aber nicht beabsichtigt, wie Frauke Zelt, die Pressesprecherin des Landesumweltamtes, ausführte. Ja, so sei es nun, die drei Bürgervereine hätten keine Antwort auf einen offenen Brief erhalten, den sie dann an das Landesumweltamt geschrieben hatten. »Wir sind ja hier als Bürger betroffen, das Grundwasser gehört uns allen«, sagt Steffen Schorcht mir noch. »Wasser ist Gemeineigentum. Die Kommunen, die auf diesem Grundwasser sitzen, nutzen das Grundwasser im Interesse der Allgemeinheit. [...] Jetzt haben wir den Zustand, dass das Gut Wasser [...] als Wirtschaftsgut verwendet wird, mit dem Ziel des Gewinns, [...]. Und daher entsteht natürlich jetzt die Empörung bei uns, bei den Bürgern, es kann ja nicht sein, es wird ohne die Bürger, die Betroffenen, die jetzt Nutznießer dieses Wassers sind, die es als Lebensgrundlage haben, [...] wird über die Köpfe der Besitzer, wird das Wasser an andere abgegeben, das ist eigentlich ein Zustand, wie wir ihn auch aus der Kolonialzeit kennen, mit einem Unterschied, wir haben keine Glasperlen geschenkt bekommen.«

Eine Nachricht schlägt in Berlin und Brandenburg Wellen, einer ihrer Urheber ist wieder Steffen Schorcht mit seinen Ortskenntnissen. Am 18. März meldet der *Tagesspiegel*: »Tesla rast die Zeit davon«. Ausgerechnet Tesla, deren Besitzer Elon Musk sich als Herr der Zeit sieht, als wollte er sagen, die hört auf mich wie ein Schoßhund. Was ist auf dem Baugelände in Freienbrink-Nord so Dramatisches passiert? Der Bau der zentralen Abwasserleitung habe noch nicht einmal begonnen, Wasser- und Abwasserleitungen seien auf dem Gelände noch nicht verlegt. Das sind Grundvoraussetzungen für eine Produktion der Tesla-Autos. Da ist man also im Verzug, in einem gewaltigen Verzug, denn die Leitungen sollten schon im Februar/März fertig sein. Es scheint so, als seien auch die Manager vor Ort nervös geworden, die Vorgaben von Elon Musk, sind sie noch zu erfüllen? Neuerdings zeigen sich die Manager vor Ort gesprächsbereiter. Eine Gesprächsrunde mit Vertretern von Naturschutzverbänden und Tesla-Verantwortlichen tagt an diesem 18. März zum zweiten Mal. Mit dabei ist natürlich auch Steffen Schorcht. Seine Einschätzung klingt nicht sehr optimistisch, im Gegenteil: »Es ist deprimierend, die ziehen ihr Ding durch. [...] Sie haben einen Vertrag mit der Landesregierung geschlossen und die Landesregierung, sage ich jetzt, hat ihnen das Blaue vom Himmel versprochen, zugesagt, und das fordern sie jetzt ein. Das betrifft die ganzen Ressourcen, die eigentlich nicht da sind. Wasser, Arbeitskräfte, Elektrizität, Fläche, Infrastruktur, Fahrzeuge, Straßen, Radwege, das ist schon sehr heftig.«

Hatte der Gemeinderat von Grünheide nicht gerade eine Änderung des Bebauungsplans verabschiedet, der die Verkehrswege um das Werk regeln sollte?, frage ich mich. An der Fläche kann es auch nicht liegen, wenn Tesla Probleme bekommt, schließlich ist da noch viel »Jejend«. Was also meint Steffen Schorcht wirklich? Ihm fehlt die Planungssicherheit von Tesla, es hieße mal so und mal so … Zum Beispiel die Lagerhalle, deren Fundamentierung kürzlich mit der neunten vorläufigen Genehmigung des Landesumweltamtes abgesegnet wurde. Die Batteriefabrik, die auf das Gelände kommen soll. In der ersten Runde hieß es, das sei alles noch nicht spruchreif, jetzt heißt es, die Batteriefabrik kommt dahin, wo die Lagerhalle geplant ist. »Die haben uns die Taschen vollgehauen«, kommentiert Steffen Schorcht diesen Sinneswandel. Trotz all dieser Tricks, trotz der Ungewissheiten und Unbestimmtheiten will er mit den Tesla-Vertretern in dieser Runde weiterreden. Was bleibt ihm auch anderes übrig? »Wir versuchen auf der Ebene, die Auswirkungen für die Natur und die Anwohner so gering wie möglich zu halten.« Ist Steffen Schorcht ein Don Quichotte der Gegenwart, der statt gegen Windmühlenflügel gegen Tesla kämpft? Und doch auch ein Held?

23. März 2021: Aufrüsten statt Abrüsten. »Teammeeting des GrünheideNetzWerk e.V.«

»Visionen wahr werden lassen« hatte es bei der Gründung des Vereins GrünheideNetzWerk e.V. im September 2020 ja geheißen. Heute findet wieder ein Teammeeting statt, diesmal mit einem besonderen Gast des Aktionsbündnisses »Brandenburg gegen Rechtsextremismus, Gewalt und Fremdenfeindlichkeit«. Gewalt und Fremdenfeindlichkeit. Das passt schon ganz gut zu den Zielen dieser »Bürgerinitiative«, die auch in der Vergangenheit mit dem Vorläufer des Vereins Netz-Werk-Laden gegen

Rechts mobilgemacht und sich um die Flüchtlinge gekümmert hatte, die auch in der Gemeinde Grünheide strandeten. Zu den Überzeugungen der Vereinsmitglieder gehört auch eine pragmatische Haltung zu Tesla. »Nicht abrüsten« wie die Gegner, »aufrüsten«, sagen sie, und meinen damit ihre Gemeinde aufzurüsten mit den Steuergeldern der Autofabrik, die dann zur Verfügung stehen werden. Sie sehen sich auch als Zukunftswerkstatt, die durch die Geschichte der Region »geerdet« ist. Keine Technikfreaks sind hier also zu besichtigen, sondern wachsame Bürger der Gemeinde, die sich engagieren wollen. Ich denke an Steffen Schorcht und die Bürgervereine, die gegen Tesla ankämpfen. Auch sie sind ja wachsame Bürger, warum tun sich die beiden Vereine nicht zusammen und bewältigen gemeinsam die Tesla-Gegenwart? Vorerst führt sie kein Weg zusammen, die Gegner wollen »mit dem Tesla-Verein«, so nennen sie das neue Grünheider Netzwerk, nichts zu tun haben und die NetzWerker sagen, die wollen mit uns sowieso nicht reden. Es herrscht Sprachlosigkeit. Dabei zeigt die Einladung an das Aktionsbündnis gegen Rechtsradikalismus Gemeinsamkeiten. Auch Steffen Schorcht hatte dafür gesorgt, dass sich die Protestler deutlich von den Aktivisten aus dem Umfeld der AfD distanzierten, die die Tesla-Gegner für ihre Zwecke vereinnahmen wollten. Damals kamen Gerüchte auf, die Gegner von Tesla seien durch Rechtsradikale unterwandert worden, das grüne Image schillere braun, und Steffen Schorcht sagte mir: »Man hat sich nicht mit unseren Anliegen in diesem Bereich Tesla-Ansiedlung, Standortwahl beschäftigt, sondern man hat uns in die rechte Ecke gestellt. [...] Das war natürlich ein herber Rückschlag für unsere Organisation, noch mal 'ne klare Trennung zu machen, [...] die Energie ist zum großen Teil da hineingegangen.«

Nun also sitzt Frauke Büttner vom Aktionsbündnis beim Teammeeting dabei und fragt per Bildschirm in die Runde hinein, mit welchen Aktionen man der braunen Gefahr in dieser Region begegnen wolle. »Rechtsextreme Tendenzen abwehren«, sagt einer, sei ihr Ziel. »Gegen Vorurteile vorgehen, vor allem, wenn Tesla kommt«, sagt eine andere. »Veränderungen bringen immer Konflikte mit sich.« – »Rote Karte gegen Rechtspopulismus« sei eine Aktion, sagt Frauke Büttner, »gibt es so was schon bei Ihnen?« Die »Schule am Elsengrund« in Kagel, eine Ortschaft der Gemeinde Grünheide, ist jetzt Thema, dort habe es eine Waldorfschule mit rechtem Einschlag gegeben, z. B. habe man da nicht das Tagebuch der Anne Frank behandeln können, die Sache sei eskaliert, die Schule aus dem Verband der Waldorfschulen ausgeschlossen worden, nun sei das so eine komische Begegnungsstätte für Kinder und Eltern, eine Freizeiteinrichtung, aber Genaues wisse man nicht. »Da müsse man ein Auge draufhaben«, meint Frauke Büttner. »Wehret den Anfängen.« Dann geht es um den sogenannten »Statusbericht« zum Entwicklungsstand von Projekten, die sich der Verein vorgenommen hat. Blühwiesen, die Mühle, Kleinwall, Frühjahrsputz und Sternwarte. So kleinteilig, wie die Projekte wirken, sind sie gar nicht. Sie beschreiben die Vielfalt von Interessen und Motiven der Mitglieder dieses Netzwerkes und sind zusammengenommen auch eine Basis für das Gemeindeleben und seine weitere Entwicklung. Blühwiesen also, es wurden mehrere Orte für das Säen dieser Grünstreifen ausgesucht, die auch dem Insektenschutz dienen. Die Gemeinde wird das Projekt großzügig unterstützen, auch finanziell, sagen die Vereinsmitglieder, die für dieses Projekt verantwortlich sind. Streuwiesen am Straßenrand kämen noch hinzu. Eine alte Mühle am Klein Wall, ein sehr altes Gebäude in Grünheide, soll von privaten Investoren saniert werden, da will der Verein mitwirken am Konzept der Investoren, die das alte Gebäude auch als Ort für außerschulisches Lernen nutzen wollen. Beim »Frühjahrsputz« soll die Bevölkerung die Überbleibsel des Winters einsammeln, allerdings jeder allein wegen Corona. Auch will die Gemeindeverwaltung mitmachen, stellt die Säcke zum Aufnehmen des Mülls zur Verfügung und holt sie ab. Auch vom Besuch einer Sternwarte ist die Rede. Dieses Jahr sei da oben nicht viel los, meint der Berichterstatter dieses Projektes, aber immerhin, im Herbst könne man besonders große Mondaufgänge beobachten. Vielleicht auch die Schwärme von Satelliten, die Elon Musk quasi als Relaisstationen für das Internet schon in den niedrigen Orbit schießt. Mit seinem Satellitenprogramm verfolgt Musk die Vision, die ganze Welt mit Internet zu versorgen. Mit »Starlink« können Orte, die keinen oder nur unzuverlässigen Internetzugang besitzen, für ultraschnelles Breitband-Internet ausgestattet werden, heißt es dazu auf der Webseite von »Starlink«.

Ende März, Anfang April 2021:
Ein neuer Plan, ein Brief

Zunächst der Plan. Viele haben darauf gewartet in der Gemeinde Grünheide, im Landkreis Oder-Spree, ja selbst in Berlin, denn der Stadtteil Treptow-Köpenick soll eine große Rolle spielen im »Landesplanerischen Konzept zur Entwicklung des Umfeldes der Tesla Gigafactory Berlin-Brandenburg«. Ein großer Wurf oder nur eine Rechnung mit vielen Unbekannten, ein 211-Seiten-Dokument, in Abstimmung mit Kreisen und Gemeinden und den landesplanerischen Abteilungen der Bundesländer Berlin und Brandenburg, vorgestellt vom Infrastrukturminister des Landes Brandenburg. Da haben also viele Beamte zusammengesessen. Endlich Klarheit nach vielen Mutmaßungen hier und dort, Gerüchten überall, Pflöcke in den Boden rammen, das wolle man. Das Werk, wie es jetzt gebaut wird, sei auf 12.000 Menschen ausgelegt, wenn Tesla es in den kommenden Jahren ausbaue, könnten 36.000 Menschen in die Region kommen, nicht nur als Werksangestellte, sondern auch als Mitarbeiter von Zulieferfirmen. Ein landesplanerisches Konzept im Konjunktiv also. Es ist auch die Rede davon, dass bei Tesla allein nach Beendigung aller Ausbaustufen 40.000 Menschen Arbeit finden würden oder könnten, aber ob es jemals so viele werden, wer weiß das schon. Die Planer stellen noch andere Prognosen auf, Wohnungen müssten her, in Köpenick, also im benachbarten Berlin, kämen 14.000 Menschen unter, vielleicht, in Brandenburg sollen auf 700 Hektar neue Wohnungen entstehen, auf einer Fläche, die größer ist als der Berliner Tiergarten, verteilt auf tausend einzelne Grundstücke in der ganzen Region. Man will ja nicht eine neue Stadt bauen, sondern die Quartiere in dem Landkreis um Tesla herum planen, wie schöne Farben hineintupfen in ein Aquarell, das die Mark hier ist, eine Landschaft mit vielen Seen, Feldern, Wäldern, Wiesen und Wasserläufen. Nein, nein, die Natur soll keinen Schaden nehmen, man wolle behutsam vorgehen. Möglichst wenig Pendlerverkehr haben sich die Planer vorgenommen, die Verkehrsnetze sollen zwar ausgebaut werden, aber nicht zu Massentransportmitteln für die ganze Belegschaft werden. Man will die Leute schon in der Nähe haben. In Grünheide könnten dann gut 50 Hektar bebaut werden, auch in den Gemeinden Spreehagen und Fürstenwalde. Auch nach schulischen Angeboten, nach Kitas fragen die Planer, sie stellen fest, dass dann 10.000 Kinder in der Region schulisch versorgt werden müssten. Neue Betriebe würden durch Tesla angezogen, vermuten die Planer auch, 600 Hektar Gewerbegrundstücke bräuchte man, und immer mehr Firmen kämen dann in den durch Tesla noch weiter aufgewerteten »Speckgürtel«. Von der Ressource Wasser ist auch die Rede. Wenn nun 2,3 Millionen Kubikmeter jährlich verbraucht würden, nicht nur wegen des Wasserbedarfs der Tesla-Mitarbeiter, sondern auch wegen der zuziehenden Menschen und Betriebe in der gesamten Region von Treptow-Köpenick bis Frankfurt (Oder), von Rüdersdorf bis Wendisch-Rietz, dann würde diese kostbare Ressource knapp. Also auch hier sehen die Planer noch »Planungsbedarf«. Eine Big-Bang-Lösung wollen sie nicht vorlegen, sie sprechen von einem vorsichtigen Herantasten an Gegebenheiten, die sich immer wieder ändern können. Man will flexibel sein. Auch wenn in Grünheide »ein Wolfsburg unserer Zeit« entsteht?

Die Zeit aber drängt. Elon Musk will anfangen, vom Juli 2021 ist immer noch die Rede. Der Bau der Abwasserleitung aus dem Werk lässt auf sich warten, für die Autobahnanbindung direkt in das Werk hinein oder heraus, da fehlt die Genehmigung der zuständigen Behörden, auch der Autobahn GmbH, die Verlegung des Bahnhofes Fangschleuse in die Nähe des Werkes bedarf langwieriger Planfeststellungsverfahren durch das Eisenbahn-Bundesamt, das Straßennetz um die Fabrik herum wartet auf den fälligen Ausbau und seine Erweiterung, und ärgerlich ist auch, dass die finale Genehmigung des Baus durch das Landesumweltamt weiter auf sich warten lässt, 16 Monate nach Beantragung durch Tesla. Tesla Manufacturing Brandenburg SE geht jetzt in die Offensive, schreibt einen Brief an das Oberverwaltungsgericht Brandenburg, in dem es die Klage der Deutschen Umwelthilfe gegen die Bundesregierung unterstützt. Der Brief vom 7. April ist in Form eines »Amicus Curiae« abgefasst, »Freund des Gerichts« heißt das wörtlich übersetzt, und erlaubt, wie im US-amerikanischen Recht üblich, einer unbeteiligten Person oder Personenmehrheit zu wichtigen Fragen eines Rechtsstreites Stellung zu nehmen. Dies Mittel setzt nun Tesla ein, um eine Veränderung in den Genehmigungsverfahren für Fabriken und Anlagen zu fordern, die zur Senkung von CO_2-Emissionen beitragen können. Konkret, Tesla stellt sich mit diesem Schreiben an die Seite der Deutschen Umwelthilfe, die die Bundesregierung verklagt hat, weil sie mit ihren Maßnahmen nicht den internationalen Vereinbarungen zur CO_2-Reduzierung genüge. Und somit die Klimaschutzziele nicht erreiche. Im »Amicus Curiae« heißt es dazu: »Teslas Ziel, nur 20 Monate nach der Standortentscheidung mit der Produktion beginnen zu wollen, ist nicht ehrgeizig. Es ist schlichtweg notwendig. Jedes Investitionsprojekt, das die Absicht hat, den gefährlichen Klimawandel zu stoppen, sollte mit einer ähnlichen und noch höheren Dringlichkeit [...] umgesetzt werden. Bei einer Produktion von 500.000 Fahrzeugen in Grünheide werden jedes Jahr etwa 15 Millionen Tonnen CO_2-Emissionen auf Europas Straßen vermieden. Daher würde eine Verzögerung von nur einem Monat bei der Genehmigung [...] zu über 1 Million Tonnen zusätzlicher CO_2-Emissionen führen.« Welche Dramatik führen die Verfasser – die Rechtsanwälte – von »Amicus Curiae« hier ins Feld. Kann man sich ihr entziehen? Die Reaktionen auf diesen Vorstoß fallen bislang gemischt aus. Die Umwelthilfe begrüßt das Engagement von Tesla, will aber »keine Lex Tesla, die Naturschutzrechte aushebelt«. Der Ministerpräsident von Brandenburg, Dietmar Woidke, sagt dem *rbb*, Tesla sei gerade kein Beispiel dafür, dass in Deutschland alles langsamer und schwieriger sei, rechtlich dürfe es aber keine Unterschiede zwischen scheinbar klimafreundlichen und klimabelastenden Investitionen geben. Das Recht sei nicht teilbar. Der Mittelstandsbeauftragte der Bundesregierung ergänzt laut *Tagesspiegel* vom 10. April: »Es gebe kein Projekt, für das auf allen Ebenen so viel getan würde, um eine schnelle Realisierung zu ermöglichen.« Der BDI-Geschäftsführer bekräftigt in derselben Tageszeitung die Klage von Tesla indirekt: »Komplexe und langwierige Verfahren [...] sind schon bei überschaubaren Projekten die Regel geworden.« Im *Spiegel* steht am 8. April: »Elon Musk tritt der Staatskanzlei in Potsdam nicht als Heilsbringer, sondern als eiserner Verhandler entgegen, der die Strukturen im Miteinander von Unternehmern und Regierenden ebenso konsequent rodet wie die Kiefern auf dem Baugrund seiner Gigafabrik.« Die Bürgerinitiative Grünheide urteilt in einer Pressemitteilung lapidar über diesen Vorstoß von Elon Musk: »Tesla will mit ›grünem Mäntelchen‹ Profite sichern« und verweist darauf, dass Verzögerungen beim Verfahren auf das Konto der Autofabrik gingen, wegen unvollständiger Antragsunterlagen, versäumter Antragsstellungen sowie im unzureichendem Dialog mit den Anwohnern, aber auch wegen einer schlechten Öffentlichkeitsarbeit.

Was nun? Sitzen alle Beteiligten jetzt in der Klemme? Die Regierung in Brandenburg, die Verfahrensregeln nicht so schnell ändern kann, vielleicht aber auch nicht will? Tesla trotz seines Schreibens, weil es zunächst nur als ein Appell verstanden werden kann, aber keine neuen Gesetze schafft? Die Gegner vor Ort, die auf die endgültige Genehmigung warten müssen, und wenn sie denn kommt, Klage einreichen wollen? Schließlich der Selfmadeunternehmer Elon Musk, der vielleicht die Brocken hinschmeißt, wenn es nicht schneller vorangeht? Aber die »Brocken hinschmeißen« bei jetzt schon getätigten Milliardeninvestitionen? Das muss gut überlegt sein. Oder baut Musk einfach weiter, die endgültige Genehmigung wird schon kommen und bei Klagen wird er obsiegen. Er hat ja, wie der »Amicus Curiae« jetzt schon zeigt, gute Rechtsanwälte.

15. April 2021: Protest, Protest. Online-Besuch bei einer Sitzung der Bürgerinitiative Grünheide

Da sitzt nun der harte Kern der Gegner von Tesla beisammen, unmittelbare Anwohner des Werkes und Leute, die auf andere Weise nah dran sind, weil sie sich mit dem Bauvorhaben von Elon Musk schon lange beschäftigen, Experten in Sachen Trinkwasserschutzgebiet, Artenschutz, Wald, Schadstoff-Emissionen z. B. Ich hatte sie als Einwender schon während der Erörterung in Erkner erlebt, geradeaus und fundiert in der Darstellung ihrer Kritikpunkte. Das glatte Gegenstück zu dem Bürgerverein GrünheideNetzWerk e. V., bei dessen Meeting ich per Computer gerade mal drei Wochen zuvor dabei gewesen war und die Tesla als Chance für die Region sehen.

Was kommt, wenn aus Grünheide Wolfsburg wird, ist die alle bewegende Frage. Die Moderatorin des Abends Heidemarie Schröder fasst den geballten Unmut der Bürgerinitiative zusammen: »Man ist immer wieder darüber erschüttert, wenn man da lang fährt, aha, hier ist ein Umspannwerk geplant, dort ist von einem Querwerk die Rede, mit Einleitungen des Abwassers in die Spree, dort soll ein Kraftwerk entstehen, dort ein Gaswerk, aus dem Löcknitztal soll Wasser entnommen werden, als

Neustes haben wir gehört Ansiedlung von Logistik und Gewerbe, es wird alles, was die Region für die Menschen lebenswert gemacht hat, zerstört, [...] und wir haben das Gefühl, wenn Herr Musk der Antragsteller ist, dann wird alles genehmigt. Es ist so gigantisch, dass einem die Worte dafür fehlen.« Man fühlt sich umzingelt, ist mein Eindruck, fremden Mächten ausgeliefert. Wohnungsnot würde kommen, hautnahe Erfahrungen sammle ich. Aus dem Oderbruch werde berichtet, dass die Mieten plötzlich steigen, weit weg von Grünheide, sagt eine. Eine andere, unter 800 Euro warm bekäme man einfach nichts mehr in der Gegend, man müsse auch berücksichtigen, dass bei den Leuten, die nicht bei Tesla arbeiten, die Löhne nicht mitwachsen, also Mietsteigerungen nicht kompensiert werden könnten. Die Pendlerfrage natürlich, ist Diskussionsgegenstand. Weil im Umfeld preiswerte Wohnungen dann fehlten und auf die Schnelle neue Wohnungen nicht geschaffen werden könnten, ein Verkehrschaos habe man vor Augen. Eine redet sich in Rage: »Auch dieser Vorwurf, immer sind es die Rentner, die dann in Ruhe am See leben wollen – ist doch ihr gutes Recht, verdammt noch mal.« Die zunehmende Trockenheit, der Wasserverbrauch von Tesla. »Und wenn dann das Wasser nicht reicht?« Das will sich hier keiner ausmalen, was das bedeuten würde. Es gibt keinen Plan B, heißt es in der Runde. »Um unser essenzielles Nahrungsmittel, um unser sauberes Wasser ist mir bange«, meint die Moderatorin und spielt auf die Verschmutzung durch einen möglichen Störfall im Tesla-Werk an, »unser Wasser hat hervorragende Qualität, und das ist gefährdet und damit die Versorgung von 190.000 Menschen«. Was tun, ist auch hier eine dringliche Frage. Vorbereitung für juristische Auseinandersetzungen sei angesagt, und damit Zeitgewinn für den Widerstand, Demonstrationen auf der

Straße, wenn die Corona-Zeit vorbei sei, noch mehr Bündnisgenossen finden, auch überregional, wie Mitglieder in der Initiative Stuttgart 21, die sich gegen den neuen unterirdischen Bahnhof in der schwäbischen Metropole wehrte. Verbesserungen für die Umwelt, vielleicht kann man das noch erreichen. Werner Klink ist heute Abend auch bei dem Treffen dabei, er war mir bei der Erörterung schon durch seine Sachkenntnis als Hydrologe aufgefallen, er ist gewissermaßen der radikale Teil der Bürgerinitiative und formuliert ein Vorgehen, das sich nicht auf Klagen vor Gericht verlassen will. »Wenn ich mich jetzt hinstelle, die kommen erst nächstes Jahr, dafür kämpfe ich nicht, und auch diese Diskussion, jetzt haben wir sie wieder einen Monat hingehalten, und die machen weiter. Immer sofort Schluss, egal wann, […] die kriegen keine Genehmigung, das muss unser Ziel sein.« – »Wir haben ein Fernziel und ein Nahziel«, beschwichtigt ihn Heidemarie Schröder. Dafür will Werner Klink nicht mehr die nötige Geduld aufbringen. Manu Hoyer, ein Gründungsmitglied der Bürgerinitiative Grünheide, sagt: »Diese Ansiedlung geht komplett zulasten der Bürger und Bürgerinnen, die, die hier leben, haben die Nachteile.« Sie hält ein Plakat vor ihre Kamera in die Zoom-Runde, darauf steht: »Wenn der letzte Baum gerodet, der letzte Fluss vergiftet ist, werdet ihr begreifen, dass man Geld nicht essen kann.«

April 2021: Alles im Fluss. Was wird nun mit der Fabrik? Ein Medienspiegel

Weiter, weiter geht es mit den vorzeitigen Genehmigungen des Landesumweltamtes, man mag sie schon nicht mehr zählen.

Tesla darf nun oberhalb des Grundwasserspiegels Leitungen für Abwasser und Niederschlagwasser legen, Rohre für Strom und andere »Medien«, wie es sibyllinisch heißt, können auch gebaut werden. Das Werk ist nicht mehr autonom, sondern mit diesen Verbindungen nach außen vernetzt. Der Betriebskörper wird angeschlossen, wie viele Herz-Lungen-Maschinen, um im Bild zu bleiben, wie viele Beatmungsgeräte werden nötig sein … Alles geschieht unter strenger Überwachung von Experten, betont das zuständige Umweltministerium. Die Experten, um weiter bei dem Vergleich zu bleiben, die Ärzte, wachen über den Patienten. Der Vergleich ist ja nicht vom Brandenburger Himmel geholt, er drängt sich mir auf, in Zeiten der Pandemie. Der Ausbau des Betriebs soll sich an die Auflagen im Trinkwasserschutzgebiet, an Lärmschutzgesetze halten. Zwei weitere Anträge für vorzeitige Genehmigungen sind von Tesla gestellt. Es geht um den Einbau von Maschinen für die Endmontage und um Abluftkamine am Hallendach. Dann wäre das Werk rundumversorgt, und vielleicht – gerettet, für den Produktionsbeginn im Juli 2021. Einen ganz anderen Blick auf das Geschehen verspricht *Business Insider* am 23. April. 40.000 Jobs habe Elon Musk gegenüber der Landesregierung in Brandenburg mal erwähnt, von 12.000 Arbeitsplätzen zu Beginn der Produktion in der ersten Ausbaustufe gesprochen, mit weiterem Zuwachs in den zweiten, dritten und vierten Ausbaustufen. Daran glaube heute keiner mehr, bis zum Produktionsstart im Juli 2021 sollten es 7.000 Arbeitsplätze sein, allerdings hätten bis zum Frühjahr gerade mal 1.000 Mitarbeiter den Vertrag bei Tesla unterschrieben. Ob der Start verschoben werden muss, fragt die Zeitung. Elon Musk wolle davon aber nichts wissen. Andere Beobachter des Baugeschehens in Grünheide rechnen mit einem fiktiven

Beginn. Wird am 1. Juli 2021 ein Spielfilm in Szene gesetzt, wie etwa so: Drei nagelneue Teslas kommen aus den Werkstoren heraus, die man vorher in das Werk hineingeschafft hat. Böse, denke ich, das ist keine Satire mehr. Und wird der Revolutionär des E-Autobaus sich so einen Start seiner Mission gefallen lassen? Nein, so wird es nicht zugehen, meinen andere. Nüchterner, luzider, eingängiger für die Jüngerschaft von Elon Musk, für die Gemeinde Grünheide, für die Landesregierung in Brandenburg. Sie verkündet schon, dass Elon Musk getwittert habe, das auf lange Sicht nur 12.000 Mitarbeiter in Grünheide beschäftigt würden, von zweiter, dritter und vierter Ausbaustufe des Werkes sei aber keine Rede mehr, stattdessen solle eine Batteriefabrik modernsten Zuschnitts auf dem Gelände in Grünheide entstehen. Gespräche über eine Förderung liefen bereits im Bundeswirtschaftsministerium mit Tesla.

Eine Pressestelle hätte jetzt viel zu tun, um die neuen Wendungen an den Mann oder die Frau zu bringen. Aber die PR-Stabsstelle von Tesla in Amsterdam ist aufgelöst, Musk informiert selbst über Twitter oder überlässt Öffentlichkeitsarbeit seinen Fans und ihren Blogs. Die sorgen schon für Begeisterungsstürme weltweit.

Es wird schon vorangehen mit Musk, mit Tesla, mit dem E-Auto, so ist die politische Großwetterlage. Klimaschutz ist das A und O auch im Bundestagswahlkampf Deutschlands im Herbst 2021. Zwar sagen die Grünen in Brandenburg, wir hätten die endgültige Genehmigung für Tesla in Grünheide lieber erst danach, weil Tesla ein gewisses Geschmäckle hat, aber die SPD will vor der Wahl mit der Meldung »The Mission is completed« Punkte sammeln. Alles, wie gesagt, ist im Fluss. Nur wohin alles fließt, das könnte noch Überraschungen bringen.

Eine Meldung ging im April durch die Tagespresse: »Tesla-Unfall«, zwei Männer tot. Der eine saß auf dem Beifahrersitz, der andere auf der Rückbank, als das Auto gegen einen Baum prallte. Der Autopilot sei nicht aktiviert gewesen, twitterte Musk. Ob er erkannt hätte, dass der Fahrersitz überhaupt nicht besetzt war, bezweifelt ein US-Verbrauchermagazin laut *NTV*, »im Test von Consumer Reports versagte das System angeblich«. Spooky-Meldungen aus der Welt der selbstfahrenden Autos. Oder Warnsignale der Konkurrenz. Tesla fällt bei Modellen mit fortschrittlichen Fahrassistenzprogrammen hinter andere Autohersteller wie General Motors oder Ford zurück«, meint der Experte Jake Fischer von Consumer Reports.

Viele hatten es erwartet, Tesla bekommt Schwierigkeiten mit seiner Terminplanung, und dann platzt die Bombe. Musk gibt zu, dass er nicht im Zeitplan ist. Speedy Musk ist nicht mehr speedy Musk, sondern gewissermaßen eine lahme Ente, die sich den Gepflogenheiten im europäischen Regelwerk für die Genehmigung von Industrieanlagen anpassen muss, könnte man jetzt auch sagen. Im jüngsten Geschäftsbericht von Tesla wird als möglicher Eröffnungstermin ein Termin Ende des Jahres genannt. In einer Pressemitteilung des Ministeriums für Landwirtschaft, Umwelt und Klimaschutz in Brandenburg vom 27. April 2021 heißt es, Tesla wolle seinen Genehmigungsantrag ändern, jetzt solle es auch um die Errichtung und den Betrieb einer Anlage zur Batteriezellenherstellung gehen. Das pfiffen die Spatzen in Grünheide ja schon von den Dächern, nun ist es offiziell. »Dies beinhaltet eine erneute Bekanntmachung und Auslegung der Unterlagen sowie die Möglichkeit, Einwendungen zu erheben«, heißt es noch in der Pressemitteilung. Eine Erörterung wie damals in Erkner, frage ich mich, das kann dann ja dauern.

Am Sonntag, den 2. Mai 2021 meldet die *Automobilwoche*: Der Serienstart der neuen Autofabrik soll sich bis Januar 2022 verzögern. Erste Ermüdungserscheinungen? Die Zeitschrift will das aus Unternehmerkreisen erfahren haben. Das sei ein gutes halbes Jahr später als geplant, folgert *NTV*, der Nachrichtenfernsehsender. Die Gerüchteküche brodelt. Laut Unternehmenssprecher gilt aber nach wie vor die Ankündigung des Produktionsbeginns der Firma bis Ende 2021. Welches Datum stimmt nun? Man sollte Elon Musk mal fragen dürfen. Warten wir auf seinen nächsten Tweet.

6. Mai 2021: Wer steuert, wen?
Gespräche in Grünheide und Beeskow

Natürlich sitze ich wieder zu Hause bei Steffen Schorcht. Er ist ja nicht nur ein führender Kopf der Bürgerinitiative Grünheide, er ist gut vernetzt in Naturschutzverbänden, ein Mann mit Übersicht, der zuweilen das Gras wachsen hört. Und das Baugelände im Blick hat, auch die Bürgerinitiative operiert mit Drohnen. Wie war das noch? Frontal 21 hatte am 27. April in einem zehnminütigen Beitrag wieder über Tesla berichtet, über polnische Arbeiter aus der Gegend von Warschau, die schon Rohre auf dem Baugelände verlegten, obwohl die vorzeitige Genehmigung nach Paragraf 8a noch nicht da war. Mitarbeiter des Landesumweltamtes hätten bei einer Kontrolle diese Arbeiten entdeckt, daraufhin hätte die Behörde einen zweiwöchentlichen Teilbaustopp verhängt. Auch Verstöße gegen das Arbeitsschutzgesetz seien festgestellt worden, Entlohnung unter dem Mindestlohntarif, 13 bis 14 Stunden Schichten. Natürlich weiß auch Steffen Schorcht von diesen Missständen. Jetzt erzählt er mir, dass man Tesla für die Verstöße nicht verantwortlich machen könne, höchstens die Firma, die im Auftrag von Tesla diese Arbeiter angeheuert und mit entsprechenden Verträgen ausgestattet habe, ein Subunternehmen eben. So etwas käme in Deutschland auf Großbaustellen immer wieder vor. Und noch etwas weiß er. Die polnischen Arbeiter seien wohl in Bestensee untergebracht, in einer einfachen Pension, mehrere Mann in Drei-Bett-Zimmern. *Antenne Brandenburg* berichtet am 30. April von Massenunterkünften in Mittenwalde. Ob das coronagerecht sei, will ich wissen. Für den Landkreis Oder-Spree wäre das ein Problem, obwohl Tesla nun schon seit längerer Zeit auf dem Baugelände eine Teststation habe, seien die Inzidenzzahlen im Landkreis stark angestiegen, sagt Steffen Schorcht. Tesla ein Hotspot für Corona-Ausbrüche. Nein, so könne man das nicht sagen, meint Steffen Schorcht, aber auffällig sei diese Entwicklung schon.

»Wie geht's nun weiter«, frage ich ihn, »wird die Produktion noch dieses Jahr beginnen oder doch erst im Januar 22?« – »Wir gehen davon aus, dass es nicht in diesem Jahr mehr kommt.« Er nennt den mangelnden Baufortschritt als Grund, die provisorische Autobahnausfahrt von Werksseite sei noch nicht angefangen, erst müssten da noch Zauneidechsen und Schlingnattern eingesammelt werden, der Artenschutz, »Sie verstehen?«. Ich verstehe. Die Phenolblase in Erkner müsse mit der Abwasserleitung umgegangen werden, die Störfallproblematik, da fehlte der Genehmigungsbehörde immer noch ein Gutachten, das extern in Auftrag gegeben worden sei. Tesla habe auch für das Gutachten wichtige Dokumente noch nicht geliefert. Es sei auch nicht bekannt, wann Tesla den Antrag für die Batteriezellenfertigung auslege, das brauche, wenn es so weit sei, dann seine Zeit, das ganze Prozedere, vielleicht gebe es dann wieder Einwendungen, wieder eine Erörterung etc. ... Das kenne man ja.

Mittags im Rathaus von Grünheide. An diesem 6. Mai bin ich wieder mit dem Bürgermeister der Gemeinde Arne Christiani verabredet. Bei meinem ersten Besuch am 18. August 2020 war für ihn die Tesla-Welt noch in Ordnung, alles lief nach Plan, Tesla baute im Eiltempo, das Landesamt für Umwelt erteilte vorzeitige Genehmigungen wie am Fließband, die Bebauungspläne lagen im Rathaus aus und ein Erörterungstermin in der Stadthalle von Erkner für die Einwender stand nun endlich fest. Wieder klettere ich die Treppen hinauf im neuen Rathaus am Marktplatz von Grünheide, hinauf ins Dachstüble, wo der Bürgermeister schaltet und waltet, und doch ist diesmal irgendwie etwas anders. Auf dem großen Tisch im Besprechungsraum liegt zwar wieder viel Papier, das Arne Christiani als Herr über seine Akten zeigen will, aber die große Selbstsicherheit des Amtsträgers ist weg. Gerade bei ihm, der Tesla als großen Lottogewinn für die Gemeinde bezeichnete. Ist er sich da nicht mehr so sicher? Vielleicht wächst auch die Gewissheit, dass da tatsächlich mit dem Bau der Gigafactory viele Probleme auf seinem Tisch gelandet sind, die die Kommunalpolitiker lösen müssen. Heute Morgen hat die Steuerungsgruppe des Landkreises Oder-Spree im 60 Kilometer entfernten Beeskow getagt, da kommt er gerade her. Mit großer Geste weist er auf ein Bild an der Wand. Auf ihm ist Nikola Tesla zu sehen, der Ende des 19. Jahrhunderts aus Kroatien nach Amerika auswanderte und sich mit Patenten auf dem Gebiet der Elektrotechnik hervortat, wenn man so will auch ein Ahne von Elon Musk, der sein Unternehmen und sein E-Auto nach ihm benannt hat, nach dem kroatischen Pionier auf dem Feld der elektrischen Übertragung von Energie. »Was ist heute Morgen in Beeskow herausgekommen?«, will ich von Arne Christiani wissen. Wohnbedarfe natürlich, Flächen dafür, die Verkehre, Nachjustierungen zu den Ergebnissen des landesplanerischen Konzeptes des Infrastrukturministeriums auf Landkreisebene. Vorsichtig vorgehen, so genau will man sich noch nicht in allem festlegen, kann man auch nicht, die Pläne von Tesla ändern sich ja auch, die Auslegung neuer Pläne steht an, Anträge dazu für Genehmigungen. Man bewegt sich im Kosmos von Elon Musk und kennt doch die genaue Geografie des Kosmos noch nicht. Kann man sie kennen, wo es doch um Prozesse bei dem Bau der Gigafactory geht, wo sich täglich etwas ändern kann? Arne Christiani spricht über Grundsätzliches, daran könne man sich festhalten. »Nach dem bisher geltenden Landesentwicklungsplan haben wir auf unserer Flächengröße die Möglichkeit, uns auf so und so viel Prozent zu erweitern.« Das habe die Gemeinde in der Vergangenheit auch schon ausgenutzt, im Ortsteil Kagel habe sie aus drei Wochenendgebieten Wohngebiete gemacht. »Wir haben in dem letzten Jahr«, referiert er weiter, »alle sechs Ortsteile, die Ortsbeiräte [...], die Ortsteile befragt, wohin möchtet ihr euch entwickeln, was stellt ihr euch vor?« Die Antwort sei deutlich gewesen, »wir wollen uns entwickeln«, aber die unterschiedlichen Strukturen der Ortsteile müssten beibehalten werden. Und dann sei schon Folgendes geschehen, eine Woche nach der Verkündung von Tesla, in Grünheide zu investieren, hätte es aus Süddeutschland schon Angebote gegeben, zwanziggeschossige Hochhäuser als preiswerte Werkswohnungen hinzustellen. »Das passt nicht«, sagt der Bürgermeister, man müsse schon die Landschaft, die Natur bei ihnen berücksichtigen. Es gebe zwar potenziell größere Standorte für Wohnungsneubau in Hangelsberg und Kagel, aber man müsse da realistisch sein, es sei eine Einwohnerentwicklung von derzeit 9.000 auf 12.000, 13.000 Einwohner möglich. Massenansturm möchte er aus seiner Gemeinde aber heraushalten, das größte Potenzial für neue Wohnungen liege in Treptow-Köpenick, also in der Nachbarschaft auf Berliner Gebiet. Keine Neuigkeiten für mich, das hatten ja die Tageszeitungen bei der Vorstellung des erweiterten Landesentwicklungsplans Berlin-Brandenburg berichtet. Geht man von bisher gültigen Planungen von Tesla aus, meint nun der Bürgermeister, müsse man ja mit circa 40.000 Beschäftigten im neuen Werk in Grünheide rechnen. Natürlich schweben auch ihm keine Big-Bang-Lösungen für die Wohnungs- und Verkehrsproblematik vor, davon könne keine Rede sein, aber man müsse sich daran gewöhnen, Grünheide mit Sindelfingen und Wolfsburg zu vergleichen, den großen Fabrikstandorten der Autoindustrie im alten Westen. »Wo kommen die Menschen her?«, fragt er sich allerdings, Pendler wären die Lösung. »Wenn man jetzt davon ausgeht, dass von Berlin-Mitte bis Frankfurt (Oder), in der Mitte haben Sie das Werk [...] 'ne halbe Stunde von Berlin-Mitte bis zum Werk und 'ne halbe Stunde von Frankfurt (Oder). Und wenn ich in Frankfurt (Oder) oder in Berlin wohne und mein Wohnumfeld stimmt, [...]. Warum muss ich wegen einer halben Stunde Fahrzeit ein Problem haben, Sie steigen aus und gehen zu Fuß ins Werk.« So hört sich seine Zukunftsvision an. »Da muss ich nicht umziehen, also insofern auch die Illusion einiger meiner Amtsbrüder und Amtsschwestern, dass ein Massenansturm von Neubewohnern herkommt, das wird es nicht sein.« Die Regionalbahnlinie RE1 ist das Zauberwort für ihn. Und weitere Verkehrswege auszubauen, führte noch zu mehr Staus auf den Straßen, hieße es auch bei CIMA, das überregionale Beratungsmanagement für Städte und Gemeinden, das beim erweiterten Landesentwicklungsplan mitgemischt hatte. Ein Königsweg sei im Übrigen ein Radweg, der von Erkner, auch der Endpunkt einer S-Bahnlinie aus Berlin, durch den Wald zum Werk führen soll. Arne Christiani will also umsetzen, was Profis wie CIMA raten. Arne Christiani macht noch eine andere Rechnung auf: »Die Gemeinde Grünheide hat eine Gesamtfläche von 126 Quadratkilometern, davon sind 95 Quadratkilometer Wald, 5 Quadratkilometer sind Wasser, dann bleiben noch 26 Quadratkilometer übrig, dann ziehen Sie paar landwirtschaftliche Flächen, die Straßen, Wege und Plätze ab, da ist nicht viel Siedlungsfläche. Das ist natürlich etwas, was wir erhalten wollen, es soll Grünheide bleiben.« – »Wie steht es um die nähere Zukunft, wie um den Produktionsbeginn von Tesla?«, will ich noch von ihm wissen. Er steht ja im Zentrum der kommunalen Planung. Es sei ja nun einiges ins Rutschen gekommen. Aber da sieht er keine großen Probleme, Tesla wird kommen. »Und was ist mit dem Wasserschutzgebiet auf dem Baugelände?« Dazu sei es erst im April 2019 gekommen. »Zu was?«, frage ich verblüfft. »Dass es als solches ausgewiesen wurde.«

»Aha, so spät«, denke ich. Formal hat er recht, im Zuge der Umwandlung von DDR-Recht in das Bundesnaturschutzgesetz wurde aus dem alten Trinkwasserschutzgebiet der DDR dort ein Wasserschutzgebiet, mit zum Teil schärferen Regelungen als früher, auch zum Schutz des Trinkwassers.

»Gibt es Möglichkeiten zu einem Gespräch mit den Bürgerinitiativen, sie vielleicht doch noch mitzunehmen auf dem Weg in die Tesla-Zukunft?«, frage ich, ist ja schließlich nicht unwichtig für das zukünftige Gemeindeleben. »Zu der Bürgerinitiative kann ich nicht viel sagen«, meint er. Und: »Ich glaube der Anklang der Bevölkerung ist nicht da, auf jeden Fall kann ich jetzt einschätzen, [...] nach fast anderthalb Jahren, dass die positive Grundeinstellung in der Gemeinde nicht umgekippt ist, nein, nein, das auf keinen Fall.« Ist er mit sich im Reinen?

»Sehr geehrter Herr Lindemann«, hatte ich dem Landrat des Landkreis Oder-Spree nach Beeskow geschrieben und um ein Interview über die Arbeit der Steuerungsgruppe dort gebeten. Höfliche Antwort, sehr bald: »Da Herr Lindemann in die Bewältigung der Corona-Pandemie aktuell stark eingebunden ist, hat er mich gebeten, Ihnen meinerseits ein Gespräch anzubieten. Als Stellvertreter des Landrates und Dezernent für Bauen, Umwelt und Ordnung bin ich im Landkreis ganz nah am Tesla-Geschehen.« Dezernent für Ordnung, hatte ich gegrübelt, um welche Ordnung handelt es sich hier, aber dann gerne in diesen Vorschlag eingewilligt. Auch bei der Bürgerinitiative galt Sascha Gehm als kenntnisreicher Mann in der Landkreisverwaltung. Um zwei Uhr war an diesem 6. Mai mein Termin mit dem Bürgermeister in Grünheide zu Ende, reichlich Zeit für die Fahrt zum Landratsamt in Beeskow, hatte ich gedacht, etwas mehr als 60 Kilometer auf der Bundesstraße 246, na ja, diesen Weg hatte der Bürgermeister am Mittag auf dem Weg von der Sitzung der Steuerungsgruppe nach Grünheide ja wohl locker geschafft. Und dann verirrte ich mich auf mehreren Umleitungen der Bundesstraße und fuhr schließlich über holprige Wege über Bad Saarow zu meinem Ziel. Wenn die Angestellten von Tesla in Zukunft das Straßennetz benutzen würden, dachte ich mir auf meiner mühsamen Anfahrt, dann Gute Nacht.

Was ist zu Sascha Gehm zu sagen, seine Vita zeigt einen Beamten mit ungewöhnlichem Lebensweg. Er war in jungen Jahren Zivildienstleistender, dann machte er ein »freiwilliges Ökologisches Jahr«, wie es im Behördendeutsch so schön heißt. Engagiert für die Gemeinschaft, für die Umwelt, kann man vermuten, bis er dann Jura studierte, sich als Verwaltungsjurist spezialisierte und schließlich im Landkreis Oder-Spree als Dezernent und Stellvertreter des Landrates landete. Ein karrierebewusster Beamter mit interessantem Hintergrund, was wird er mir wohl zu erzählen haben? »Gibt es Unruhe in der Gruppe wegen Terminverschiebungen seitens Tesla?«, ist meine erste Frage. »Na ja«, er gibt sich gelassen, »ist immer schwierig mit den Terminen, meine Vermutung ist einfach aus den Abläufen, die wir jetzt ja kennen, [...], dass wir voraussichtlich im Herbst frühestens mit einer Genehmigung rechnen müssen, [...] insofern, da ist Tesla sehr, sehr umtriebig, die sind ja deutlich dynamischer als die meisten deutschen Unternehmen, auf der anderen Seite können sie auch nicht zaubern, [...]. Ich halte allerdings auch auf die Gefahr hin, irgendwann Lügen gestraft zu werden, eine Genehmigung bis Ende des Jahres für realistisch.« Ein anderer Aspekt käme hinzu, der oft übersehen würde. Wenn »genehmigungsseitlich« die Sache über die Bühne gegangen sei, müsse man ja noch mit den Prüfungen der Sachverständigen auf dem Bauplatz rechnen, Kontrolle des Brandschutzes beispielsweise oder das Abwasserkonzept. Er erinnert an die Querelen um den Flugplatz Berlin-Brandenburg, der nach jahrelangen Verzögerungen ja gerade eröffnet worden sei. Aber Tesla und das Management auf dem Bauplatz Freienbrink-Nord in Grünheide, das sei doch was anderes. Etwas Ähnliches könne er sich da nicht vorstellen. Auf der einen Seite also Veränderung der Pläne von Tesla selbst mit der jetzt dritten Auslegung wegen des Antrages auf Errichtung einer Batteriezellenfertigung auf dem Gelände, andererseits aber auch kleinteilige Veränderungen im Bauprozess, die mir jetzt Sascha Gehm nennt. Tesla stelle sich auch manchmal selbst ein

Bein. »Die gehen gerne mal nicht so eingeschrittene Pfade«, sagt er, sie würden immer alles das hinterfragen, was sie tun, »gehen manchmal dafür auch Schleifen«, die unnötig wären. Ob er mir da Beispiele nennen könne? Zweigeschossigkeit war ein Thema auf dem Bauplatz. In den USA habe man so gebaut, das gefiele Tesla nun nicht mehr. Aber die Gegebenheiten in Freienbrink-Nord belehrten die Baustellenleiter eines Besseren. Da sei so wenig Platz im Vergleich zu der Fläche, die in Amerika bei Neubauten zur Verfügung stehe. Man ging zur Zweigeschossigkeit zurück, hatte aber Zeit während dieser Diskussionen verloren. Brandenburg ist nicht Kalifornien, das mussten die Tesla-Leute erst lernen.

Zur Planung im Landkreis selbst will ich noch Details erfahren. Was macht die Steuerungsgruppe, die häufig tagt, im Einzelnen? Musk spreche immer von einer Mission, die er mit dem Tesla-Werk in Grünheide verfolge, gäbe es auch Visionen dazu bei den Kommunalpolitikern vor Ort, die eine Infrastruktur für den neuen Nachbarn bereitstellen müssten? Damit alles koordiniert und entspannt zugehen kann. Sascha Gehm greift das Stichwort gerne auf. Man habe ja seinerzeit einen Landesentwicklungsplan für die Hauptstadtregion entwickelt. Landesentwicklungsplan war vor Tesla, jetzt müsse man da ran und ihn weiterentwickeln, im Zug von einem Zielabweichungsverfahren, wie auch der Bürgermeister gesagt hatte. Das Wort kommt mir kaum über die Lippen, aber es hätte dann doch sehr praktische Konsequenzen. »Verkehre«, da sei man mit der Planung ja schon sehr weit. Vor allem auf den Ausbau von Radwegen legt Sascha Gehm wert, um das Straßennetz zu entlasten. Pendeln, um den Mangel an Wohnfläche zu beheben, das hatte der Bürgermeister für einen smarten Ausweg gehalten. Danach frage ich jetzt

Sascha Gehm. Er ist da anderer Meinung. »Es ist für uns immer besser, wenn jemand östlich der A10 siedelt, als westlich, denn westlich, inklusive Berlin, haben wir einfach jetzt schon sehr angestrengte Verkehrsbeziehungen, die Infrastruktur ist da am Limit, zum Teil schon darüber hinaus, da jetzt einfach nur 1.000, 2.000, 3.000 und 4.000 Pendler draufzuschmeißen, auf die Straßen, tut denen nicht gut.« Auch die Taktverdichtung mit der Eisenbahn, dem Busverkehr habe Grenzen. Irgendwann seien die Züge voll. Möglichst fabriknah und möglichst östlich der A10 sollten die Beschäftigten von Tesla mal wohnen.

Aber es gebe da natürlich dieses Problem, der Wohnungsmarkt und der Baugrundstücksmarkt seien leergefegt. Dies bestätige auch Tesla, die ja schon Erfahrungen mit neuen Mitarbeitern habe. »Trendy« war der Landkreis Oder-Spree immer schon für die Großstadtmenschen, die eine neue Bleibe in der grünen Idylle suchten. Was nun? Was tun? Es gebe Gemeinden im Umkreis, die hätten schon lange ein Ortsentwicklungskonzept, wie Schöneiche, das müssten sie nun nur aus der Schublade hervorholen. Aber sonst? »Bei allen Potenzialen, über die man reden kann, wird niemand ein 300-Seelendorf auf das Vierfache aufpumpen wollen, weil dann unglaublich viel an Identität verlorengeht«, sagt Sascha Gehm. Der Landkreis könnte mit seinem Verwaltungs-Knowhow den Kommunen zur Seite stehen und »Drive« in die Entwicklung hineinbringen, aber entscheiden müssten sie dann selbst, wie es bei ihnen in Zukunft aussehen soll. »Die kommunale Familie« ist ein Stichwort, das er gern benutzt, nicht nur an einem Tisch sitzen, sondern gemeinsam herausfinden, welche landwirtschaftlichen Flächen für Wohnungsbau genutzt werden können, »einen Prozess hinzubekommen, für jede Gemeinde einen separaten«. Dezentralisierung in der zentralen Steuerungsgruppe, so verstehe ich ihn, nach der Planwirtschaft in der DDR wieder ganz neue Wege zur Selbstbestimmung ausprobieren. In Grünheide gäbe es Gespräche von Landkreis und Gemeinde, ein Konzept für Tesla-Werkswohnungen, eine Art Gartenstadt zu entwickeln, »man kann in Grünheide keine Hochhäuser bauen«. Sascha Gehm gerät ins Schwärmen. Da gäbe es historische Vorbilder in Eisenhüttenstadt, eine Stadt, die in den Fünfzigerjahren des vorigen Jahrhunderts neu konzipiert wurde. Vornehmlich im Zuckerbäckerstil der Stalin-Zeit, aber auch durchaus mit Elementen des Bauhauses in den vielen Plattenbauten. »Unglaublich menschenbejahend, menschenfreundlich [...], wo das Bauhaus noch mal aufgelebt ist.« Also »keine Schuhkartons in Grünheide«, will Sascha Gehm mit diesem Rückgriff auf die Architekturgeschichte in der DDR sagen und denkt vielleicht dabei, es war ja nicht alles schlecht im ersten deutschen Arbeiter-und-Bauern-Staat. »Eine Gartenstadt heute?«, will ich noch mal wissen, wie sähe die nach Sascha Gehms Meinung aus? Reihenhäuser, die alle gleich aussehen, will er auch nicht, das Vorbild amerikanischer Vorstädte, 20.000 weiße Häuser, zum Verwechseln ähnlich, »das ist etwas, was nicht in unsere Region passt«. Aber was dann? Da ist er doch ein bisschen schwammig in seiner Ausdrucksweise. Er beschwört das Prinzip der Nachhaltigkeit, gerade in der Nachbarschaft einer Autofabrik, die sich zur Nachhaltigkeit bekennt. »Mit einem hohen Grünanteil und einer hohen Bauqualität.« Zu meiner Verblüffung sagt er noch, »eine Gartenstadt, autofrei, na ja, möglichst autofrei«. Man müsse ja erstmal mit einem ambitionierten Ziel starten.

Hat er eine Utopie? »Es soll nicht nur Einfamilienhäuser geben, es soll auch Mehrfamilienhäuser geben, Reihenhäuser. Wir hatten tatsächlich mal nachgedacht, tatsächlich Eisenhüttenstadt zu versetzen, also Drei-, Viergeschosser, nicht hässlich, es muss ja nicht Plattenbau sein, aber man kriegt es organisch nicht hin [...], dann hat man irgendwann so eine Ghettoisierung.«

Bei der Rückfahrt nach Berlin drängt sich mir ein Gedanke auf, den ich nicht mehr loswerden kann. Die öffentliche Hand ist um das Baugelände von Tesla herum sehr präsent: Gelder für eine neue Infrastruktur kommen aus Steuermitteln. Die Allgemeinheit zahlt mit, wenn aus der Gigafactory etwas werden soll. Wie wäre es nun, wenn sich Elon Musk dazu entschließen würde, sie im Gegenzug an der Fabrik zu beteiligen. Mit Anteilsscheinen am Grundkapital oder in Form von Gewinnausschüttungen. Dann würde von dem vielen Geld, das jetzt die Gemeinden, der Landkreis, das Land, schließlich auch die Bundesregierung und die Europäische Union für Tesla ausgeben, schneller ein Teil wieder in die öffentlichen Kassen zurückfließen. Schneller jedenfalls als die Einnahmen aus der Gewerbesteuer, weil da zunächst Investitionen des Autobauers gegengerechnet werden und sicher auch größere Beträge als die, die durch Grund- und Lohnsteuer für die Gemeinde Grünheide einmal zu erwarten sind.

Als ich in Berlin aus dem Auto steige, fällt mir eine Bemerkung Sascha Gehms wieder ein. Es geht um die Aufforstung, die Elon Musk für die Rodung seines Bauplatzes dem Land Brandenburg versprochen hatte. Gerade forsteten sie vertragstreu in Beeskow mehr Wald wieder auf, als sie in Grünheide abgeholzt haben. Und von besserer Qualität, nicht nur Nadelhölzer sondern auch Eichen, Buchen, eben Mischwald. Also geht doch etwas mit der Beteiligung von privatem Kapital an öffentlichen Investitionen, das zeigt der Wald in Beeskow.

Ende Mai 2021: Augen zu und durch?

So ist es ja nicht, Tesla ist fast wöchentlich, manchmal auch täglich in den Schlagzeilen von Presse, Rundfunk, Fernsehen, ganz zu schweigen von den Berichten in den »social media«, bei Twitter, Youtube, Facebook und Co. In den letzten zwei Wochen überschlugen sich aber Meldungen, die eine gewisse Alarmstimmung wiedergaben. Was ist da los in Grünheide, auf dem Bauplatz in Freienbrink-Nord? Meine Gesprächspartner haben genauer hingesehen.

»Ungerechtigkeiten gibt es immer, man muss nur gucken, dass man sich einbringt, um das so gerecht wie möglich zu machen, letzten Endes, es ist immer ein Interessenausgleich«, sagt mir Steffen Schorcht am Anfang unseres Gesprächs. Es klingt fast philosophisch, was ich da höre, macht er sich auf den Weg, um Kompromisse mit dem Autobauer zu finden? Nein, so kann das nicht gemeint sein, wenn man seiner Kommentierung des letzten Störfallgutachtens folgt, das jetzt veröffentlicht ist. Im *Tagesspiegel* vom 26. Mai leuchten rote Warnsignale. Es geht um ein Gutachten, das Tesla bei einer Ingenieurgesellschaft selbst nach Aufforderung des Landesumweltamtes in Auftrag gegeben hatte. Lückenhafte und mangelhafte Szenarien seitens des Werkes werden kritisiert, gerade im Umgang mit Chemikalien in der Lackiererei, wenn etwas passiere, seien die Folgen für die Umwelt weitaus gravierender. Diese Mängel könne man aber laut *Tagesspiegel* beheben. Und auch das Umweltministerium, dem das Landesumweltamt zugeordnet ist, so die Zeitung, wiegele ab, die Ergebnisse des Gutachtens ließen sich in bisherige Planungen integrieren und würden auch Bestandteil neuer Anträge des Werkes wie auch zur Batteriezellenfertigung sein. Eine dritte öffentliche Auslegung der Tesla-Pläne als Gesamtpacket wäre die Folge. Steffen Schorcht sieht nun keine Gaswolken am Himmel über den Bauplatz wabern, aber doch ernsthafte Gefahren auf die Bevölkerung zukommen und bezieht sich auf Oliver Kalusch, der als Störfallexperte Mitglied der deutschen Kommission für Anlagensicherheit ist, die das Bundesumweltministerium berät. »Jetzt zu Herrn Kalusch«, bitte ich Steffen Schorcht um nähere Aufklärung. Er sei Chef des Bundesverbandes Bürgerinitiative Umweltschutz und habe in seiner Einwendung während des Erörterungsverfahrens in Erkner im Herbst 2020 auf Defizite bei Störfall-Vorkehrungen in den Anträgen von Tesla hingewiesen. Genug der Vorgeschichte. Steffen Schorcht: »Von besonderer Brisanz sind die Chemikalien in der Lackiererei, die dann entweder vergasen und dann über die Luft und die Atemwege zu Schäden oder zu Bränden führen können und dann eine Kettenreaktion an Ereignissen auslösen können. Wenn es zu Bränden kommt, dann muss gelöscht werden und dann – kontaminiert – das Löschwasser in das Erdreich kommt und dann sind wir eben im Wasserschutzgebiet, gefährden eben das Grundwasser«, fasst er die Ergebnisse des neuen Gutachtens der Ingenieurgesellschaft zusammen. Oliver Kalusch fühle sich in seiner Einschätzung bestätigt, die er in einer Konkretisierung der Einwendungen Anfang des Jahres 2021 für den Bundesverband verfasst hatte. Er drückt es laut *Business Insider* vom 20. Mai so aus: »Vereinfacht gesagt, geht es hierbei darum, dass giftige Stoffe austreten, die eine Lache bilden. Diese verdampft relativ schnell und bildet eine Gaswolke, die explodieren oder zu Bränden führen kann. Dieses Szenario [...] kann ein ernster und realer Störfall werden.« Hier handele es sich um die Flüssigkeit n-Butylacetat. Ein anderer Störfall könne durch die hochentzündliche Chemikalie Tetrafluorpropen entstehen, so nochmal Oliver

Kalusch. Sie werde nicht gasförmig, sondern flüssig freigesetzt. Was dann zu einem Flächenbrand führen könne. Im Falle eines Falles, wenn z. B. der Tankschlauch beim Entladen dieser Chemikalie reiße. Hier geht es um Eventualitäten, die in verschiedenen Szenarien dargestellt und berechnet werden. Aber, das sagt auch das aktuelle externe Gutachten, es fehle bei den bisherigen Berechnungen von Tesla an Datentiefe. Man ginge von teilweise naiven Annahmen aus. Mit anderen Worten, man unterschätze die Auswirkungen auftretender Störfälle. Für Steffen Schorcht ergibt sich dadurch Handlungsdruck für Tesla, aber auch für das die Anträge prüfende Landesumweltamt. Das Fazit aus all den neuen Prüfungen und Überprüfungen sei verstörend, meint Steffen Schorcht. Ziehen nun doch eines Tages Gaswolken über das grüne Grünheide? Steffen Schorcht kommt zu dem Schluss: »Es ist damit verbunden eine Klassifizierung des Werkes und es entspricht jetzt einem Chemiewerk. Und das ist in der Schadstoffklasse D und wenn das Werk in der Schadstoffklasse D klassifiziert ist, darf das nicht im Wasserschutzgebiet betrieben werden.« Das Aus für Tesla nach Ansicht der Bürgerinitiative Grünheide und anderer Naturschutzverbände? So weit will Steffen Schorcht nicht gehen, aber bevor weitergebaut würde, müssten erst einmal diese Mängel behoben werden, sagt er und spricht sich auch für einen Stopp weiterer Vorabgenehmigungen nach Paragraf 8a aus. Inzwischen ist aber die 15. Genehmigung nach diesem Paragrafen für den Probebetrieb in der Lackiererei und für das Karosserie-Presswerk erteilt worden. Das sei ein klarer Rechtsverstoß. Und überhaupt, wenn das Werk mit diesen Vorabgenehmigungen ohne eine endgültige Genehmigung fertig gebaut würde, sei das ein Fall für die Verwaltungsgerichte. Das sei einmalig in der Geschichte der Bundesrepublik, so bei Industrieanlagen dieser Größenordnung zu verfahren, da müsste dann mal ein Grundsatzurteil her. »Man hebelt mit diesen 8 a-Genehmigungen das Umweltrecht aus«, ist nicht nur die Meinung von Steffen Schorcht, sondern auch von Rechtsanwälten, die die Umweltschützer beraten.

Wer hätte das gedacht. »Wenn man die Leute nicht mitnimmt, aufklärt, entsteht Frust«, sagt Steffen Schorcht zum Abschluss unseres Gespräches. Dann käme so was zustande. *Studio Frankfurt (Oder)* des *rbb* meldet am 26. Mai, 15.37 Uhr: »Kabelbrand in der Nähe der Tesla-Baustelle. Eine Stromleitung nahe des künftigen Tesla-Werkes bei Grünheide hat am Mittwoch gebrannt. Ein Kabel wurde beschädigt, das die Baustelle mit Strom versorgt. Der Staatsschutz und das Landeskriminalamt ermitteln.«

Politische Motive werden vermutet, ein Bekennerschreiben gefunden: »Unser Feuer steht gegen die Lüge vom grünen Automobil«, unterzeichnet von einer »Vulkangruppe«, die auch für Brandanschläge im Berliner S-Bahn-Netz verantwortlich gemacht wird. Große Aufregung, die sich aber bald wieder legt, weil der Kabelbrand keinen großen Schaden anrichtet, der Kabelbrand habe keine Auswirkungen auf Baufortschritte, heißt es bei Tesla, und auch der nahe gelegene Ort Erkner bleibt mit Strom versorgt. »Wie lehnen das natürlich ab«, sagt mir Steffen Schorcht, »es kommt zu einem Zeitpunkt, weil sich die Medien jetzt auf diese Berichterstattung konzentrieren und es wird ein Stück abgelenkt von dem Störfallgutachten.« Die Bürgerinitiative Grünheide sei im Netz auch dafür verantwortlich gemacht worden, alles würde in einen Topf geworfen, das schade natürlich ihrem Anliegen.

Eine Generalabrechnung könnte man sagen, als Überschrift zu einem Gespräch mit Michael Ganschow, eine Generalabrechnung an der Havel im schönen Brandenburg, da erwische ich ihn am Telefon.

Nun sitzt er also am Wasser, hat sich einen Kaffee geholt, gestern Abend hat er noch bis 12 Uhr nachts gearbeitet, sich mit einem Eilverfahren beschäftigt in anderer Sache, ein viel beschäftigter Mann, der Landesgeschäftsführer der Grünen Liga, »bei mir schiebt sich alles ein bisschen anders«, sagt er und lächelt vielsagend. Viel Arbeit, wenig Leute, denke ich, da muss er mehr aushalten als seine Kontrahenten in Sachen Tesla, die mit einem großen Personalstab arbeiten. So nun kommen wir mal zur Sache, scheint er zu sagen, natürlich ginge es um die Gutachten, es ginge ja um die Störfallgutachten, die jetzt breit publiziert würden. Gutachterkrieg? »Nein, man kann die Dinge sehr klar zuordnen, zum einem geht es um zwei Gutachten, erstellt im Auftrag der Naturschutzverbände, zum anderen um das Gutachten einer Ingenieurgesellschaft aus München, das vom Landesumweltamt bei Tesla eingefordert wurde.« Michael Ganschow bringt Klarheit in die zeitliche Abfolge, die wichtig ist, wenn man beurteilen will, was zuerst da war, die Henne oder das Ei. Im Klartext, meint Michael Ganschow, das Gutachten der Ingenieurgesellschaft bestätige die Gutachten der Naturschutzverbände. Die also lagen von Anfang an richtig, könne man daraus folgern. Und diese Gutachten seien verstörend, auch wenn das Umweltamt sage, man könne bestehende Mängel in den Angaben von Tesla noch abarbeiten. Anderes bliebe im Graubereich, wenn man den Kontakt von Landesumweltamt und den Naturschutzverbänden betrachte. »Wir rennen ja immer noch und haben immer noch nicht die aktuelle Aktenlage.« Sie wüssten einfach nicht, welche Unterlagen schon wieder verändert wurden, man tappe im Nebel. Es gebe aber nach Würdigung der bisherigen Gutachten einen Knackpunkt. Das schäle sich allmählich beim Agieren von Tesla in der Störfallproblematik heraus: Tesla wollte nicht, dass die ganze Anlage in der oberen Betriebsbereichklasse eingestuft werden muss. Störfälle müssten dann in mehreren Varianten betrachtet werden, das Verfahren würde dann noch komplexer als bisher gehandhabt. Das bedeute Zeitverlust.

Michael Ganschow sitzt da am schönen Havelstrand und ich sehe ihn im Geiste die Hände über den Kopf zusammenschlagen. »Wir erleben gerade meines Erachtens den Niedergang von demokratischen bundesrepublikanischen Strukturen um uns herum. Da werden wir uns frischmachen können«, sagt er. Tesla passe rein ins Bild der Aushöhlung dieser Strukturen, wie auch bei anderen internationalen Konzernen wie Amazon und Microsoft schon geschehen. Er sei einfach nur Realist und argumentiere von dem aus, was er gerade jetzt rund um Tesla in Grünheide erlebe. »Die Anlage gehöre in die obere Klasse, der Sicherheitsbericht, der eigentlich ausgelegt werden muss, hat nicht ausgelegen, [...] damit kriegen sie keine endgültige Genehmigung und damit ist Stopp auf der Baustelle, Feierabend, keine Produktion«, so stellt sich Michael Ganschow den weiteren Fortgang in Freienbrink-Nord auf der Baustelle vor. Wenn es mit rechten Dingen zuginge.

Und dann kommt er auf einen Punkt zu sprechen, der tief in die Geschichte der DDR und der Bundesrepublik hineingreift. »Eine spannende Geschichte«, verrät er mir, die mit einem anderen dicken Problem auf dem Baugrund von Tesla zu tun habe. Die Bundesrepublik habe nach der Wende im ostdeutschen Territorium nichts erkundet. »Null, es ist nichts erarbeitet worden.« Die geologischen Erkundungen in der DDR seien Bestens gewesen, weil die DDR ja keine Rohstoffe hatte, da sei es logisch gewesen, alles zu erkunden, was Heimatressource war, eben das Wasser. Die Erkundungsdaten seien alles uralte DDR-Daten und darauf stütze man sich nun, wenn man wieder im Erdreich wühle, geologisch unterwegs sei. Über 30 Jahre alte Daten, das habe sich nun aber geändert, die Grundwasserproblematik habe sich, jetzt wird er ironisch, »ein bisschen verändert«. Sein Fazit zu diesem Punkt: »Im nächsten Jahr oder in den nächsten Jahrzehnten im Bereich Grünheide wird es so kommen, dass andere Wasserverbände für die Trinkweasserversorgung ihr Wasser überpumpen müssen.« Das sei auch ein Regelverstoß, bisher könnten die Wasserverbände allein über ihr kostbares Nass entscheiden.

Geht es bald drunter und drüber? Diese Frage bleibt unbeantwortet. Aber Michael Ganschow sagt, manchmal fühle er sich wie im Behördendschungel. Keine schönen Tage am Havelstrand, obwohl er sie so gerne wiederhätte.

Nun hat sich Tesla zu Wort gemeldet, um die Gemüter zu beruhigen. In einem Artikel des *Tagesspiegel*s vom 31. Mai heißt es, auch bei der Batteriezellenfabrikation bliebe es beim vorher berechneten Wasserbedarf. Man habe die alten Planungen noch einmal überarbeitet. Weniger Tröstliches kommt heute, am 10. Juni, in den Abendnachrichten vom *Inforadio des rbb*. Naturschutzverbände hätten sich mit dem Minister für Landwirtschaft, Umwelt und Klimaschutz Axel Vogel getroffen, um über Auswirkungen der Störfallgutachten zu reden. Man fordere vom Landesumweltamt, die 15. vorzeitige Genehmigung für den Probebetrieb in der Lackiererei und dem Presswerk zurückzunehmen, ansonsten behalte man sich Klagen vor. Eine Reaktion des Ministeriums blieb bisher aus.

»Na ja«, sagt Albrecht Köhler, als ich von ihm wissen will, wie er und seine Gruppe GrünheideForFuture im NetzWerk-Verein auf die Zeitungsmeldungen in jüngster Zeit über Tesla reagieren. »Na ja«, er sieht das schon gelassen, obwohl auch bei ihm Zwischentöne zu hören sind, die die Gewissheiten in dem letzten und diesem Jahr infrage stellen. In seinem Verein tauscht man sich aus. »Wir haben so einen call gehabt, mit verschiedenen Leuten aus der Facebookgruppe«, business as usual, »Fanclubs und so«, aber da kämen natürlich Leute hinzu, die jetzt bei Tesla arbeiteten, es gäbe auch Aufklärungsbedarf, z. B. wie die Fahrzeiten für Menschen sind, die bei Tesla arbeiten wollen, von Eisenhüttenstadt oder von Frankfurt (Oder) aus, wo man sich auch umschauen könne nach Wohnungen, das Radwegekonzept war Thema. Man soll sich einmal heimisch fühlen können in Grünheide und Umgebung. Was jetzt schon manchen schwer fällt, weil das Werk beginnt, Schatten über die Landschaft zu werfen. Was sagt er da? »Ich kriege jetzt z. B. regelmäßig mit, dass kaum Wohnraum zur Verfügung steht und gerade diejenigen, die hier schon länger wohnen, also gerade im Arbeitsumfeld, es gibt einige, die eigentlich auch größere Wohnungen brauchen, aber überhaupt nichts finden, zum einen, weil die Preise völlig überzogen sind oder es überhaupt keine Wohnungen mehr gibt, weil die Tesla-Leute da jetzt einziehen [...], es ist jetzt eine regelmäßige Diskussion auf Arbeit, dass die jungen Leute, wenn sie jetzt Familien gründen wollen, das überhaupt nicht machen können, weil sie nur eine Zweiraumwohnung haben.« Findet bereits jetzt ein Verdrängungswettbewerb statt?, frage ich mich.

Ein Schuss Sozialismus im aufblühenden Musk-Kapitalismus wäre nicht schlecht, so interpretiere ich ihn. Auf jeden Fall müsste mehr sozialer Wohnungsbau wieder her.

Das jetzt bekannt gewordene Störfallgutachten regt ihn weit weniger auf. Das sieht er ganz sachlich. Eine Risikobewertung würde da ja auch stattfinden. Das sei nicht unüblich. Jede Industrieansiedlung sei zu einem solchen Störfallkonzept verpflichtet. Das sei kein Novum, man habe Erfahrungen, »aus meiner Sicht ist das kein K. O.-Kriterium, die Fabrik nicht zu bauen, sondern man muss sich jetzt Ideen und Gedanken machen, wie man das Risiko einer größeren Explosion vermeidet.«

Eine Sache noch, ich frage auch Albrecht Köhler nach dem Brandanschlag auf Stromkabel zum Tesla-Werk in der Nacht vom 24. auf den 25. Mai. Das *rbb-Studio Frankfurt* hatte seine Meldung am 26. Mai noch mit weiteren Details ausgestattet: »In der vergangenen Nacht, kurz vor 3 Uhr, kam es der Polizei zufolge 500 Meter von der Baustelle entfernt zu einem Feuer, bei dem auch ein kleines Waldstück von etwa drei Quadratmetern in Flammen aufging. Nach ersten Erkenntnissen der Polizei haben offensichtlich gleich mehrere noch unbekannte Täter die Kabel beschädigt und so manipuliert, dass sie in Brand geraten sind. Hierzu sollen sie eine brennbare Flüssigkeit genutzt sowie die Kabel per Draht an einen Bauzaun geknüpft haben«, hieß es.

Waren da gewiefte Elektriker am Werk, die sich nicht nur mit dem Einmaleins der Stromversorgung auskennen? Professionell muss der Anschlag jedenfalls vorbereitet und durchgeführt worden sein. Und die »Weltanschauung« wird im Bekennerschreiben im Internet noch einmal deutlich. Ich suche es erneut bei *de.Indymedia.org* heraus. Da heißt es noch: »Tesla ist weder grün, ökologisch noch sozial. Tesla ist ein Konzern, der weltweit Raubbau betreibt, Lebensgrundlagen zerstört sowie koloniale Ausbeutungsverhältnisse nutzt und herstellt. Unser Feuer steht gegen die Lüge vom grünen Automobil. [...] Die Ideologie des grenzenlosen technologischen Fortschritts und der globalen Zerstörung der Erde kommen nicht durch schöne Worte zu einem Ende. [...] Gegen den Fortschritt der Zerstörung setzen wir die Sabotage [...].«

Kapitalismuskritik pur, unreflektiert, Schlagwörter. Bei der Erörterung in der Stadthalle von Erkner hatte ich auch solche

Worte von Einwendern gehört, die sich in wilden Spekulationen ergingen. Mit rationalen Argumenten war nicht an sie heranzukommen gewesen. Steht die Tesla-Welt still, wenn Sabotageakte dieser Art um sich greifen sollten, will ich von Albrecht Köhler wissen. Wiederholen sollte sich so was nicht, ist seine Meinung. Selbstkritisch räumt er ein, dass er mit seinen Drohnenfotos im Netz, wie andere auch, den Bauplatz genau ausgemessen, für jedermann sichtbar das entstehende Werk »verortet« hat. Man wolle es zukünftigen Saboteuren nicht zu leicht machen, mit der Veröffentlichung von Fotos und Videos im Netz zurückhaltender sein. Noch eines gibt er zum Besten: Um ein Haar hätte er Fotos von dem Brandanschlag in der Nacht zum 25. Mai liefern können. »Ich hatte überlegt, ob ich da wieder ein paar Nachtaufnahmen mache.« Da hätte er die Leute gleich fotografieren können. »Das wäre abschreckend gewesen, wenn man die gleich gefasst hätte.« Dann wäre Albrecht Köhler auch zu einem »Hero« geworden, wie sein Idol Elon Musk. Die Brandstifter, »Vulkangruppe«, wie sie sich nennen, sind bis heute nicht gefasst. Gefahr droht also weiterhin. Der Schaden sei zwar überschaubar. Aber es könne ja auch mal schlimmer kommen. Da hat er recht, wie soll man sich vor Ideologen dieses Zuschnitts schützen, die das, was ihrer »Weltanschauung« entgegensteht, einfach »abräumen« wollen.

21. Juni 2021: Umwelt ist ein komplexes Ding. Christine de Bailly erzählt vom Urteilen mit zweierlei Maß

Sie sei noch im Keller, sagt mir ihr Mann, als ich an diesem Tag vormittags verabredungsgemäß anrufe. Heiß ist es wieder heute, sehr heiß, da wird es im Keller kühler sein. Aber deswegen ist sie nicht dort, sie sucht Unterlagen für eine Veranstaltung zusammen, die heute noch stattfinden soll. Ob er sie hoch holen solle? »Nicht nötig«, sage ich, »ich werde in zwei Minuten wieder anrufen«. Christine de Bailly ist immer auf Achse, so kenne ich sie, eine Netzwerkerin, die in vielen Vereinen aktiv ist. Gerade jetzt, wo es mit Tesla Spitz auf Knopf steht. Oder übertreibe ich da? Ich erinnere mich an frühere Gespräche mit ihr. »Visionen wahr werden lassen«, hatte sie immer gesagt, »Tesla ist Fortschritt und Entwicklung der Gesellschaft.« Von ihrem Stand-up-Paddling hatte sie erzählt, das sie auf einem See vor ihrer Haustür gerade einübte. Für mich ein schönes Bild, um ihr Verhalten in der Kommune deutlich zu machen. Balance halten, ausgleichen, auch deswegen »netzwerken«. Und nun? Gerade geht die Nachricht um, Tesla habe neue Anträge dem Landesumweltamt vorgelegt, die Veränderungen beim Bauvorhaben berücksichtigen. Die würden jetzt ausgelegt, wie beim ersten Mal, Bürger könnten Einsicht nehmen, Einwendungen bis zum 16. August 2021 vorbringen. Es könnte dann auch wieder zu einer Erörterung kommen, wie im letzten Jahr in der Stadthalle von Erkner, und alles würde sich schon deswegen wieder hinziehen. Es geht bei den neuen Anträgen um die Errichtung der Batteriezellenfertigung auf dem Baugelände, um Immissionsschutzprognosen für Luftschadstoffe, Gerüche, Lärm, neue Angaben, die auch die Störfallgutachten berühren, die nun im Umlauf sind, und, wie mir schon Michael Ganschow erzählt hatte, auch darum, ob das zukünftige Werk in der obersten Gefährdungsklasse einzuordnen sei.

Christine de Bailly hat die Ruhe weg, als ich sie jetzt nach den neuen Auslagen von Tesla frage. Nichts steht da Spitz auf Knopf, es sei ganz korrekt, dass sich Veränderungen ergeben und die natürlich auch kommuniziert werden müssten, der Plan für die neue Batteriefabrik, beispielsweise. Es ginge auch um das Wasser, das leidige Thema, laut der jetzt vorliegenden aktualisierten Anträge würde nun Tesla nicht mehr, sondern eher weniger Wasser verbrauchen, selbst bei der nun hinzukommenden Batteriezellenfertigung. »Für die Erweiterung des Presswerkes«, hatte ich in der Tagespresse gelesen, müssten mehr Pfähle in den Boden gerammt werden, auch von anderen gravierenden Umplanungen wie bei der Kunststofffertigung war die Rede. Allerdings hatte ich vergeblich nach Informationen gesucht, ob in der neuen Auslage auch Angaben seien, die das Werk von der obersten Gefährdungsklasse der Umwelt herunterstufen könnten. Da kann mir auch Christine de Bailly nicht weiterhelfen. Sie hat aber ein anderes Argument parat, das ich in der Diskussion um Tesla und Grünheide bisher nicht gehört habe. Jetzt sei man so aufgeregt, obwohl Tesla noch gar nicht in Betrieb sei, aber was früher geschehen sei, sei denen schnurz. Wer »denen« ist, sagt sie nicht. Ganz allgemein beklagt sie die ungerechte Behandlung von Tesla in der Öffentlichkeit, die Leute sollten bei den Umweltsünden, die tagtäglich passieren, sich auch mal aufregen. »Man muss es komplex betrachten«, sagt sie, »weil nur im Komplexen so was funktioniert und sich nicht alles auf Tesla stürzt und sagt, hier ist der böse Bube und den machen wir fertig, das finde ich total einfach gedacht.« Ihre Grundüberzeugung, und da ist sie parteisch, formuliert sie so: »Wenn wir jetzt in unterschiedliche Unternehmen gehen würden und die Produktionsstrecken uns mal angucken, dann würden wir wahrscheinlich mit Grausen feststellen, dass das, was Tesla gebaut hat, den aktuellsten Bedingungen entspricht und vieles verändert hat, [...], auch sicherheitstechnisch als andere Unternehmen, die hier schon lange produzieren.« Ja, wie es früher war, da hätte man auf Umweltschutz wohl nicht so geachtet.

Aber hilft diese Betrachtung, um die gegenwärtigen Risiken von Tesla zu beurteilen? Das ist im Grunde meine Frage, aber Christine de Bailly sieht das anders. »Vorreiter war damals schon Rolls-Royce in Ludwigsfelde, die sich niedergelassen haben, auch beargwöhnt, weil's kein Deutscher war, [...] und Gleiches ist es jetzt bei Tesla, die haben eigentlich alles richtig gemacht, aus den Fehlern der anderen gelernt.« Und man sollte sich an die eigene Nase fassen und auf sein eigenes Umweltbewusstsein achten, wie erst kürzlich bei einer Müllsammelaktion, die ihr Verein organisiert hat. Was da so herausgekommen sei? »Alte Reifen im Wald gefunden, Schrott, das ist kriminell«, sagt sie. Sich um die Umwelt ganz praktisch zu kümmern, das sei wichtig.

30. Juni 2021: Bestandsaufnahme im Ministerium für Landwirtschaft, Umwelt und Klimaschutz. Gespräch mit Axel Steffen

Eigentlich wäre bei der Eröffnung der Gigafactory eine große Sause geplant gewesen, wie Elon Musk immer mal erzählt hatte, am 1. Juli auf dem Bauplatz Feienbrink-Nord, eine Rave-Party für die jugendlichen Fans von Musk, die von überall hierher gekommen wären. Vielleicht auch eine staatstragende Eröffnung mit dem Ministerpräsidenten des Landes Brandenburg und seinen Ministern, vielleicht wären auch die Bundeskanzlerin vorbeigekommen und ihr Wirtschaftsminister. »Wäre, hätte, Fahrradkette«, wie der Volkmund Ereignisse nennt, die nur im Konjunktiv stattfinden. Die Gegenwart sieht nüchterner aus, wie mir der

Abteilungsleiter Axel Steffen heute erzählt. Axel Vogel, der Minister, sei im Urlaub, aber er könne sicherlich auch Auskunft geben. Axel Steffen kenne ich bereits, er war schon im Oktober im Ministerium dabei, die linke oder rechte Hand von Axel Vogel in Verfahrensfragen um Tesla, oder genauer gesagt, ein Experte in der Anwendung des Bundes-Immissionsschutzgesetzes bei der Ansiedlung von großen, aber auch kleineren Unternehmen. Ein »Bimsch«-Experte, wie es verkürzt in der Öffentlichkeit heißt, ein Mann, der die Übersicht über die vielen Fachbteilungen behält, die jetzt fortlaufend die vielen Anträge der Gigafactory prüfen. Inzwischen haben sie schon die 15. vorzeitige Genehmigung ausgesprochen und darüber werden wir reden, wie auch über die dritte Auslegung von Tesla-Anträgen, die die endgültige Genehmigung der Autofabrik in weite Ferne rückt. Die »Aggregatswende«, wie es im ersten Gespräch noch euphorisch hieß, lässt auf sich warten, jedenfalls bei Musk und seinen Plänen in Grünheide.

Wir kommen zunächst auf die dritte Auslegung der Tesla-Anträge zu sprechen. Axel Steffen weiß Näheres. Es gäbe erhebliche Änderungen in der Tesla-Bauplanung der Autofabrik, »die wollen, platt gesagt, noch mehr produzieren und noch weniger von Zulieferern abhängig sein«. Das bedeute eine eigene Kunststoffproduktion. Das eigentlich Entscheidende und Neue an den Tesla-Plänen sei eine Batteriezellenfertigung auf dem Gelände der Autofabrik. Ich erinnere mich an die Gerüchte um eine Lagerhalle, die vorab vom Landesumweltamt genehmigt wurde, und von der man munkelte, ein Teil wäre für eine Batteriefabrik vorgesehen. Nun ist die Absicht in einen Antrag gegossen. »Das führt dazu, dass die Bevölkerung nochmal damit konfrontiert ist, 11.000 Seiten an ausgelegten Unterlagen, 40 Aktenordner liegen in Papierform zur Auslegung bereit.« Als ich das höre, sehe ich mich wieder im Rathaus von Grünheide sitzen, vor den blauen Bänden, nun werden noch mehr hinzu gekommen sein.

Dann gäbe es sicherlich auch Nachfragen, Widersprüche, falls vorhanden, müssten aufgeklärt werden, das sei alles abarbeitbar, aber damit sei man in diversen Fachabteilungen beschäftigt. Man müsse untersuchen, ob die Unterlagen auch prüffähig seien. Wieder werden Einwender in Stellung gehen und ihre Fragen formulieren, ein neuer Erörterungstermin ist wahrscheinlich. »Wieder in der Stadthalle in Erkner?«, frage ich Axel Steffen. »So wird es wohl sein.« Das beträfe ja auch die Betteriezellenfertigung, schiebt er noch nach, da würde es sicherlich viele Fragen geben.

Wir kommen jetzt zu den Störfallgutachten, die für Aufregung gesorgt haben, Bedrohungsszenarien, die da formuliert wurden und von denen man sich in den neuen Anträgen nun Antworten erwartet. »Das hat jetzt hohe Wellen geschlagen«, sagt auch Axel Steffen. »Zu Unrecht«, sagt er auch, seine Behörde habe die Problematik erkannt und schon früher auf Defizite hingewiesen. Ein neuer Gutachter sei nun ins Spiel gekommen, von der Firma beauftragt, der habe »Zielvorgaben« für Tesla formuliert. Dass z. B. bei Störfallszenario X nachgearbeitet werden müsste, das sei nicht sauber abgeleitet. Das bisherige Sicherheitskonzept sei nicht zu beanstanden, einige Mengenangaben vielleicht fehlerhaft. Aber ich verstehe nicht so richtig. Die Störfallgutachten hatten doch eine klare Sprache gesprochen, werfe ich ein. Ja, ja, das sei schon richtig, Axel Steffen klärt mich über Störfallgutachten auf. Das sei eine komplexe Materie. Es ginge hier um »Dennoch-Störfälle«. Ich lerne ein neues Wort. »Dennoch-Störfälle«, es klingt rätselhaft. Zunächst sei das so, Axel Steffen versucht mich behutsam in die Störfallterminologie einzuführen, wenn man mit toxischen Stoffen zu tun habe, müsse man redundante Sicherungen einbauen. Doppelwandigkeit von Behältern bedeute das, eine zweifache Sicherung bedeute das, die sei bei den Tesla-Plänen nicht infrage gestellt, aber ich verstehe immer noch nicht. Axel Steffen verdeutlicht: »Wir tun jetzt mal so, als ob diese zweifache Absicherung reißt, warum auch immer, so und das sind die sogennanten ›Dennoch-Störfälle‹.« Ich sehe etwas klarer. Es geht also um Eventualitäten jenseits von Eventualitäten, um das eigentlich nicht zu berechnende »Dennoch«. »Im Sinne eines Vorsorgeprinzips«, sagt er noch, »braucht man einen Abstand zu bestimmten Schutzobjekten, Wohnbebauung, wertvolle Naturschutzgebiete.« Wenn z. B. ein Tanklaster mit Chemikalien auf dem Werksgelände umkippe, dann anfinge zu brennen, dann gäbe es eine Lache. Die nicht 20 Quadratmeter, wie etwa Tesla berechne, sondern 100 Quadratmeter groß sei, das mag mal vorkommen. »Das mag alles stimmen, aber bei diesem riesigen Gelände von Tesla habe ich jede Menge Platz und Abstand zu dem nächsten Schutzobjekt. Und es spielt überhaupt keine Rolle, ob ich dann 200 Meter ansetzen muss oder 500 Meter, die werden locker eingehalten.«

Sie saßen zusammen, erfahre ich, Michael Ganschow von der Grünen Liga, Vertreter des Naturschutzbundes mit Axel Steffen und seinem Umweltminister Axel Vogel, und hatten Agumente wegen der Störfallproblematik ausgetauscht, man kam nicht zusammen. So klagten nun die Naturschützer gegen die 15. vorzeitige Genehmigung des Landesumweltamtes für Funktionsprüfungen im Werk. »Und jetzt?«, frage ich Axel Steffen. »Was ist jetzt?« Mit dieser Frage bin ich ungewollt sehr aktuell. Die Klage sei gestern abgelehnt worden, erfahre ich, später lese ich im

Tagesspiegel vom 29. Juni von der Begründung dieser Ablehnung des Verwaltungsgerichtes Frankfurt (Oder): Emissionsschäden seien durch den Probebetrieb von Anlagenteilen nicht zu erwarten, im Gegenteil, der Testbetrieb helfe sogar dem Schutz der Umwelt, weil man eingesetzte Technik noch optimieren könne. Eine Klatsche für die Umweltverbände, man überlege, ob man in Berufung geht.

Wir reden noch über Wasserbedarfe, zusätzliche Pfahlgründungen für das Presswerk. Alles unter Kontrolle, meine ich ihn sagen zu hören, der Wasserbedarf würde wegen der Batteriezellenfertigung nicht steigen, das hatte mir schon Christine de Bailly verraten, und es gäbe eine Kreislaufwirtschaft, um den Wasserverbrauch noch mal zu reduzieren, es gäbe spezielle Betonmischungen für die Pfähle, die in den Boden im Trinkwasserschtzgebiet eingelassen würden. Und alles würde überwacht. Vom Monitoring wie bei der Erörterung in Erkner ist wieder die Rede. Grundsätzlich, so meint er, stecke bei den Kritikern von Tesla etwas anderes dahinter. »Da steckt dahinter, dass da à la Wolfsburg eine Riesenautofabrik dahin kommt und natürlich das gesamte Umfeld verändern wird, und zwar nicht nur in Grünheide, sondern im ganzen Umland.« Womit wir wieder am Anfang der Debatte sind, denke ich. Muss man große Veränderungen der Heimat in Kauf nehmen für eine große Industrieansiedlung, die etwas gegen die Klimaerwärmung zu tun verspricht? Mit Autos ohne CO_2-Ausstoß? Sein Credo: »Ich bin seit Mitte der Neunzigerjahre hier und habe wahrgenommen, dass hier riesige Industriebetriebe abgewickelt worden sind, ich nehme wahr, dass bis heute wir nur Dependancen von großen Firmen haben und die ihre eigentlichen Geschäftssitze irgendwo in Westdeutschland haben. [...] Und jetzt kommt mal nach so vielen Jahren eine erfolgsversprechende Produktionsanlage hier hin, mit entsprechenden Arbeitsplätzen [...], und ich dachte immer, das ist für das Land Brandenburg etwas Positives«, sagt er mir und argumentiert hier wie der Wirtschaftsminister des Landes. Als wollte er mir sagen, wir Politiker haben auch hier eine Verantwortung. Auch im Kleinen, es gäbe im Wasserverband Strausberg-Erkner nicht mal eine Kläranlage, die Abwässer würden im Klärwerk der Berliner Wasserbetriebe in Mönchehof aufbereitet, sagt Axel Steffen. »Das ist völlig veraltet«, meint er. »Für mich wird aber nur deutlich, dass ein Wasserverband seit 20 Jahren sich ausgeruht hat, auf seiner alten Technik auf seinen alten Vorgehensweisen.« Er malt eine Zukunft mit Nutzungskollisionen an die Wand. »Wir werden landesweit das Problem haben, Nutzungskollissionen zu haben.« Ich übersetze seine Argumentation in meine Worte: Man wird weniger Wasser wegen der Trockenheit zur Verfügung haben, darum werden Industrie, Privatverbraucher, die Landwirtschaft streiten, wer hat die Priorität. Was ist »prioritär«, wie er sagt, was ist nachrangig in Zeiten des Mangels? Da müsse man neue Diskussionen führen. »Das wird jetzt an dem Beispiel Tesla von null auf hundert mal überdeutlich.« Die »Nutzungskollissionen« würden hier vorgedacht, vorgespielt. Tesla spiegele also Zukunftsprobleme des Landes Brandenburg.

Axel Steffen stelle ich zum Schluss unserers Gespräches eine derzeitige Lieblingsfrage: »Wird Elon Musk seine Autofabrik demnächst eröffnen?« – »Ich bin vorsichtig geworden«, sagt er, wenn alles glatt liefe, nicht noch eine vierte Auslegung der Tesla-Pläne käme, weil das Werk in die oberste Gefährdungsklasse eingestuft würde und ein neues Sicherheitskonzept der Öffentlichkeit präsentiert werden müsse, auch weil die Batteriezellenfertigung ein neuer Gegenstand der Planung sei, wenn alles also ordentlich im Landesumweltamt nachgeprüft sei und auch keine Klagen gegen die endgültige Genehmigung kämen, ja, wenn, »dann [...] werden wir in diesem Jahr noch eine Genehmigung ausreichen können«.

Wenn, dann hatte er gesagt und nichts Unvorhersehbares passiere, alles glatt liefe. Läuft alles glatt? Am 10. Juli hat es eine Großkontrolle auf der Tesla-Baustelle gegeben. Das Landesumweltamt und der Landkreis Oder-Spree nahmen das Werk unter die Lupe. Auch Arbeitsschutzkontrollen wurden durchgeführt. Ein großer Aufwand mit einem kleinen Ergebnis. Tatsächlich waren drei Tanks ohne Genehmigung aufgestellt worden, man kann auch sagen, sie wurden »illegal« errichtet. Die drei Tanks seien aber noch nicht gefüllt und angeschlossen, hieß es. Jetzt würde ein Bußgeldverfahren eingeleitet. Die Strafe zahlt dann Elon Musk aus der Portokasse, vermute ich. Wie schon zweimal zuvor, als Regelverstöße wegen Nichtberücksichtigung des Artenschutzes beim Abholzen des Forstes und bei der Einbringung von Pfählen in den Boden festgestellt wurden. Es heißt auch, der aktuelle Schwarzbau von drei Tanks sei keine böse Absicht, sondern Resultat von Missmanagement auf der Baustelle. Inzwischen hat nun das Oberverwaltungsgericht Berlin-Brandenburg über die Klage der Umweltverbände entschieden. Das Gericht sieht keinen Grund, Tests von Maschinen in der Lackiererei und im Presswerk zu stoppen, die vorab vom Landesumweltamt genehmigt worden waren. Der Kläger habe nicht nachweisen können, dass mit dem Probebetrieb Störfälle nicht angemessen berücksichtigt wurden oder mit anderen Umweltbeeinträchtigungen zu rechnen sei. Drei zu null steht es jetzt für Tesla gegen die Umweltverbände vor Gericht ... Die Uhr tickt weiter im Tesla-Tempo. Ist noch einmal gut gegangen, könnte man auch sagen.

6. Juli 2021: Abwarten, aber keinen Tee trinken. Gespräch mit Birgit Dietze von der Bezirksleitung der IG Metall Berlin-Brandenburg-Sachsen

Imposant, aber gleichzeitig solide sieht es aus, das Haus der Berirksleitung der IG Metall in der Berliner Alten Jakobstraße, eine Trutzburg gewerkschaftlicher Selbstvergewisserung. So soll es ja auch sein. Die Industriegewerkschaft IG Metall ist alt, fast genauso alt wie die Bundesrepublik Deutschland, und sie hat sich einen Ruf in unzähligen Arbeitskämpfen als unbeugsamer Vertreter der Arbeitnehmer erworben. So war es ja immer. Mit der IG Metall legt man sich besser nicht an, mit ihr ist nicht gut Kirschen essen. Als ich mir den Weg zu meiner Gesprächspartnerin Birgit Dietze bahne, geht mir noch einmal durch den Kopf, was ich über die Gewerkschaft und den Unternehmer aus Amerika Elon Musk schon gelesen habe. Jörg Hofmann, der Vorsitzende der IG Metall, hatte in einem Interview mit der *Wirtschaftswoche* am 28. Januar 2021 gesagt, er hoffe, »dass wir bei Tesla Grünheide bezüglich Entgelt, Arbeitszeit, Arbeitsbedingungen und Mitbestimmung zu den Standards kommen, die in anderen Unternehmen auch üblich sind«. Da war Tesla längst in Deutschland angekommen und die IG Metall hatte mit einem anderen Unternehmen von Elon Musk in Prüm in der Eifel bereits einige Erfahrungen gemacht. Die Firma Grohmann Engineering hatte er für 150 Millionen Dollar gekauft, sie hieß jetzt »Tesla Automation« und lieferte Produktionsanlagen für den neuen Mittelklassewagen von Tesla, für das Modell 3. Es gab Streit um Löhne, Tarifverträge und Mitbestimmung im Betrieb, schließlich einigten sich der Betriebsrat und Tesla auf Gehälter, die auf Tarifniveau lagen, und eine Jobgarantie bis 2022. Die Gewerkschaft hatte eine Beraterfunktion und billigte das Ergebnis. Es gelang ihr aber nicht, Tesla dazu zu bewegen, den für die Elektro- und Metallindustrie gültigen Tarifvertrag zu übernehmen. Musk suchte mit dem aus Wahlen im Werk hervorgegangenen Betriebsrat nach pragmatischen Lösungen, Organisationen, die von außen hineinwirkten, wie die Gewerkschaften, sollten außen vor bleiben. Auch mit anderen Angeboten lockte Elon Musk die Mitarbeiter von Tesla Automation. Wie hatte er doch gesagt? Er wolle jedem Mitarbeiter Tesla-Aktien im Wert von 10.000 Dollar zukommen lassen. Mitarbeiter-Glück nach Gutsherrenart, für die, die seiner »Mission« auch mit Überstunden folgen.

Jetzt sitzt mir Birgit Dietze gegenüber, ja, was soll sie sagen zu Tesla. Tesla produziere noch nicht, die Gewerkschaft befinde sich im Wartestand, als zuständige Autogewerkschaft begrüße sie erst einmal die Ansiedlung hier, es würden Arbeitsplätze geschaffen, hier fände Wertschöpfung statt. Wir stehen Gewehr bei Fuß, könnte sie sagen, da ist sie vorsichtig, man müsse halt mal sehen, wie sich die Dinge vor Ort entwickelten. »Was wir wahrnehmen«, sagt sie, »dass die Belegschaft langsam aufgebaut wird.« Viele würden sich bewerben, weil sie Bestandteil der Mission von Elon Musk sein wollen, nämlich die Welt zu retten. Aber auf der anderen Seite, sagt sie, müsse sich die Gewerkschaft der Frage stellen: »Gibt es die Gelegenheit zum aufrechten Gang in der Fabrik?« Also die alten Fragen, die Gewerkschaften bei Tesla stellen, »gibt es Arbeitsschutz, gibt es ausreichende Einkommen, wird man geachtet, gibt es Weiterbildung, gibt es die soziale Abfederungen?«. Das Einmaleins gewerkschaftlicher Forderungen, das in der deutschen Automobilindustrie zum Alltag des Miteinanders von Gewerkschaft und Unternehmer gehört. »Ja, aber bei

Tesla?«, frage ich sie, es gibt ja einschlägige Erfahrungen in Amerika. »Ob das Tatsache so geschieht, wissen wir natürlich erst, wenn wir Berichte aus der Fabrik haben.« Bin ich zu früh zu Birgit Dietze gekommen?, frage ich mich während des Gesprächs. Sie wird mir darauf keine Antwort geben. Vorerst konzentriere sich die IG Metall in Berlin auf die Beratung von Bewerbern für einen Arbeitsplatz bei Tesla, wenn sie Gewerkschaftsmitglieder sind. Da gäbe es natürlich ein Banner auf der Webseite der IG Metall mit dem Hinweis auf zuständige Geschäftsstellen in Ost-Brandenburg, also im Umfeld der entstehenden Tesla-Fabrik. Auch am alten Bahnhof Fangschleuse sei ein Büro eingerichtet für die, die zu Tesla wollen. Mehr ginge im Moment nicht. Sie will sich jetzt auch nicht in den Fabrikalltag von Tesla hineinphantasieren, auch wenn er so wie bei »Tesla Automation« ausähe. Man könnte aber sicherlich über die Rechtsform reden, die Elon Musk für seine Fabrik gewählt hat, »diese SE«, sagt sie, »diese europäische Aktiengesellschaft, hat nichts mit dem Betriebsrat zu tun«, sondern das sei in der SE, die er nutze, so, da gäbe es nur eine Beteiligungsvereinbarung und keine institutionelle Mitbestimmung im Aufsichtsrat wie bei einer GmbH. »Das zeigt natürlich«, folgert sie, »dass eine unterlegte Mitbestimmung, die wir bei Daimler oder Siemens oder Volkswagen kennen, hier nicht genutzt werden soll. Mit der Entscheidung SE wisse die IG Metall auch in Grünheide nun, wo es langgehen könne. Birgit Dietze bleibt vorsichtig mit ihren Aussagen, man will es sich ja nicht gleich mit der neuen Autofabrik verderben. Allerdings, es gäbe ungute Vorzeichen. Ein Willkommensgruß der IG Metall an Tesla blieb unbeantwortet.

Jörg Hofmann, ihr Vorsitzender, allerdings wiegelte ab. In einem Interview mit der *Wirtschaftswoche* vom 28. Januar 2021 sagte er: »Ich nehme an, das liegt daran, dass Tesla hier ziemlich ungeordnet gestartet ist. Da haben die Verantwortlichen oft im Monatsrhythmus gewechselt.« So kann man einen Affront auch darstellen, denke ich mir, Tesla hat in Grünheide bisher ja oft sehr eigenbrötlerisch gehandelt. Beim Hinausgehen aus dem geräumigen Besprechungszimmer der IG Metall in der Alten Jakobstraße geht mir noch ein nachdenklicher Satz des Vorsitzenden durch den Kopf. Auch die Gewerkschaft müsse im Umgang mit modernen Software-Unternehmen dazulernen. Gerade hätten VW und IG Metall einen Haustarifvertrag für Car.Software-Org. beschlossen. Der Vertrag könne Pilotcharakter haben. Auch für Elon Musk, wenn er mit Tesla an den Start geht? Diese Frage bleibt unbeantwortet, die Gewerkschaft hält sich bedeckt. Jedenfalls hätte sie etwas anzubieten.

11. August 2021: Innenansichten, ein Blick hinter die Kulissen. Gespräch mit Harald Schlarb

Endlich, hatte ich gejubelt, einer aus dem Tesla-Insider-Kreis ist zu einem Gespäch mit mir bereit. Endlich. Seit einem Jahr war ich nun im Tesla-Gelände unterwegs, in Grünheide, in Potsdam, in Frankfurt (Oder), in Beeskow, in Erkner. Fast jeden Punkt um die Gigafactory herum hatte ich ausgemessen, am Bauzaun der Gigafactory war ich entlanggeschlichen, hatte mich mit Albrecht Köhler zu dem Startplatz seiner Drohnen durchgerobbt, im unwegsamen Gelände den Bauplatz im Blickfeld, aber immer nur von draußen. »Außen vor« war ich mir, wie viele Journalisten, vorgekommen und nun saß ich in einer Pizzeria in Berlin-Schöneberg einem Topmanager von Tesla gegenüber, einfach so, einem freundlichen Mitsechziger mit Brille, keinem Geheimisverräter, sondern einem, der mir erzählen wollte, wie es auf dem Baugelände in Freienbrink-Nord zuging. Wie war dieses Wunder geschehen? Wenn man die Kommunikationsgepflogenheiten von Elon Musk kennt, und ich hatte darüber immer wieder geschrieben, war es ein Wunder. Da berichtet jemand so mir nichts dir nichts über den Bau der Autofabrik und alles kommt einem plötzlich ganz normal vor. Soeben mal war dieser Kontakt aber nicht zustande gekommen. Albrecht Köhler von GrünheideForFuture hatte über mich erzählt: »Den müssen Sie kennenlernen.« Und Harald Schlarb, der Top-Manager, hatte sich wahrscheinlich gedacht, den Journalisten gucke ich mir mal an. So einfach kann Öffentlichkeitsarbeit in der Tesla-Welt also auch gehen.

Harald Schlarb, seine »Karriere« in der Autowelt beeindruckt. Ein Vielgestalter, ein Weltbürger kommt da zum Vorschein. Ich beziehe mich nur auf die wichtigsten Stationen seiner Laufbahn in den letzten Jahren und immer wieder taucht der Name Daimler auf, Daimler Greater China 20 Monate, Head of Facility Management and Maintenance Mercedes-Benz do Brasil drei Jahre, drei Monate, Manager of Industrial of Construction Projects, Daimler AG drei Jahre, vier Monate. Ein Auto-Kosmopolit, andere würden sagen, ein Autofreak, mit Studienabschluss. Er kennt nicht nur die Benzinkutsche, mit der auch Daimler das Auto in die Welt brachte, sondern Innovationen in der Autoproduktion bis zum heutigen Tage. »Wow«, hatte ich mir gesagt, als ich das gegoogelt hatte, »what's next?«.

Gerade hat Harald Schlarb eine Apfelschorle bestellt. »Wie kommen Sie zu Tesla?«, frage ich ihn jetzt in der Pizzeria in

Berlin-Schöneberg. »Das ist eine interessante Geschichte«, sagt er und gerät ins Detail. 34 Jahre sei er bei Daimler gewesen, er habe in Südchina, Peking, in São Paulo, Brasilien die Werke mit aufgebaut. Aber was dann? Über einen Freund von Elon habe er Musk kennengelernt, der habe ihn direkt gefragt: »Du kennst den Speed von China, was die Chinesen machen können, wie schnell, du kennst von Südamerika Improvisation und du kennst Deutschland, hast du nicht auch Lust mitzumachen und hier das Werk aufzubauen?« Direkt, so erlebt Harald Schlarb Elon Musk, und fokussiert auf Ergebnisse. Na ja, was sei dabei herausgekommen? Eine Superaufgabe wäre das für ihn gewesen, aber es gibt da ein Aber. Ob Elon Musk wüsste, wie alt Harald Schlarb sei? Die Antwort sei verblüffend gewesen, »typisch Musk« sei der folgende Dialog gewesen. Musk: »Na klar weiß ich, wie alt du bist, bist du denn noch gesund?« Schlarb: »Natürlich.« Musk: »Hast du denn auch Lust?« Schlarb: »Na klar.« Musk: »Wo ist das Problem?« – »Wo ist das Problem?«, wiederholt jetzt Schlarb Musks Worte in einer wohligen Erinnerung. Er hat dann bei Daimler gekündigt und ist mit Sack und Pack und Familie nach Berlin an den Potsdamer Platz gezogen, ins Zentrum Berlins, von dem man aus für den Weg nach Grünheide bei normalem Verkehr eine Dreiviertelstunde braucht. Harald Schlarb pendelt jetzt fast täglich nach Grünheide, wie ein großer Teil der Belegschaft es ihm gleich tun wird, wenn das Werk einmal »eröffnet« ist. 64 Jahre ist er jetzt alt. Planning Lead nennt er sich, gehört also zum Führungspersonal, seine Aufgabe: Fabrikaufbau im vorgegebenen Zeitplan, der Takt muss stimmen. Im April 2020 hat er angefangen. Im Unterschied zu den »normalen Firmen«, wie er jetzt sagt, da gäbe es ja »continuous improvement«, Verbesserungen, das reiche für Musk nicht, es müssten Innovationen sein.

Er nennt ein Beispiel: Die Autoindustrie brächte alle sieben Jahre ein neues Modell heraus, »Außenkleid ist anders, Radstand ist fünf Zentimeter«. Das sei eben nur eine Verbesserung, keine Innovation. Ich wechsle das Thema, Musk ist ja dafür bekannt, sich nicht nur immer wieder neu zu erfinden. Und diese Droge wirkt auch bei einem so gestandenen Autobauer wie Harald Schlarb. Wie konnte es auf dem Bauplatz in Freienbrink-Nord so schnell vorangehen, will ich von ihm wissen. Er bestätigt, was überall gemunkelt wird. Wichtig sei der gute Kontakt mit der Behörde gewesen, die Task Force in den Ministerien der Landesregierung habe schon geholfen. »Wir wussten, wenn wir was machen wollen, dann müssen wir mit vorläufigen Genehmigungen arbeiten und mussten die halt so stückeln in der Kette der Bausequenz, die 8a hatten.« Also das Instrument 8a im Bundes-Immissionsschutzgesetz nutzen, um voranzukommen, Stück für Stück mit weit über 15 vorzeitigen Genehmigungen. Eine Planung wie ein Puzzle, man muss nur die Teile, die zueinanderpassen, Schritt für Schritt zusammenfügen. Das Landesumweltamt, das ja die Umweltverträglichkeit des Werkes prüft, hat die vorzeitigen Genehmigungen wegen einer günstigen Prognose für das Gesamtwerk immer wieder bewilligt. »Sie müssen ja das Gesamtwerk sehen«, sagt Harald Schlarb. Das nun fast fertig ist, es läuft schon der Testbetrieb, auch mit vorzeitiger Genehmigung in den einzelnen Gewerken.

Harald Schlarb ist auch bei den Einstellungsgesprächen beteiligt, prüft, sucht aus, wer zu Tesla passt. »Tesla ist anders.« Er entwirft mir noch einmal die Unternehmensphilosophie von Elon Musk, mal ganz praktisch gesehen: »Bei Tesla wird jeder eingesetzt, was kann er, wo ist er gut und das macht er. Das ist anders als bei den großen Strukturen, mit den festgefahrenen

Organisationsdiagrammen, wo der Mensch im Prinzip nur ein Kasten im Personalplan ist. Ich habe jetzt diese Woche wieder viele Personalgespräche gemacht, [...] da habe ich gesagt, ich will wissen, passt die Firma zu dir, und ich will gucken, passt du zu der Firma.« Wieder fällt das Wort von Mission, der Tesla-Mission. »Die sind begeistert von der ›sustainable energy‹, von den nachhaltigen Lösungen in der Energieversorgung.« Da ist er, der »Zeitgeist«, den Elon Musk mit seinen Unternehmungen bedient. Und warum sollen da junge Leute nicht begeistert sein, sie wollen mit Tesla am Rad der Zukunft drehen.

Ich komme auf gewisse Irritationen zu sprechen, die in der letzten Zeit Schlagzeilen machten. Schwarzbau auf der Baustelle, die Sache mit den Tanks. Das sei ja gar kein Schwarzbau, er habe noch mal die 8a gelesen. »Ich kann das errichten, das gehört dazu, das war schon im ersten 8a Errichtung der Gebäude [...]. Dann ist das für mich beschrieben, dass ich das tun kann. Ich nehme die ja nicht in Betrieb, sondern ich ›errichte‹.« Die Tanks meint er, die zudem auch leer seien. So bügelt er die Sache weg, wie auch die Aufregung um das zukünftige Abwasser der Fabrik. »Es gibt 'ne Kläranlage bei uns, die bauen wir für die Lackierung, weil wir da viel Wasser haben, das Wasser aufbereiten und schicken es dann wieder zurück, nur ein geringer Teil geht dann nach draußen.« Und die Pfahlbauten auf dem Gelände, ein anderer Aufreger von Bürgerinitiativen, Naturschutzbund und Grüner Liga? Das hätten sie alles im Griff. »Es war klar, wenn wir die Pfähle machen im Presswerk, gehen wir ins Grundwasser [...], da gehen wir mit zwölf Metern ins Grundwasser.« Und dann hätten sie sich angeguckt, wie fließt denn das Wasser unterirdisch, »kann das Wasser um die Pfähle herumfließen, dass dieser Zyklus gewährleistet ist«? Das würden sie kontinuierlich beobachten. »Monitoring« höre ich, ein Wort, das auch in der Anhörung in Erkner immer wieder fiel. Im Zusammenhang mit der Errichtung der Tanks fiel auch das Wort vom Problemlöser, den man bei Tesla suche, um Missverständnisse im Team, wie es auch hieß, zu vermeiden. »Meinen Sie die 25 guns, die der Elon eingestellt hat?«, fragt er mich. Klingt nach Schlacht und Krieg. Aber mit wem will Elon Musk kämpfen? Vielleicht mit denen da draußen, die vor dem Werk protestieren? Nein, nein, mit dieser Assoziation befinde ich mich buchstäblich auf dem Holzweg und das Werk ist auch keine Burg, von der aus man auf die Feinde feuern kann. »Das sind 25 [...] junge Menschen, die Außerordentliches gemacht haben, in ihrem Studium oder sonst was, teilweise sind es auch Menschen, die Firmen gegründet haben und die nehmen wir dann natürlich, um ganz neutral ein Problem von außen anzugucken und dann zu lösen. Das ist die andere Weise zu arbeiten und zu denken.«

War da nicht noch was? Ein Störfall sozusagen, ein Kabelbrand, den eine Gruppe namens »Vulkan« in dunkler Nacht gelegt hatte, um den Bau von Tesla zu stoppen. Albrecht Köhler hatte mir davon erzählt und gemeint, war gar nicht so schlimm, auch die Zeitungen hatten die Sache runtergespielt. Für Harald Schlarb war es eine Katastrophe, die Zeit fraß. »Die haben uns das Werk lahmgelegt, für zwei Wochen mindestens, wenn nicht sogar drei Wochen, komplett. [...] Wir waren jetzt schon so weit, dass wir das Presswerk, dass wir die Roboter, [...] dass wir wirklich Strom gebraucht haben, [...] dass wir dann diese 100 Kilowatt über die Transformationsstelle, die wir haben, dann haben wir die angeschlossen, und wir waren gerade dabei, haben unseren Anlauf gemacht [...] im Presswerk, die Inbetriebnahme und da stecken die uns das Kabel an, [...] Ende, es war nur noch Bauen möglich, Büros, Anlagen, kleine Kräne, Bohrmaschinen.«

Zur Wasserproblematik will ich noch kommen, wie sieht das ein Insider, der für den Fabrikaufbau an wichtiger Stelle zuständig ist? Kein Problem, höre ich aus seiner Antwort heraus, nicht wirklich ein wichtiges Problem. Ja, ist das so? »Was wir an Wasser benötigen in diesem Industriegebiet, ist verschwindend gering.« Ja ja, das ist schon richtig, Tesla hatte seinen Wasserverbrauch immer weiter heruntergerechnet. Für die erste Ausbaustufe wohlbemerkt. Aber er fügt noch einen Glaubenssatz hinzu. »Das Wasserproblem ist kein Tesla-Problem. Wir werden auch in den nächsten Ausbaustufen, wenn wir die machen, werden wir trotzdem genügend Wasser für die Region haben.« Ich bin perplex. Alle Berechnungen, die ich kenne, gehen davon aus, dass dann das Wasser nicht reichen wird, auch wenn zusätzliche Fördermöglichkeiten für den wertvollen Rohstoff »Wasser« wie in Hangelsberg erschlossen werden. Auch dass es in der Region zwei Jahre sehr trocken war, dass der Wasserstand von Seen und Flüssen sinkt, ist nicht sein Thema. »Wir müssen nur gucken, wo das Wasser dann im Prinzip auch im Verbund, [...]. Das ist ein Länderproblem, nicht der Region.« Das Wasser also von weiter weg herholen, die Oder anzapfen, noch mehr die Spree? Meint er das? Ja, in diese Richtung denkt er wohl.

Zwei Tage nach diesem Gespräch steht in den Zeitungen, dass Elon Musk Armin Laschet in seinem fast fertigen Werk in Grünheide getroffen hat und mit ihm durch die Fabrik gegangen ist. Ein willkommener Wahlkampfauftritt für den Bundeskanzler-Kandidaten der CDU und für Elon Musk eine Gelegenheit, der Öffentlichkeit, die er sonst scheut, mitzuteilen, dass schon im Oktober die ersten Teslas vom Band rollen werden. Später präzisiert er über Twitter. Zunächst einmal soll es einen »Tag der offenen Tür« geben, am 9. Oktober. Eine Werksbesichtigung für alle und ein Volksfest. Im *Tagesspiegel* vom 13. August heißt es noch, dass sich der Kandidat für schnellere Genehmigungsverfahren und die Veränderung des Verbandsklagerechts einsetzen wird. »Wir müssen schneller werden, wir müssen Bürokratie abbauen. Wir müssen entfesseln«, so wird Armin Laschet in der Zeitung zitiert. Im *Rundfunk Berlin-Brandenburg* sind beide auch am 13. August zu hören und zu sehen. Offensichtlich herrscht gute Laune und bestes Einvernehmen zwischen den zwei Männern. Eine Journalistin fragt dann Elon Musk, was denn mit den Wasserproblemen sei. Die Antwort ist ein breites Lachen: »Look around you. This is completely wrong. It's like water everywhere here. Does this seem like a desert to you?« Und wieder lacht er, die Journalistin ist eingeschüchtert, bedankt sich artig. Und noch einmal ist seine Stimme zu hören: »It's ridiculous.« Nun schüttelt er sich vor Lachen. Könnte schon sein, denke ich, dass der Mann aus Amerika sich in dieser Region nicht so gut auskennt.

18. August 2021: Der *Antenne*-Stammtisch des *rbb* in Grünheide

»Stammtisch«, was für ein gemütlicher Name. Aber gemütlich geht es an diesem Abend im Gartenlokal des Heydewirts in Grünheide nicht zu. Draußen also sitzen vielleicht 50 Gäste vor einem Podium, das leicht erhöht vor ihnen steht. Wegen Corona natürlich, hier weht frische Luft und Kälte kriecht einem in die Beine, sie kommt von dem vielen Wasser des Peetzsees, den man von dem Lokal aus gut sehen kann. Er blinkt gar freundlich hinüber zu den Gästen des Heydewirtes. Ja, wenn es nicht so kalt und windig wäre, könnte man von einer spätsommerlichen Idylle sprechen.

Was hat es mit dem *Antenne*-Stammtisch auf sich? Der *Rundfunk Berlin-Brandenburg* hat sich dieses Format ausgedacht, ein Diskussionsforum, nun zum Thema: »Wie verändert Tesla Brandenburg?« – »Die Gemütslage der Menschen soll [...] ergründet werden, gleichzeitig sollen Einwohner und Verantwortliche aus Politik und Wirtschaft zusammengebracht werden.« Diese Veranstaltung findet heute Abend zum ersten Mal statt, leider, wie der Moderator vom *rbb* sagt, sie konnte voriges Jahr wegen des Ausbruchs der Pandemie nicht organisiert werden. Leider auch ohne Tesla-Vertreter, die auch diesmal wieder abgesagt haben.

Es hat etwas von einem Boxkampf, was sich die Rundfunkleute da ausgedacht haben, aber mit sehr gut gepolsterten Handschuhen. Zunächst gibt es ein Aufwärmprogramm: Man tastet sich vom Allgemeinen zum Besonderen vorwärts. Wie man es mit der E-Mobilität halte, will der Moderator wissen. Christiane Schröder vom Naturschutzbund Brandenburg sagt, das E-Auto sei nicht das einzige Mittel gegen CO_2, man müsse eben auch an den Ausbau des öffentlichen Nahverkehrs, an Carsharing denken, sie will keine Solaranlagen, die sich in der Fläche ausbreiten, sondern träumt von Solardächern mit Solardachziegeln. Die gäbe es heute auch schon. Tobias Lindh von der Initiative GrünheideForFuture, der übrigens aus Erkner kommt, sieht, dass sich bei Tesla neue Denkweisen entwickeln, ein innovatives Projekt käme da nach Grünheide. Oliver Feix vom Unternehmen »50Hertz« will mehr Kreislaufwirtschaft und mehr Tempo beim Ausbau des Stromnetzes. Was aber bedeutet »50Hertz«? Ich lerne hinzu. »50Hertz« ist ein internationaler Stromnetzbetreiber, er versorgt 18 Millionen Menschen mit dem wertvollen »Kraftstoff Strom« und ist führend bei der Integration erneuerbarer Energie. Das Höchstspannungsnetz hat eine Länge von 10.380 Kilometern. Das entspricht der Entfernung von Berlin nach Rio de Janeiro. Da sitzt also ein big player auf dem Podium des *rbb*. Natürlich ist der Wirschaftsminister Jörg Steinbach dabei und natürlich für Elektromobilität, er hat den Deal mit Tesla ja mit eingerührt. Elektromobilität ist für ihn Thema der Zukunft. Das sei auch in der Allgemeinheit angekommen. Man sehe schon mehr Teslas auf der Straße und um die Klimaziele zu erreichen, müsse erneuerbare Energie schnell ausgebaut werden. Christiane Schröder erinnert an die letzten Flutkatastrophen in Deutschland und appelliert an alle. »Der Schuss ist ja endlich gehört worden, es sind sich alle einig, es endlich zu machen.« Was denn machen, frage ich mich. Man solle aufhören zu quatschen und anpacken. Das könnte eine gute Überleitung für die nächste Runde sein: »Tesla und Klimaschutz«.

Über eineinhalb Jahre wurde darüber nicht nur in Grünheide diskutiert, seit einem Jahr begleite ich den Prozess, Positionen haben sich herausgebildet, sie scheinen nicht mehr veränderbar zu sein. Steffen Schorcht, der heute nicht nur die Bürgerinitiative Grünheide, sondern weitere fünf Organisationen in der Nachbarschaft des Werkes vertritt, kritisiert noch einmal die Standortwahl von Tesla im Wasserschutzgebiet, er kritisiert das Störfallkonzept des Werkes, den Wassermangel in der Region und fordert einen geschlossenen Wasserkreislauf im Werk. Tesla löst für ihn nicht das Problem »Klimawandel«, sondern ist Teil des Problems. Tobias Lindh hingegen plädiert für Tesla mit einem simplen Vergleich. Es sei doch gut, dass die SUV mit Verbrenner durch SUV-E-Autos verdrängt würden, dank Tesla. Minister Jörg Steinbach sieht keine Störfallprobleme im Werk, er sei in diesem Thema zu Hause und vor seinem Leben in der Politik, in der Industrie und in der Lehre und Forschung an mehreren Universitäten mit diesen Problemen beschäftigt gewesen. In das Genehmigungsverfahren des Landesumweltamtes will er sich nicht einmischen, er besteht da auf strikte Trennung der Bereiche »Wirtschaft« und »Umwelt«. Christiane Schröder beklagt die Informationspolitik von Tesla, daran könne man sich nicht gewöhnen, das sei eine Black Box. Die vorzeitigen Genehmigungen, mit denen Tesla das Werk hochzieht, käme ihr vor wie Jungen, die wie bei Lego einen Stein auf den anderen setzen und auch mal das so entstehende Objekt umwerfen. Wie könne da Vertrauen wachsen. Sie bekennt: »Jeder gefällte Baum ist einer zu viel.« Birgit Flügge von der Landesentwicklungsgesellschaft Brandenburg begrüßt Tesla grundsätzlich, das sei der richtige Ort für das Werk mit Gleisanschluss, naher Autobahn, die am Werk vorbeigleitende RE1. Wenn auch die Verkehrsstruktur insgesamt, so wie sie ist, nicht ausreiche. Sie hat noch einige versiegelte Flächen für Gewerbe im Portefeuille, die im Gefolge von Tesla, Zulieferbetriebe beispielsweise, nach Grünheide kommen wollen. Will mit diesem Angebot aber die kommunale Planungshoheit keineswegs infrage stellen. Und auch der Bürgermeister meint, dass man bei den Folgeerscheinungen von Tesla für die Gemeinde Grünheide alles im Griff habe. Ein wohlüberlegtes Verkehrskonzept käme, zwar nicht so schnell wie Tesla, aber es käme, die Eisenbahnüberquerung zum Beispiel auf der Straße zum Werk, ein neuer Bebauungsplan, der die Neuansiedlung von Tesla berücksichtige sei mit großer Öffentlichkeitsbeteiligung schon verabschiedet worden. Marco Miethe von dem privaten Schulcampus ganz in der Nähe des Bauplatzes freut sich auf neue Schüler, wenn die Autofabrik ihren Betrieb aufnimmt, und schwärmt schon von einem gemeinsamen Projekt mit der neuen Nachbarschaft. Man wolle gezielt Mädchen für den Ingenieurberuf begeistern. Bekannte Positionen werden von allen Seiten ausgetauscht, sie sind schon lange in der öffentlichen Diskussion bekannt. Gibt es heute Abend neuen Erkenntnisgewinn?

Was gibt es in den folgenden Gesprächsrunden zum Klimaschutz zu sagen, zu drohender Erderwärmung? Man beugt sich über die Topografie Grünheides und der Region und entwirft Zukunftskonzepte. Oliver Feix von »50 Hertz« fordert mehr Dynamik bei der Stromversorgung der Region, immerhin, Steffen Schorcht und Christiane Schröder bleiben bei alten Positionen, Tonlage: Skepsis. Nicht die Gemeinde sei der Lottogewinner, wie es einmal nach der Entscheidung von Elon Musk für Grünheide hieß, sondern Musk selbst, so Steffen Schorcht. Öffentliche Gelder, Steuergelder würden für das Werk fließen, alles sei risikobehaftet. Aber, sagt Christiane Schröder, sie seien sich ja alle einig, ja, es gäbe Risiken, »aber es passiert nichts«. Dümpelt man so vor sich hin? Und was soll passieren, damit die Zukunft gestaltet wird und jeder mit anpackt, damit Tesla und die Gemeinde friedlich zusammenleben können? Der Stadtverordnete der Grünen in Erkner meldet sich aus dem Publikum. »Wir sind die Lösung, wir müssen mehr in die Zukunft schauen.« Und ein junger Mann aus Hangelsberg wendet sich direkt an Steffen Schorcht mit den Worten: »Was wäre denn der Alternativvorschlag zu Tesla gewesen, was hätte denn stattdessen auf die Fläche sollen, der gleichzeitig eine bessere Taktung bringt (er meint den öffentlichen Nahverkehr mit Bahn und Bus), das die Verkehrsprobleme löst [...], wir haben den Fokus auf die Region, um diese Probleme anzugehen, was wäre denn der Gegenvorschlag?« Steffen Schorcht antwortet: »Tesla löst nicht die Probleme, Tesla verschärft diese Probleme.« Der Umweltschützer und der junge Mann aus Hangelsberg finden nicht zu einem Dialog. Es ist jetzt noch kälter geworden beim Heydewirt. Und eine Chance für einen produktiven Austausch ist vertan.

19. August 2021: Ende gut, alles gut? Gespräch mit dem Minister für Wirtschaft, Arbeit und Energie des Landes Brandenburg Jörg Steinbach

Es gibt mehrere Enden für die Geschichte um Elon Musk und seine Tesla Gigafactory in Grünheide. Pardon, er sage lieber »Giga Berlin«, der Name, mit dem er geopolitisch seine Unternehmung richtig einordnen will. Die Geschichten vermengen sich, vermischen sich. Ein Labyrinth entsteht, in dem der Betrachter des Phänomens »Musk in Grünheide« nach dem richtigen Weg suchen muss. Aber gibt es den überhaupt?

Ich bin noch einmal hinausgefahren, nach Potsdam in die Landeshauptstadt zu Jörg Steinbach, der schon mal ironisch Mister Tesla oder Pressesprecher von Tesla genannt wird. Bezeichnungen, die er weit von sich weist. Also noch einmal zum Bahnhof der Stadt, dort über die breite Heinrich-Mann-Allee, die immer noch Baustelle ist wie bei meinem ersten Besuch, vorbei an Absperrgittern, die einen Trampelpfad frei lassen, auf dem man zum Eingang des Gebäudekomplexes gelangt, in dem auch das Wirtschaftsministerium untergebracht ist. Ich komme auf den

»Stammtisch des *rbb*« zu sprechen, den wir gerade gestern beide miterlebt haben, und auf die Meinung vieler Anwesender, dass Tesla nun kommen wird. Da wird der sich um Sachlichkeit bemühende Minister ganz emotional. »Also, Entschuldigung, Herr Bauernfeind, wenn wir nicht in der Lage sind, eine stinknormale Automobilherstellungsfabrik in Deutschland zu genehmigen, dann sollten wir unseren Laden zumachen. [...] Wir wollen Investoren haben und wenn sie an der Stelle dann da sind, dann sollen sie bitte nicht in meinen Garten sein, dann sollen sie hier nicht sein, dann sollen sie da nicht sein [...] also, es geht einem schon auf den Keks, muss ich ganz ehrlich sagen, es ist schon etwas provinziell.« Der Minister der das große Ganze sieht für sein Land Brandenburg, für Deutschland, ja, für Europa, mag sich einfach nicht mehr vorzustellen, dass Tesla nicht kommt. Wir kommen auf den Ausrutscher von Elon Musk bei seinem letzten Besuch auf der Baustelle in Freienbrink-Nord zu sprechen, seine Reaktion auf die Frage einer Journalistin zum Wassermangel in der Region, die er mit lautem Gelächter quittierte. Ja, so sei er nun mal, bedauerlicherweise, und mit der Öffentlichkeitsarbeit hapere es nach wie vor. Nun hatte ich in der Zusammenfassung des Bundesumweltministeriums »Beteiligungsverfahren bei umweltrelevanten Vorhaben« von »drei Botschaften für gute Öffentlichkeitsbeteiligung« gelesen. Sie sollte beispielsweise professionell konzipiert und gemanagt werden, sie sei kein Thema fürs Hinterstübchen, solle im Dialog mit allen Beteiligten geplant werden, solle unterschiedliche, vielfältige und kontroverse Stimmen mit einbeziehen. Davon könne bei Tesla ja bisher keine Rede sein, sage ich, das schaffe Misstrauen, bedeute Zeitverlust beim Bauvorhaben. Dann käme es eben zu Fragen, Kritik, Einwendungen. »Stimme ich Ihnen absolut zu«, ist die Antwort des

Ministers, »das gehört zu der Geschichte dazu.« Bei dem letzten Besuch von Elon Musk auf der Baustelle hat Jörg Steinbach allerdings versucht, Musk zu bewegen, den Bauplatz für die Allgemeinheit zu öffnen. Diesem Wunsch sei Elon Musk nun gefolgt, und so würde es so etwas wie einen Tag der offenen Tür am 9. Oktober geben, da sei er sich sicher. »Es geht eigentlich darum, dass die Menschen [...] ein anderes Gefühl für das kriegen, was dort jetzt tatsächlich errichtet worden ist.« Und zur Eröffnung der Gigafactory käme es Ende des Jahres. Aber piano, piano, so müsse man sich das vorstellen, nicht mit einem großen Bang. Das würden wenige Fahrzeuge an der Stelle pro Tag sein, »wie man im Englischen so schön sagt, ein ›painfully slow‹ Start.« Nach dem rasanten Bautempo müsse es mit der eigentlichen Produktion langsam vorangehen. Im Schneckentempo sozusagen. Nur so gewönne man auch Zeit, um die Infrastruktur um das Werk herum zu entwickeln. Auch etwas anderes treibt ihn noch um. Wenn Tesla in Grünheide endlich Wirklichkeit sei, müsse man eine Evaluation durchführen. »Wie haben alle oder nur wenige von uns überhaupt Übung, mit solchen großtechnischen Anlagen umzugehen in diesem Prozess. [...] Das bedarf noch mal einer sehr konsequenten Bewertung, dass man daraus auch wirklich für die Zukunft lernt.« Fehlersuche ist also angesagt, nicht nur Feiern, wenn es tatsächlich losgehen soll mit Tesla in Grünheide. Noch etwas zum »Wasser«, das will er unbedingt loswerden. Schon in den Runden, die tagten und für eine Standortentscheidung von Elon Musk Fakten aufbereiteten, sei doch bekannt gewesen, wie viel von dem kostbaren Nass in der Gegend vorhanden sei. Der zuständige Wasserverband habe doch mit am Tisch gesessen. Was Umweltschützer da behaupteten, sei schlichtweg falsch. Da sei nichts totgeschwiegen worden. Und außerdem:

Wenn man mehr Wasser brauche als in der Region vorhanden sei, könne man es ja von weiter weg holen. »Es koste dann nur mehr Geld. [...] Das ist Tesla an der Stelle auch bewusst«, sagt er. Eine Zukunft mit Tesla malt er sich nicht golden aus. Aber immerhin, jetzt schon, also vor der Eröffnung, sende Elon Musk positive Signale. 140 Ausbildungsplätze wolle er im Autowerk schaffen, für zehn technische Berufe. »Das ist eine ganz reguläre, deutsche, duale Ausbildung mit Berufsschule und allem Drum und Dran. Damit wäre Tesla der größte Ausbildungsbetrieb in Brandenburg«, verkündet Jörg Steinbach stolz. Und mit diesen Worten werde ich entlassen. »Termine, Termine«, damit entschuldigt er seinen plötzlichen Aufbruch. Ja, der Minister hat in diesen Zeiten noch mehr als sonst zu tun, mindestens so lange, bis er hinter das Projekt Tesla ein Häkchen machen kann.

1. September 2021: The first principle of thinking – zurück zu Elon Musk. Zurück in die Zukunft? Gespräch mit Walter Haefeker

Das hatte ich nun nicht gedacht. Mir kam ein Mann ins Haus geschneit, nein, nicht Elon Musk persönlich, sondern ein Mann, der sich in dessen Leben und dessen Denken gut auskennt, Walter Haefeker, der in den Achtziger- und Neunzigerjahren des vorigen Jahrhunderts im Silicon Valley war, in der Zeit der Startups, genauso wie Elon Musk. Parallele Lebensläufe sind da zu besichtigen. »Sie haben Elon Musk persönlich kennengelernt?«, frage ich ihn, begierig auf weitere Details aus dem Leben des Wundermanns. »Nein, nein«, ist die Antwort, die mich verblüfft. Eigentlich haben sich nur die Autos der beiden kennengelernt.

Das war so: Musk hätte sich bei einem Browser-Hersteller bewerben wollen, habe da in der Lobby rumgesessen, habe sich nicht getraut, jemanden anzusprechen, sei schließlich gegangen und habe seine eigene Firma gemacht. Walter Haefeker war in der Zeit Chief Operating Officer in der Firma daneben, sie hatten einen gemeinsamen Parkpkatz, »also wir waren sozusagen im gleichen Orbit«, sagt er, »sind uns aber persönlich nicht begegnet«. Das hätte sich auch später nicht geändert, aber sie waren am gleichen Ort und wie die Amerikaner sagen, in einem »state of mind«. »Im Silicon Valley lebt man schon mit einem Fuß in der Zukunft«, übersetzt er diesen »mind«. »Deshalb habe ich eine etwas bessere Chance nachzuvollziehen, was er macht.« 2001 kam er zurück nach Deutschland, engagierte sich für eine umweltschonende Landwirtschaft gegen Gentechnik, gegen das großflächige Ausbringen von Pestiziden, wurde, wenn man so will, ein »Grüner« im Technologiegewand, der auch gegen das Aussterben von Bienen kämpft. Ein Grenzüberschreiter, denke ich, und er zieht Vergleiche zum Handeln von Elon Musk. »Genauso wie er Verbrennungsmotoren mit seiner Strategie überflüssig macht«, so sieht er seinen Kampf für eine naturbelassene Landwirtschaft. Nach Grünheide ist er jetzt gekommen, um einen Vortrag im Rotary Club im benachbarten Fürstenwalde zu halten. Ihn treibt um, welches Bild die Medien von Elon Musk zeichnen, da würden überwiegend gängige Klischees reproduziert. Der reichste Mann der Welt, der Profiteur, ein Investor zwischen Genie und Wahnsinn, der Mensch mit seinen Interessen käme nicht zum Vorschein, man müsse Musk losgelöst von seinen Einzelinteressen sehen, die Einzelinteressen ergäben eine Philosophie, wie man die Menschheit retten könnte, das nähme man nicht genügend zur Kenntnis. Alle Innovationen seien miteinander verbunden und ergäben ein Ganzes. Ist Musk in Wahrheit ein Philantrop, der mit dem Wissen um Naturwissenschaft wie der Physik Mittel gegen den Untergang der Welt erfindet und sie tatkräftig in seinen Unternehmungen durchsetzt? Haefeker zitiert Grundsätze: »Physics is a law, everything else is just a recommendation.« (Physik ist Gesetz, alles andere nur eine Empfehlung.) Und ein Leitfaden für sein Leben sei: »Ich gründe nicht Unternehmen, um Unternehmen zu gründen, sondern um Dinge zu erreichen.« So eben ticke der Held der Gazetten. Und diese Sätze seien die Basis für alle seine Innovationen, die wie Perlen auf einer Schnur aufgereiht sind. Mit diesen Vorträgen über Musks Philosophie ist Walter Haefeker nicht nur in Grünheide unterwegs, er hat eine Mindmap entwickelt, in der er, wie er betont, »Fakten« zusammengetragen hat, die die Denkweise von Elon Musk veranschaulichen. Weil viele Leute gar nicht wüssten, was sie unterstützten, aber zum Teil auch gar nicht wüssten, was sie bekämpften. Der eigentliche Antrieb der Arbeit von Elon Musk sei das Fermi-Paradoxon, ein Gedankengang des itaienischen Physikers Fermi aus dem Jahr 1950, der davon ausging, dass es extraterrestrische Intelligenz gäbe, die Suche nach Spuren dieser Lebewesen aber erfolglos geblieben sei. »Where are the aliens?« sei die Schlüsselfrage von Elon Musk und eine Erklärung für ihr Verschwinden könnte sein, wie Stephen Hawking es formulierte, dass Entwicklung von Intelligenz mit der Zeit instabil würde und unabsichtlich zu einer Selbstauslöschung führen könnte. Im Prinzip, führt Haefeker weiter aus, »was wir hier machen, ist ein Beispiel dafür«. Er meint die Vernichtung des Menschen durch den Menschen selbst.

»We must pass the great filter« sei ein anderer Schlüsselsatz. Was er damit meint, frage ich. Das sei die Aufgabe der

Menschheit, eine Kopie von ihrem Bauplan, ihrer Entwickung, ihrer Erfindungen herzustellen und an einen sicheren Ort zu bringen, wenn die Spezies Mensch untergeht. »Vom bewussten Leben ein Back-up zu ziehen«, erklärt Walter Haefeker, »damit das Leben auf einem anderen Himmelskörper weitergehen kann.« Seinen Mitarbeitern bei SpaceX, seiner Raketenfirma, würde Musk sagen: »Wir arbeiten hier, als sei der Komet, der hier einschlägt, schon unterwegs.« Das erklärt das Dringliche bei den Unternehmungen von Musk, das unbedingte Wollen, so interpretiere ich diesen Satz. Die Innovationen wie das E-Auto »Tesla«, die erneuerbaren Energien mit der Entwicklung von großen Batteriepacks, der Ausbau der Solarenergie, die Gründung von Unternehmen wie »The Boring Company«, »Neuralink«, »Starlink«, für ihn ist es wirklich fünf vor zwölf, man muss handeln mit all diesen Unternehmungen. Mit »The Boring Company« will er dem zweidimensionalen Verkehr eine dritte Dimension hinzufügen, unter der Erde mit der Untertunnelung von Städten, ein idealer Verkehrsweg für die E-Autos, die keine Abgase produzieren, mit »Neuralink« will er Chips in das Gehirn einsetzen, »mit absoluter minimalinvasiver Operation, mit absoluter Präzision«, wie mein Gesprächspartner weiß, ein zusätzliches Informationsfeature, vielleicht auch einmal ein Hilfsmittel in der modernen Medizin. »Population collapse« schließlich umschreibt, was Elon Musk mit der Disproportion von Jung und Alt in der Weltbevölkerung meint. Die Alten würden immer mehr, die Jungen könnten für ihre Versorgung nicht mehr aufkommen. Hier kommt der humanoide Roboter ins Spiel, den er entwickelt hat, und der den Jungen Arbeiten abnimmt. Um ein Grundeinkommen für alle zu sichern, müsste man auch eine Robotersteuer einführen, forderte Musk. Auf dem »AI Day« führte er einen

Computer mit neuronalem Netzwerk vor, Lebewesen, wie auch mit dem Autopilot gesteuerte Autos, warum sollte man für die nicht Steuern erheben?

Innovationen kosten natürlich Zeit, auch wenn es schnell gehen muss, denke ich. Ein Kick in diese Richtung sei ein hochdotierter Preis, den Musk für eine Technik ausgeben will, CO_2 wieder aus der Atmosphäre zu holen, großtechnisch. 100 Millionen Dollar spendete er dafür, weiß Walter Haefeker. Seine Überzeugung sei: »Bremsen reicht nicht, man muss sogar den Rückwärtsgang einlegen.« Mein Informator der Ideen von Musk hat übrigens eine Schüssel im Garten aufgestellt, mit der er vom Satellitennetzwerk im »low earth orbit« profitiert. Musks »Starlink« mit Internetempfang weltweit, sein letztes Unternehmen.

Die Welt im Kleinen. »Wie wird es mit Grünheide und Tesla in Grünheide weitergehen?«, frage ich Walter Haefeker noch. »Dieses Investment ist so groß, dass plötzlich so viele neue Talente da hinkommen werden, die einen ganz anderen Spirit haben, [...] dass diese Region [...] wirklich aufblühen kann. [...] Das war ja auch meine Motivation, diesen Rotary Club zu kontaktieren. Nur wenn jemand es zumindestens mal versucht, die Gedankenwelt zu erklären, die die Motivation für dieses Projekt ist, haben die Leute überhaupt 'ne Chance darüber nachzudenken. Finde ich das gut, ich meine, dass man es ja auch ablehnen, für Unsinn erklären kann, oder finde ich es toll, dass ich ein Teil davon bin, ja [...] aber, wenn ihnen das niemand erklärt, dann haben sie nicht die Chance, sich damit zu identifizieren und andersrum, wenn ich etwas bekämpfe, dann sollte ich auf jeden Fall erst einmal die Hausaufgaben machen und verstehen, was ich da bekämpfe.«

August, September, Oktober 2021: Grünheide, was soll aus dir werden?

Wenn Elon Musk sich in den ersten Septembertagen in Grünheide umgesehen und nach seinen Weltrettungsideen gefragt hätte, wären die Antworten wohl mager ausgefallen. Grünheide ist in diesen Tagen mit anderen Problemen beschäftigt. Steffen Schorcht hatte mir erzählt, dass gegen den Bürgermeister von Grünheide Arne Christiani von Gemeindvertretern ein Abwahlantrag überlegt würde, weil er sich in einem Bericht des niederländischen Fernsehens abschätzig über Demokratie geäußert hätte. Das sei ein unerhörter Vorgang gewesen. Am 24. August hätte er in einem Beitrag über Tesla und Grünheide gesagt: »Es muss ja nicht heißen, dass ich unbedingt der größte Verfechter von Demokratie bin. Bin ich nicht. Nö.« Und auf die entgeisterte Frage des Reporters: »Auch als Bürgermeister nicht?!« hätte er geantwortet: »Ich muss nach den Spielregeln spielen, das ist richtig, aber deshalb muss ich nicht der Verfechter dieser Methode sein.« Inzwischen hat es eine Gemeindevertreterversammlung in Grünheide gegeben, in der über das Verhalten des Bürgermeisters gesprochen wurde. Auf dieser Sitzung entschuldigte sich Arne Christiani dann, seine Wortwahl sei unglücklich gewesen und hätte Anlass zu Missverständnissen gegeben. Er sagte dann, diese Äußerung hätte sich auf das Verhalten von Einwendern bei der Erörterung in Erkner im September 2020 bezogen, bei denen diese für keine sachlichen Argumente von Behörden und Tesla zugänglich gewesen seien.

Das geschehe nun zum ersten Mal, dass sich der Bürgermeister von Grünheide entschuldigt habe, meint Steffen Schorcht, den ich mit dieser Aussage bei einem neuerlichen Gespräch im

September konfrontiere. Für die Grünen im Regionalverband Grünheide/Spreenhagen ist damit die Sache nicht aus der Welt. In einem Bürgerentscheid sollen die Grünheider selbst über die Abwahl des Bürgermeisters entscheiden.

Auch eine Hängepartie ist nun die dritte Erörterung, die nach den Aussagen der Pressesprecherin des Landesumweltamtes in Form einer Online-Konsultation durchgeführt werden soll. »Aufgrund der hohen Anzahl der Einwendungen und der geltenden Regelung über Covid 19«, schreibt sie in der Presseinformation vom 26. August. Fürchtet man ein öffentlich wirksames Tribunal wie die Erörterung damals in der Stadthalle Erkner im September 2020? Die Einwendungen würden nach bestimmten Themen geclustert und vom Landesumweltamt beantwortet. Zur Widerrede hätten die Einwender dann drei Wochen Zeit, dann käme es zur endgültigen Entscheidung für die Baugenehmigung, sagt Steffen Schorcht. Das kann sich also noch hinziehen, ist er sich sicher. Und dann wird sie wahrscheinlich mit Auflagen verbunden sein. Damit hätte Elon Musk kein Problem.

Grünheide, Grünheide, das Paradies wird also eine Gigafactory bekommen, die vielen Kiefern der Gegend werden sich weiter im Wind biegen, die Blätter in den Wäldern werden weiter rauschen, und da, ganz nahe an der Autobahn in Freienbrink-Nord wird die gewaltige Fabrik im Sonnenlicht glänzen, Elon Musk wird einen Tag der offenen Tür veranstalten und irgendwann werden die ersten Teslas auf dem Werksgelände in Güterwagen verfrachtet oder auf Lastwagen gehievt werden und in die Welt hinausfahren.

Ist da noch ein anderer Schluss möglich, gibt es überhaupt einen Schluss in der Geschichte von Elon Musk und seinen Innovationen weltweit? Am 9. Oktober 2021 ließ er es ordentlich krachen. Wohlmeinende hatten ihm dazu geraten, du musst Öffentlichkeit herstellen, du musst die Menschen in der Umgebung des Werkes miteinbeziehen, du musst werben, statt dich abzuschotten, für dein Werk in Grünheide. Er hatte alle überrascht und per Twitter einen Tag der offenen Tür, ein »County fair«, einen Jahrmarkt, wie es im Deutschen heißt, dort draußen in Freienbrink angekündigt, wo der Wind über den Hallen der neuen Fabik weht, der Sonne, aber auch manchmal Regen bringt. Die Menschen aus Grünheide und Umgebung hätten den ersten Zugriff auf die Karten, hieß es noch. Ein Rummel, ein Riesenrummel, mit Ausnahmegenehmigung trotz Corona geöffnet, nach der 3G-Regel. Aber wer wollte das kontrollieren, als sich endlich die Fabriktore öffneten und 9.000 Menschen in das Gelände hineinströmten, endlich, in die bislang sorgsam bewachte Burg der Gigafactory. Für mich noch einmal eine Reise in die Vergangenheit meiner Recherche über Tesla, über Grünheide, über Elon Musk, an diesem Tag gefroren zu einem Kristall, in dem sich widerspiegelt, was war, was ist und was vielleicht anders hätte sein können.

Es ist eine Menge zu finden auf Youtube, Videos von Tesla-Fans, Tesla-Fahrern, die von überall her aus der Welt nach Grünheide gekommen sind und auf diese Weise ihre Eindrücke vom Tag der offenen Tür mit der Tesla-Gemeinde austauschen wollen. »Musk Communication«, so will ich es nennen, bis in die hintersten Winkel dieser Erde. Aus verschiedenen Blickwinkeln, gesteuert durch verschiedene Interessen der Video-Filmer, wird die Gigafactory abgebildet, ich allein hätte sie mit einem Besuch hier so nie zusammenbekommen. Auch ein paar Radioreporter, ein paar Fernsehleute waren bei diesem Event in Grünheide dabei und sind auf Youtube mit ihren Reportagen zu sehen. Zeitungsjournalisten haben sich auf dem Gelände umgesehen und seitenweise darüber geschrieben. So geht »Öffentlichkeit«, haben sich wohl Musk und seine Leute gedacht, wenn man sie einmal macht.

Ein paar Ausschnitte: Von der Nachrichtenagentur *Reuters* wird berichtet, »Friede, Freude Eierkuchen« herrsche unter den Menschen, am Eingang sieht man schon Autoscooter, im Hintergrund dreht sich ein Riesenrad, das das Gelände mit seinen mächtigen Werkhallen überragt und wie der Berliner Funkturm am Messegelände Berlins die Besucher grüßt. »Ein Elektro-Flitzer-Fan«, wie der Reporter sagt, kommt zu Wort: »Dieser Tag ist ein Unikat, zum ersten Mal wird das Tesla-Werk in Deutschland geöffnet für die Öffentlichkeit [...]. Ich bin seit 2014 ungefähr Tesla-Fan, habe 2016 mein erstes Auto bestellt, deswegen muss ich hier sein.« Andere wollen sich die Produktionsstraßen genauer ansehen, die Roboter, das Giga-Presswerk, einfach mal sehen, wie weit man jetzt sei und ob die ersten Teslas dieses Jahr noch ausgeliefert werden. Eine Gegnerin der Fabrik ist zu hören, man habe reichlich Sand ins Baugetriebe geschüttet, verkündet eine Frau der Bürgerinitiative Grünheide stolz, das hier, sie zeigt auf das Werk, sei ein Schwarzbau und überhaupt die größte denkbare Umweltkatastrophe. Unversöhnliches klingt durch, haben sich die Fronten so verhärtet? Ein Tesla-Fan aus München hat sein Video bei Youtube eingestellt, ein »Unternehmer-Unterblog«, wie er sagt, darauf sind Bilder von zwei Besuchern zu sehen, keine eigenen Aufnahmen, er selbst sei gar nicht da gewesen, hatte zu viel zu tun, Bilder, die wie üblich hin- und hergetauscht werden bei den Tesla-Insidern. Eine Beschleunigungsstrecke ist zu sehen, die auf dem Werksgelände aufgebaut war, Demonstration des Speeds der E-Autos, in fünf Sekunden von null auf hundert, um die Besucher zu beeindrucken. Roboter greifen im Inneren der

Hallen ins Leere, eine ganze Armada von Robotern sehe ich da, die Giga-Press, die Hochdruckgussmaschine, der »heilige Gral« von Tesla, so groß wie ein Haus. Die »In-House«-Produktion von Fertigteilen, die früher von Zulieferern kamen, eine komplett neuartige Scheinwerferproduktion mit Matrix-Licht (Led), heller, sparsamer und punktuell einzustellen. Mir schwirrt der Kopf bei dieser Präsentation aus München, schließlich sagt der Fan noch: »Wenn ich mir mal so den Stand der Hallenausrüstung ansehe, es ist unglaublich, dass tatsächlich noch in diesem Jahr Fahrzeuge in Grünheide vom Band laufen können.«

Ein Star tritt noch auf bei diesem Tag der offenen Tür in Grünheide, natürlich ist dieser Star kein anderer als Elon Musk. Mitarbeiter haben ihm eine große Bühne bereitet. Es ist schon spät am Tag und alle haben auf ihn gewartet. Der Star stellt sich bescheiden an den Rand der Bühne, hinter ihm flimmern Bilder von der Tesla-Welt. »This thing is not working«, sagt er zunächst, irgendetwas stimmt mit der Technik nicht, der Star muss improvisieren. Das macht er nicht schlecht, manchmal in seinem »lustigen Deutsch«, wie ein Reporter meint, dann wieder in Englisch. Aus dem zumeist jungen Publikum kommen Anfeuerungsrufe, für das ist Musk ein Rockstar. »Hey«, rufen sie, kreischen, er bedient jetzt sein Publikum, bedankt sich bei den Befürwortern der Gigafactory: »Diese Party ist für euch«, sagt er und wagt einen kleinen Scherz. Das Modell Y, das hier zunächst gebaut würde, sei kein kleines Automobil. Fragen dürfen gestellt werden und drei Mitarbeiter tauchen an der anderen Seite der Bühne auf, um den Chef zu unterstützen. Es geht um den Betriebskindergarten, um die Energieversorgung des Werkes, um Solardächer, um die Investionen des Werkes für Naturschutzprojekte in Brandenburg, um Supercharger, um die Nachhaltigkeit von Batteriezellenproduktion, um den Absatzmarkt der Autos aus Grünheide, die ganze Palette von Fragen, die zu erwarten war, und auch die Antworten von Musk und seinen Mitarbeitern verraten nichts wirklich Neues. Im Grunde geht es bei dieser Fragestunde um etwas anderes. Denen da draußen zu zeigen, hey, wir sind innovativ, hey, wir achten die Umwelt, hey, wir bauen etwas Neues. »Ich glaube, auf die ganze Fabrik sind wir sehr stolz«, sagt ein Mitarbeiter, stellvertretend für Elon Musk. Dann geht der Chef »ab«, schnell und zügig, man sieht ihm die Erleichterung an, Bühnenshows sind nicht sein Ding. Gibt es noch etwas zu sagen? Ach ja, die Rave Party am Abend, die viele Nachbarn des Werkes bis in die Nacht hinein gequält hat, wie ich später höre. Auf *Radio 1* vom rbb erzählt ein Journalist, zuständig für Tesla im Sender, am nächsten Morgen Erstaunliches. Ja, ja, der Tag der offenen Tür sei schon ein Volltreffer gewesen. »Wir dürfen aber nicht vergessen, schon in der Vergangenheit hat sich ja Tesla kaum öffentlich erklärt zu der Fabrik und auch an diesem Samstag, da durften zwar eine Handvoll Kollegen und ich auf das Gelände, aber ich kenne auch mehrere Journalisten, die hätten auch gern berichtet, die haben sich auch um Tickets beworben, die hat Tesla einfach nicht reingelassen.« Die Zugbrücke zur Tesla-Burg war zwar runtergelassen, aber einige Journalisten durften nicht über sie hinein ins Innerste der Autofabrik.

Fluch oder Segen?

Ich habe meine beiden Protagonisten, die für Pro und Contra bei Tesla stehen, noch einmal zum Tag der offenen Tür befragt. War da etwas ins Wanken geraten bei ihnen? Albrecht Köhler hat dieser Tag nur bestätigt, was er schon lange denkt. Der Verein GrünheideNetzWerk durfte mit einem Stand sogar aufs Gelände und konnte über seine Ziele informieren, Mitglieder werben. Die Drohnentechnik habe besonders interessiert, die lückenlose Dokumentation vom Himmel herab auf das, was dort unten auf dem Baugelände passiert. Und viele Leute seien sehr beeindruckt gewesen von dem, was sie in den Fabrikhallen sehen konnten. Die Roboterwelt, die ihnen wie ein Maschinenballett vorkam, so leicht und doch so zielgerichtet. Da wären auch Leute vom »Tesla Owners Club« vorbeigekommen, was nur so viel hieße wie ein Zusammenschluss von Tesla-Automobilbesitzern, der harte Kern der Musk-Gemeinde, wie mir Albrecht Köhler erklärt. Sogar aus Singapur seien welche da gewesen. Die Gegner vom Tesla-Werk in Grünheide hat er natürlich registriert und ihr Argument vom fehlenden Wasser treibt ihn auch um, aber da hat er eine ganz pragmatische Lösung. Der geschlossene Wasserkreislauf würde das Problem lösen. Das Klärwerk, das in Freienbrink gebaut wird, könnte das Wasser reinigen und wieder ins Werk zurückpumpen. Warum das nicht angedacht sei, verstehe er nicht. Aber von der Feinplanung wisse er zu wenig, um das abschließend beurteilen zu können. Wie sieht er das Werk, will ich schließlich noch von ihm wissen, ein abschließendes Statement vielleicht. Erst will er nicht so recht heraus mit der Sprache, aber dann sagt er doch: »Ich bin ein Mensch, der eigentlich das Positive sieht.« Man müsse Visionen haben, da ist er ganz bei Christine de Bailly und Elon Musk, »Visionen nicht nur für die Gemeinde, sondern dass sich hier auch Leute ansiedeln, die sich mit Problemen auseinandersetzen, damit, wenn da Lösungen geschaffen werden, viel mehr Leuten geholfen werden kann als denen in dieser Region«. Ein Gewissen für die Welt haben, das wäre wichtig, so interpretiere ich ihn. »Zum Beispiel«, sagt er, »wie wir mit dem Elektromüll umgehen sollten, damit die Leute in Afrika nicht im Dreck und Müll rumkramen müssen.« Dies Denken müsse nun bei den Menschen in Grünheide ankommen, aber da zeigt er sich sehr skeptisch. Wenn er von seinen Reisen nach Grünheide zurückkam und davon erzählen wollte, sei er auf wenig Verständnis gestoßen. »Was die Abwesenheit von Elektriztät für Menschen in Afrika bedeutet, das ist auch nicht so einfach zu vermitteln.«

Steffen Schorcht erwische ich zu einem ungünstigen Zeitpunkt. Gerade hat das Ministerium für Landwirtschaft, Umwelt und Klimaschutz eine Presseinformation herausgeben. Nein, es geht nicht um die Bekanntmachung der endgültigen Genehmigung für Tesla, auf die alle Welt wartet, nein, es geht um die letzte Online-Konsultation. Sie würde wiederholt, heißt es da, würde jetzt zwischen dem 2. und dem 22. November stattfinden. Vorsorglich, um eventuellen Klagen wegen Fristversäumnissen einen Riegel vorzuschieben. In einem ähnlich gelagerten Fall in Arnsberg, hatten hiesige Umweltverbände in einem Schreiben an das Landesumweltamt angeführt, habe es diese Wiederholung wegen Nichteinhaltung der Wochenfrist zwischen Bekanntmachung und Beginn der Online-Konsultation gegeben, das sei ein Präzidenzfall in solchen Verfahren. Das Landesumweltamt reagiere nun mit dieser Wiederholung. Bei der ersten Bekanntmachung seien es nur zwei Tage bis zum Beginn gewesen. Man will »auf Nummer sicher« gehen. Hier seien Einwender der bisherigen dritten Online-Konsultation wieder zugelassen, nicht aber neue Einwender, die bisher nicht beteiligt waren. Dies sei unverständlich, fasst Steffen Schorcht die Argumentation der Umweltverbände zusammen, weil in dieser Auslage veränderte

Anträge der Firma enthalten seien, mit Schwärzungen, andere bisherige jetzt ohne Schwärzungen, um Betriebsgeheimnisse bei Chemikalien in der Lackiererei und Batteriezellenfertigung, wie Tesla ausführe, zu schützen. Ein obskurer Vorgang, meint er in unserem Handy-Gespräch, die Umweltverbände forderten deswegen bereits jetzt eine vierte Online-Konsultation. Vorsorglich. Wie lange wird diese Prozedur noch dauern?, frage ich mich. Da mit der 19. vorzeitigen Betriebsgenehmigung das Werk fast zu Ende gebaut ist, müsse man jetzt besonders akribisch seitens der Umweltverbände vorgehen, dass bei dem Genehmigungsverfahren alles seine Ordnung habe, sagt Steffen Schorcht.

Wir wechseln das Thema. Ja, beim Tag der offenen Tür war seine Bürgerinitiative auch dabei. Sie durfte allerdings nicht auf das Werksgelände, konnte aber einen Stand außerhalb aufbauen und über ihre Bedenken informieren. Da seien schon viele Leute aus der Nachbarschaft zusammengekommen und das Wasser, natürlich das Wasser, habe die Hauptrolle gespielt. Auch über die Medienpräsenz der Initiative und der Naturschutzverbände ist er sehr froh. Das Thema »Wasser« sei dort angekommen, und nicht nur *ARD* und *ZDF*, auch die Privaten hätten darüber berichtet. »Wir haben die Medienhoheit gewonnen«, sagt er.

Wie steht es nun um sein Befinden? »Was mich jetzt persönlich betrifft, meine Einschätzung war von Anfang an: Wenn's scheitert, dann scheitert's am Wasser. Es kommt jetzt zum Shutdown, wo die Entscheidung jetzt gefällt wird, und wenn eine positive Entscheidung kommt, wird der Konflikt eskalieren.« Er spricht von Einsprüchen, die er erwartet, trotz der vielen Erörterungen der Tesla-Pläne, er spricht von Klagen von Kommunen und Naturschutzverbänden bis hin zum Bundesverband. Dann hinge Tesla wie ein Mühlrad an der Gemeinde, dem Land nach der

Entscheidung. Wenn nun auch die Batteriezellenfabrik käme, die zweite Ausbaustufe beginne, ja, was geschehe dann, frage er sich. »Ich werde für meine Person weiterkämpfen, dass zumindest die Auswirkungen auf ein Minimum begrenzt werden, [...] dass es keine weiteren Ausbaustufen gibt. Eine Dezentralisierung der Produktion und einen geschlossenen Wasserkreislauf.« Mit Dezentralisierung meint er die Verlegung der Batteriefabrik weg vom Wasserschutzgebiet, es müsse ja nicht alles an einem Ort stattfinden.

Mit der Forderung der Wiederaufbereitung von Wasser für die Fabrik trifft er sich mit den Argumenten von Albrecht Köhler. Da wäre doch ein Ansatzpunkt für gemeinsames Handeln, sage ich mir. Er wiederholt noch mal seinen Standpunkt, er will kein Fortschrittsfeind sein, auch er ist für Klimaschutz. »Ich habe nichts gegen das Endprodukt, auch 90 Prozent in der B1 nicht, es geht um den Standort und wir haben auch nichts gegen Industrieansiedlungen, es ist eben einfach zu groß, das Werk, für diesen Standort.«

Ist das nun wirklich das Ende der Geschichte von Tesla, von Elon Musk, von seiner Fabrik in Grünheide und den Menschen im Land und in der Region, die das Werk fürchten oder sich viel von ihm erhoffen? Ich erinnere mich an das Wort von Johan Galtung, der von der Energie gesprochen hat, die durch Konflikte entstehe und die man in konstruktive Bahnen lenken könne. Wird man sie nutzen? Gegner, Befürworter und Betreiber des Werkes in Grünheide hätten demnächst dazu eine gute Gelegenheit. Die endgültige Genehmigung des Landesamts für Umwelt wird wahrscheinlich Anfang 2022 kommen und dann werden in Grünheide nicht die Glocken läuten, aber Tesla wird mit seiner Produktion beginnen. Dann wird eine neue Geschichte zu erzählen sein.

Anhang

Bundes-Immissionsschutzgesetz (BImSchG)

Paragraf 8a, der für die vorzeitigen Genehmigungen genutzt wurde

§ 8a Zulassung vorzeitigen Beginns

(§ 8a hat eine frühere Fassung und wird in 17 Vorschriften zitiert)

(1) In einem Verfahren zur Erteilung einer Genehmigung soll die Genehmigungsbehörde auf Antrag vorläufig zulassen, dass bereits vor Erteilung der Genehmigung mit der Errichtung einschließlich der Maßnahmen, die zur Prüfung der Betriebstüchtigkeit der Anlage erforderlich sind, begonnen wird, wenn

1. mit einer Entscheidung zugunsten des Antragstellers gerechnet werden kann,

2. ein öffentliches Interesse oder ein berechtigtes Interesse des Antragstellers an dem vorzeitigen Beginn besteht.

3. der Antragsteller sich verpflichtet, alle bis zur Entscheidung durch die Errichtung der Anlage verursachten Schäden zu ersetzen und, wenn das Vorhaben nicht genehmigt wird, den früheren Zustand wiederherzustellen.

(2) Die Zulassung kann jederzeit widerrufen werden. Sie kann mit Auflagen verbunden oder unter dem Vorbehalt nachträglicher Auflagen erteilt werden. Die zuständige Behörde kann die Leistung einer Sicherheit verlangen, soweit dies erforderlich ist, um die Erfüllung der Pflichten des Antragstellers zu sichern.

(3) In einem Verfahren zur Erteilung einer Genehmigung nach § 16 Absatz 1 kann die Genehmigungsbehörde unter den in Absatz 1 genannten Voraussetzungen auch den Betrieb der Anlage vorläufig zulassen, wenn die Änderung der Erfüllung einer sich aus diesem Gesetz oder einer auf Grund dieses Gesetzes erlassenen Rechtsverordnung ergebenden Pflicht dient.

Beispiel für die Aktivitäten der Bürgerinitiative Grünheide

Pressemitteilung der Bürgerinitiative Grünheide vom 18. August 2020 zum Erlass der 5. Zulassung vorzeitigen Beginns nach § 8 a BImSchG

Das Landesamt für Umwelt hat am 17. August 2020 auf Antrag der Firma Tesla Manufacturing Brandenburg SE die nunmehr 5. Zulassung vorzeitigen Beginns nach § 8a des Bundes-Immissionsschutzgesetzes erteilt. Die sofort vollziehbare Zulassung umfasst u.a. nunmehr auch die Vornahme sog. Pfahlgründungen, mit denen irreversibel in den hochsensiblen Grundwasserbereich eingegriffen werden wird. Und dies, obwohl sogar der Wasserverband Strausberg-Erkner (WSE) schwerwiegende Bedenken gegen diese Maßnahmen erhoben hat!

Das Verfahren um die Zulassung des Tesla-Vorhabens zeigt zudem die Verkehrung einer Regelung, die geschaffen wurde, um Verfahren zu beschleunigen – nicht jedoch, um Verfahren vorwegzunehmen. § 8a des Bundes-Immissionsschutzgesetzes lässt unter bestimmten Voraussetzungen den vorzeitigen Beginn der Errichtung einer Anlage zu. Im Fall von Tesla soll es jedoch auf der Grundlage von § 8a des Bundes-Immissionsschutzgesetzes nach dem Willen des Investors zur nahezu vollständigen Errichtung des Werks kommen. Und dies bei einer der künftig weltweit größten Anlagen der Großindustrie, in der bereits in der ersten Ausbaustaufe 500.000 Fahrzeuge jährlich produziert werden sollen und die massivste Auswirkungen auf die Region und deren Einwohner haben wird – alle durch den Bau bedingten, vor allem aber durch die spätere Produktion zu erwartenden schädlichen Umweltwirkungen inbegriffen!

Derzeit werden durch die extensive Anwendung des § 8 a des Bundes-Immissionsschutzgesetzes kurzerhand vollendete Tatsachen geschaffen. Und dabei grundlegende Verfahrensrechte in eklatanter Weise verletzt: So wird das Vorhaben faktisch zugelassen, obwohl der Investor immer wieder noch relevante Änderungen an dem Vorhaben vornimmt und wesentliche Teile der Öffentlichkeitsbeteiligung noch ausstehen. Zudem setzt sich das Landesamt für Umwelt unweigerlich unter einen nicht mehr umkehrbaren Genehmigungsdruck, wenn es Maßnahmen zulässt, die wie die Rodung von rund 90 ha Wald oder aber jetzt Eingriffe in den Grundwasserleiter schlechterdings nicht reversibel sind! Angesichts dessen geht die stets wiederkehrende Beteuerung, Tesla baue auf eigenes Risiko, schlichtweg ins Leere!

Und es liegt auf der Hand, dass sich das Verfahrensmodell von Tesla alsbald bundesweit als gängige Methode für Großinvestments etablieren wird, wenn sich dieser Dammbruch am Standort Grünheide vollzogen haben wird!

Soll es wirklich Realität werden, dass Vorhaben ohne effektive Öffentlichkeitsbeteiligung und ohne effektive Kontrolle zugelassen werden können? Soll bewusst Abkehr genommen werden von bürgerlichen Beteiligungsrechten und grundlegenden Standards, die gerade zur Stärkung des Umweltschutzes etwa durch die Aarhus-Konvention geschaffen wurden, um in Zukunft vor allem den wirtschaftlichen Interessen Einzelner zu dienen? Ist dies der »Fortschritt«, den wir benötigen, um unsere Umwelt vor einer immer weiter voranschreitenden Zerstörung zu retten?

Quellen und Literatur

Deutsches Institut für Urbanistik GmbH, Berlin – im Auftrag des Umweltbundesamtes: Beteiligungsverfahren bei umweltrelevanten Vorhaben. Zusammenfassung, Januar 2017

Erörterung ab 23. September 2020 in 15537 Erkner, Tagesordnung

Gemeinde Grünheide (Mark) – Der Bürgermeister: Bekanntmachung der Offenlegung des Entwurfes 1. Änderung, Bebauungsplan Nr. 13 »Freienbrink-Nord« vom 25. September 2020

GIBU-CONSULT – Gesellschaft für Umwelt- und Managementberatung GmbH: Tesla-Kurzbeschreibung für das Vorhaben »Gigafactory Berlin-Brandenburg«, 24. Juni 2020

Halbrock, Christian unter Mitarbeit von Susan Pethe: Die Logistik der Repression. Die »Zentrale Versorgungsbase für das MFS« in Freienbrink und deren Rolle für die Arbeit der Staatssicherheit in der DDR-Hauptstadt, Spezial-Recherche der Stabsstelle PrO beim BStU, in: Deutschland Archiv, 19. Juni 2020, Link: www.bpb.de/311677

Hauptmann, Gerhard: Bahnwärter Thiel. Studienausgabe, Stuttgart 2017

Landesamt für Umwelt Referat T 13 (Hg.): Wortprotokoll, Erörterungstermin Tesla, 20. Januar 2021

Leibniz-Institut für Gewässerökologie und Binnenfischerei (IGB): Die Region Berlin-Brandenburg und die Tesla-Gigafactory, 19. August 2021

Ministerium für Landwirtschaft, Umwelt und Klimaschutz des Landes Brandenburg, Pressestelle (Hg.): Zum Vorhaben nach §4 des BImSchG der Firma Tesla Manufacturing Brandenburg SE zur Errichtung und Betrieb einer Anlage für den Bau und die Montage von Elektrofahrzeugen mit einer Kapazität von jeweils 100.000 Stück oder mehr je Jahr in Grünheide (Mark), September 2020

Musk, Elon/Vance, Ashlee: Tesla, PayPal, SpaceX. Wie Elon Musk die Welt verändert. Die Biografie, München 2015

Tesla: UVP-Unterlagen zur Umweltverträglichkeitsprüfung, 20. Dezember 2020

Verkehrsverbund Berlin-Brandenburg: Öffentliche Verkehrsanbindung des neuen Tesla-Standortes in Grünheide-Freienbrink, 3. September 2020

Vulkangruppe: Gegen den Fortschritt der Zerstörung: Brandanschlag auf Stromversorgung von Teslawerk in Berlin-Brandenburg, 26. Mai 2021, https://de.indymedia.org/node/149209 (26.12.2021).

Danksagung

Dank gilt vor allem den Menschen in der Region und weit darüber hinaus, die sich viel Zeit für ausführliche Gespräche genommen haben. Ohne sie wäre dieses Buch nicht entstanden. Grünheide, seine Vergangenheit, Gegenwart und seine Zukunft waren natürlich ein besonderer Schwerpunkt meiner Recherche. Lothar Runge vom Heimatmuseum, Steffen Schorcht von der Bürgerinitiative Grünheide, Albrecht Köhler von GrünheideForFuture, Christine de Bailly vom GrünheideNetzWerk e.V. haben mir wertvolle Informationen geliefert und mich dort heimisch werden lassen. Dank an Christel Schröter für ihre hilfreichen Hinweise, sie war meine erste Leserin, Dank an Roman Pliske für seine Ermunterung, immer am Ball zu bleiben, Dank schließlich vor allem an meine Frau, die mich bei meiner Recherche anderthalb Jahre lang mit freundlichem Rat bei dem Entstehungsprozess des Buches und verlässlicher Tatkraft unterstützt hat.

Der Autor

Wolfgang Bauernfeind, geb. 1944, studierte Theaterwissenschaft, Germanistik und Philosophie. Ab 1970 freie Mitarbeit bei Fernsehen und Hörfunk, ab 1978 Redakteur, Regisseur und Autor im Hörfunk-Feature des *SFB*, ab 1994 dort bzw. im *rbb* Abteilungsleiter. Zahlreiche internationale und nationale Radiopreise. Im Mitteldeutschen Verlag erschienen u.a. 2016 »Menschenraub im Kalten Krieg. Täter, Opfer, Hintergründe« und 2019 der Roman »Jacob Böhme. Auf der Suche nach seiner Weltformel«.

Der Fotograf

Albrecht Köhler, geb. 1986, Ausbildung zum Gesundheits- und Krankenpfleger an der Charité in Berlin, aufgewachsen in Erkner, lebt in Grünheide (Mark). Seit November 2019 dokumentiert er den Bau der Tesla Fabrik facettenreich, gründete die Bürgerinitiative GrünheideForFuture und ist Mitgründer des Vereins GrünheideNetzWerk e. V., in dem er Vorstandsmitglied und Schatzmeister ist. Seit Dezember 2021 ist er Mitarbeiter bei Tesla als medizinische Assistenz.

Levan Izoria

Freiheit

Ein permanenter Prozess für Gerechtigkeit

Edition Leben Philosophie

Freiheit, Gerechtigkeit, Gleichheit, Solidarität – all diese Begriffe sind Werte gegen die Ungerechtigkeit und für die Menschenwürde. Der Weg einer freien Gesellschaft zur Gerechtigkeit geht über die Verantwortung. Nur das auf dem Rechtsprinzip der allgemeinen Freiheit, also der Verantwortung gegründete politische System ist in der Lage, gemeinsame Anstrengungen für die Gerechtigkeit zu mobilisieren. Die Freiheit von jeder einzelnen Bürgerin, von jedem einzelnen Bürger findet ihren Ausdruck gerade in dieser gemeinsamen systematischen Anstrengung – in einem permanenten Prozess der Gerechtigkeit.

Levan Izoria ist seit 2020 außerordentlicher und bevollmächtigter Botschafter von Georgien in der Bundesrepublik Deutschland. Sein Plädoyer für eine verantwortungsvolle, sich entwickelnde Gesellschaft ist ein wichtiger Diskussionsbeitrag, der Werteordnung und Wertevermittlung ins Zentrum rückt.

Das gesamte Programm gibt es unter

www.mitteldeutscherverlag.de

Olaf Jacobs (Hg.)
Die Treuhand – ein deutsches Drama
Sachbuch

»Treuhand« – der Begriff ist bis heute für viele synonym mit Willkür, Wirtschaftsmacht und intransparenten Deals. Ein schwer durchschaubares System, in dem sich die Mächtigen die Filetstücke der ostdeutschen Wirtschaft hin- und herschoben, ohne Rücksicht auf Verluste. Aber was ist Mythos, was Wirklichkeit? Inwiefern war die einst größte Staatsholding der Welt selbst Gegenstand der politischen Umstände, und inwiefern traf sie Fehlentscheidungen, deren Folgen man bis heute spürt? Anhand von wirtschaftlichen Analysen und Fallbeispielen wird in diesem Buch die Arbeit der Treuhand in all ihrer Ambivalenz ergründet. Es ist Teil eines Projekts, in dem mehr als ein Jahr Beschäftigung mit den Treuhandakten steckt. In diesem Rahmen entstanden auch ein Film, ein Onlineangebot und eine Reihe von »Zeitreisen« im Nordmagazin des NDR.

»Eine erste Skizze, die weit über den engen Fokus Treuhand hinausgeht.«

Ralf Julke, Leipziger Internetzeitung

Das gesamte Programm gibt es unter
www.mitteldeutscherverlag.de

Rüdiger Fikentscher (Hg.)
Kommunikationskulturen in Europa
mdv aktuell, Bd. 17

Kommunikation ist eine der hervorstechenden Eigen-
schaften des Menschen. 15 Autorinnen und Autoren beschreiben im 17. Band der Reihe »mdv aktuell« die unterschiedlichen Weisen, mit denen sich die Menschen im
Laufe der letzten Jahrhunderte mit Hilfe von Sprache und
Zeichen verständigt haben.

Das reicht von der geheimen Nachrichtenübermittlung bei
Griechen und Römern bis zur Verwendung von Emojis in
der heutigen Onlinekommunikation. In den Blick genommen werden daneben Münzen und Gemälde als Kommu-
nikatoren der Macht, die Bildersprache des Rechts, Nachrichtenübermittlung von Spionen und Gefangenen, die
Kunst des Briefeschreibens, Kommunikation in der Musik
und im Bereich der Kirche. Es geht um spezielle Schriften
für Frauen in der jiddischen Literatur und um Menschen
mit Sprach- und Kommunikationsstörungen bis zur Integration von fremdsprachlichen Geflüchteten nach 2015.

Das gesamte Programm gibt es unter
www.mitteldeutscherverlag.de